Q&Aでよくわかる

よくわかる

融資法務

の実務ポイント

1イ6ロ8ハ

髙橋恒夫 著

経済法令研究会

はしがき

　融資業務は、預金、為替と並んで金融機関における最も重要な業務の1つです。融資において、リスクを考慮しつつ融資を行い、その後の債権管理・回収を適切に行うことは、金融機関にとって収益の確保という点で非常に重要なことです。また、取引先の立場を踏まえた適切な融資は、取引先の成長・経営支援にもつながることです。

　融資の実行から債権管理回収という一連の流れにおいて、取引先の状況あるいは社会経済の環境等によりさまざまな変化が起こる可能性がありますが、その変化に適切に対応するためには正確な法務知識が求められます。本書は、従前の『トラブル防止のための融資法務Q＆A』（2012年刊行）を全面改訂し、タイトルも『Q＆Aでよくわかる融資法務の実務ポイント168』としました。

　内容は、従前のものをベースにしつつ、民法（債権関係・相続関係）等の法改正および最新の判例を踏まえて全面的に見直すとともに、新規項目を34項目追加しました。また、カバーを一新するとともに、本文のレイアウトも変更し、1項目見開き2ページを原則として見やすく簡潔に解説しています。

　本書は、営業店の融資渉外担当者など融資業務に携わる金融機関の行職員の方々が適切な融資業務を遂行していくために必要な法務知識を習得することを目的としており、そのために知っておくべき基本的知識および現場で起こりうる問題等をピックアップし、法的解説とともに適切な実務対応についても解説しています。

　本書が、融資業務に携わる方々の円滑な業務推進の一助となれば幸いです。

　本書の制作にあたっては、経済法令研究会出版事業部の栗林貴子氏に大

変お世話になりました。厚く御礼申し上げます。

2022 年 1 月

髙 橋　恒 夫

CONTENTS

Chapter 3 各種融資契約と融資取引

1. 銀行取引約定書と融資取引

2. 各種融資契約と融資取引

3． 融資取引と利益相反行為等

Chapter 4 融資債権の管理

1． 債務の承継（債務引受）

2． 融資先の変動

Chapter **5**　保証債権の管理

1.　保証契約

2.　連帯債務と連帯保証

3.　信用保証協会の保証

Chapter **6** 各種担保取引と管理

1. 担 保

2. 抵当権

Chapter 7 債権管理回収

1. 弁済と代位

CHAPTER

第1章 融資法務の基礎

個人融資先の死亡と胎児の権利能力

融資先Aが死亡しました。遺族は配偶者Bと長男Cですが、Bは近日中に出産の予定です。Aに対するA所有の不動産を担保とする融資があった場合、胎児の相続はどうなりますか。

人（自然人）は、出生と同時に権利能力を取得し、死亡と同時に失います。また、胎児は、相続に関してはすでに生まれたものとみなされ権利能力を取得するので、死産とならない限り、Aの融資債務と担保不動産の抵当権の負担付所有権について、B・Cとともに相続します。

◉ **解説** EXPLANATION

1 自然人の権利能力

(1) 権利・義務の主体となる「資格」

権利能力とは、私法上の権利・義務の主体となるための資格のことをいい、自然人については、出生と同時に権利能力を取得し、死亡と同時に失います（民法3条1項）。

(2) 胎児の権利能力

胎児は、相続（民法886条）や受遺（同法965条）、損害賠償請求（同法721条）については、すでに生まれたものとみなされ（ただし、死産の場合は適用されない）、相続権や損害賠償請求権を取得します。

胎児の権利能力については、胎児が生きて生まれたときに相続開始時に遡及して権利能力が認められるとする停止条件説[注1]（大判昭和7・10・

6民集11巻20号2023頁）と、胎児に権利能力を認めるが、死産となったときに相続開始時に遡及して権利能力を失うとする解除条件説[注2]に分かれています。

(注1)　停止条件とは、ある条件が成就することによって効力が生ずることをいう。胎児の権利能力についていえば、出生という条件の成就によって権利能力が付与されるということ。

(注2)　解除条件とは、ある条件が成就することによってそれまで生じていた効力が失われることをいう。胎児の権利能力についていえば、死産という条件の成就によって胎児に与えられていた権利能力が失われること。

2 融資取引との関係

(1) 融資先の相続開始と相続人による権利・義務の承継

融資先Aが死亡して相続が開始した場合、Aの相続人（B・C）および胎児は、被相続人Aの抵当権の負担付不動産の所有権や融資債務等の権利・義務を相続開始と同時に承継します（民法896条）。

(2) 相続人の意思能力（事理弁識能力）と取引の相手方

前記(1)の場合、相続開始時の胎児が出生した後に、その法定代理人（親権者B）を取引の相手方として相続債務の承継手続を行います。ただし、この手続が出生児とその親権者Bとの利益相反行為となる場合は、出生児のために選任された特別代理人が取引の相手方となります（Q48参照）。

法人に対する目的外融資と権利能力

宗教法人に対する旅館の建築資金融資は、法的に問題はありますか。

法人の権利能力（権利・義務の主体となる資格）は、その定款等に記載された目的および当該目的を達成するために必要な範囲内に限り認められ、この範囲外の法律行為は無効となります。したがって、宗教法人に対して旅館の建築資金の融資を行った場合、目的の範囲外の行為として無効を主張されるおそれがあります。

◉ **解説** EXPLANATION

1 法人の設立と目的

法人は、民法その他の法律の規定によらなければ成立せず（民法33条1項）、法律によって法人格を与えられた者を法人といいます。法人は、法の定めによる設立登記によって法人格が備わりますが、法人を設立するに際しては、その目的を明確にしなければなりません。つまり、自然人のように何でもできる法人の設立は認められていません。

2 法人の権利能力とその範囲

法人の権利能力は、その成立によって備わり、解散による消滅によって失いますが、定款その他の基本約款で定められた目的の範囲内においてのみ権利能力を有し（民法34条）、目的の範囲外の法律行為は無効となります。

　ただし、会社の目的に包含されない行為でも、定款記載の目的から観察して、客観的に抽象的に必要と判断される行為は、目的の範囲に属するものとされます（最判昭和27・2・15民集6巻2号77頁）。

　また、会社による政治資金の寄付（政治献金）は、客観的・抽象的に観察して、会社の社会的役割を果たすためになされたものと認められる限り、会社の権利能力の範囲に属する行為であるとされています（最大判昭和45・6・24民集24巻6号625頁、金融・商事判例217号6頁）。

3 融資取引との関係

(1)　取引の相手方（営利法人または公益法人）との関係

　営利事業（目的は食品等の販売等）を営むA株式会社に対して行う運転資金や設備資金等の融資は、A社にとっては、その事業目的を達成するために必要な借入行為ですから、目的の範囲内であることにまったく問題はありません。

　しかし、宗教法人や医療法人等の公益法人に対する融資の場合は、その目的の範囲は限定的に判断されるため、質問のように、宗教法人に対して旅館の建築資金の融資を行った場合、目的の範囲外の行為として無効を主張されるおそれがあります（Q14参照）。

(2)　担保・保証取引等との関係

　前記(1)のA社に対する融資を担保するため、A社と取引関係のあるB株式会社（目的は食肉等の販売等）が、その所有建物に抵当権を設定することは、B社の営業目的を遂行するに必要な行為であり、B社の目的の範囲内の行為と解されます（最判昭和33・3・28民集12巻4号648頁）。このことから、B社がA社の借入債務につき連帯保証人となることも目的の範囲内となると解されます。

意思能力を欠く者に対する融資の効力

Q 3 　認知症のため意思能力に疑義のある高齢者との融資取引は、無効となるおそれはありますか。

意思能力とは、自らの意思で能動的に権利・義務の主体となるために最低限必要な能力であり、意思能力を欠く者との融資契約や抵当権設定契約などは無効となります。

◉ **解説** EXPLANATION

1 意思能力

　意思表示とは、一定の法律行為を発生させる意思を表示する行為のことであり、意思能力とは、意思表示をすることの意味・効果を理解する能力です。金融取引においては、疾病により脳障害を負った者や判断能力が低下した高齢者の意思表示が問題になります。

　判例によれば、意思能力の有無についての判断には、本人自身の理解力や判断力のほかに、①契約書等に署名・押印しているか、②意思表示の内容がどのようなものか（(i)日常的な取引か、金融取引や不動産取引か、(ii)単純なものか、複雑なものか、(iii)本人に多大の負担を負わせるものか否か、(iv)合理的なものか否か、など）、③本人は、どのような動機で意思表示したか、④相手方の態度はどうか、本人に取引内容を理解させるための説明義務を果たしたか、などの事情が考慮されます。

　このような意思能力は、一般に6～7歳くらいから備わり出すとされて

いますが、意思能力にもレベルの差があり、成長とともに意思能力のレベルが高まっていくものと考えられます。

2 意思能力のない者との融資取引

意思能力を欠く者による意思表示は無効とされています（民法3条の2）。したがって、たとえば、認知症等により意思能力を欠いている高齢者等との融資取引や保証取引等は無効となってしまいます。

保証契約等が意思能力を欠いた者との間でなされたとして無効とされた事例としては、次のようなものがあります。

① アルツハイマー型老人性痴呆症に罹患した者との連帯保証契約が無効とされた事例（福岡地判平成9・6・11金融法務事情1497号27頁）

② アルツハイマー型老人性痴呆（認知症）に罹患した者との抵当権設定契約が無効とされた事例（東京地判平成9・2・27金融・商事判例1036号41頁）

③ 老人性痴呆症に罹患した者とのローン契約が無効とされた事例（東京地判平成10・10・26金融法務事情1548号39頁）

④ 知的障がい者との連帯保証契約が債権者従業員、債務者からいわれるままになされたものであるとして無効とされた事例（福岡高判平成16・7・21金融・商事判例1204号26頁）。

⑤ 91歳の者との根抵当権設定契約について意思能力を欠いていたとされた事例（広島高判平成28・12・1判例時報2334号120頁）。

⑥ 84歳の高齢で、大脳動脈梗塞の後遺症として重度の失語症・言語障害がある者との連帯保証契約は意思能力を欠いていたとして無効とされた事例（東京高判平成30・8・9金融・商事判例1553号37頁）。

未成年者との総合口座取引と行為能力

未成年者との総合口座取引が原則禁止されるのはなぜ
ですか。

成年者との総合口座取引が原則として禁止されているの
は、貸越取引が親権者の同意なく行われて取り消された
場合、現存利益がなければ貸越金が返還されなくなるおそれが
あるためです。

◎ **解説** EXPLANATION

1 未成年者と行為能力

　一般に判断能力の劣る未成年者が、売買のほか借入契約や連帯保証契約、
根抵当権設定契約などの法律行為を単独で行うと、思わぬ損害を受けるおそ
れがあります。そこで民法は、自然人が単独で法律行為をする能力を行為能
力として定め、成年（注1）に達した段階で備わるものとしています（民法4
条）。

　（注1）　成年年齢を18歳とする改正民法が2022年4月1日に施行されます。
　　　　　施行日に18歳以上20歳未満の者は、施行日に成年となりますが、施
　　　　　行日前に成年となっていた者は、20歳の時点で成年となったものとし
　　　　　て扱われ、施行日前の婚姻により成年と擬制された者も当該婚姻時に
　　　　　成年となったものとみなされます。

2 未成年者との総合口座取引と貸越取引

　未成年者の法律行為は、親権者等の法定代理人の同意（注2）を必要とし（民

法5条1項本文）、未成年者が親権者等の同意を得ないで単独で行った法律行為は取り消すことができるとされています（同条2項）。当該契約が取り消されると、契約の時にさかのぼって無効となります（同法121条）。

たとえば、総合口座取引規定では、セットされている定期預金や国債等を担保とする貸越取引が約定されていますが、未成年者と総合口座取引を開設した場合、親権者の同意なく貸越が発生し、当該貸越取引が取り消されるおそれがあります。

貸越取引が取り消されると貸越の時にさかのぼって無効となり、行為者は貸越金として受領した金銭の返還義務を負いますが、行為の時に制限行為能力者（未成年者等）であった者は、現存利益（注3）のみ返還義務を負うので（同法121条の2第3項）、未成年者が受領した金銭を浪費していた場合は回収不能となってしまいます。

また、総合口座にセットされた定期預金や国債等に対する担保権の設定契約も、取り消されて無効となるおそれがあります。

このようなことから、未成年者による総合口座の開設は、原則として認められていません。

（注2） 親権者の同意は、父母の婚姻中は父母が共同して行います（民法818条3項本文）。父母が婚姻中でも、たとえば父親が海外出張中で事実上親権を行使できない場合や後見開始の審判を受けるなどにより法律上行使できない場合は、母親の単独親権となります（同項ただし書）。また、父母の一方が死亡したときや離婚の場合なども単独親権となります。なお、意思能力を有しない未成年者の場合は、同意ではなく代理権によります。

（注3） 民法121条の2第3項の「現に利益を受けている限度」を現存利益といい、浪費したときのように現時点で利益が残っていないときは返還義務を免れます。しかし、受領した金銭が残っている場合はもちろん、その金銭で書籍を購入したり、生活費に使った場合も、自らの出費を免れているので現存利益があるとされ、その分の返還義務があります。

制限行為能力者の類型と融資取引上の留意点

Q5 制限行為能力者とはどのような者をいうのですか。また、融資取引を行う際の留意点は何ですか。

制限行為能力者とは、未成年者、成年被後見人、被保佐人、被補助人のことをいい、これらの者は単独で契約などの法律行為をすることはできません。これらの者との融資取引には、原則としてその保護者の同意等が必要となります。

◉ **解説** EXPLANATION

1 制限行為能力者と法定後見制度

民法は、未成年者のほか、成年であっても精神上の障がい等により事理弁識能力が十分ではない者を制限行為能力者として保護することとし、その能力の度合いに応じて、後見・保佐・補助の3類型を定めています。

未成年者については、能力のレベルを問わず年齢によって行為能力が制限され、親権者等によって保護されます。これに対し、成年で事理弁識能力（物事の是非を判断し、それに従って意思表示できる能力）が十分でない者については、本人やその家族等による家庭裁判所への後見開始等の申立が必要であり、家庭裁判所の後見開始等の審判により行為能力が制限され、成年後見人等によって保護されます。

2 制限行為能力者等との融資取引

(1) 成年被後見人等との融資取引

成年被後見人や被保佐人等の制限行為能力者が単独で行った融資契約

は、成年後見人や保佐人等が取り消すことができます。取り消されると、融資契約は契約締結時にさかのぼって無効となり、金融機関は融資金を不当利得として返還請求できますが、現存利益がない場合はまったく回収できなくなります（民法121条の2第3項）。そのため、成年被後見人等との取引は、成年後見人を代理人とする取引や保佐人の同意等が不可欠です。

(2) 事理弁識能力に問題があるものの後見開始等の審判を受けていない者との融資取引

事理弁識能力に問題があるものの後見開始等の審判を受けていない者は、民法上の制限行為能力者ではないため、これらの者と融資契約等を締結しても直ちに取り消されることはありませんが、後日、裁判を提起されその無効を主張されるおそれがあります。意思能力の欠如により融資契約が無効となった場合は回収不能のおそれがあるため（民法121条の2第3項前段）、このような者とは、原則として融資取引をすべきではありません。

〈制限行為能力者と意思能力・行為能力〉

制限行為能力者の類型		意思能力	保護者（代理人）	制限される本人の法律行為
法定後見制度	未成年者	なし〜不十分	親権者・未成年後見人（※1）	すべて（※2）（取消または無効）
	成年被後見人	なし	成年後見人（法定代理人）	すべて（※3）（取消または無効）
	被保佐人	著しく不十分	保佐人（※4）（同意権者）	重要な法律行為（※5）（取消）
	被補助人	不十分	補助人（※6）（同意権者）	同意を要する行為（取消）

※1 親権者不在の場合（民法838条・839条）。
※2 単に権利を得、義務を免れる行為、目的を定めて処分を許された財産の処分行為、目的を定めないで処分を許された財産の処分行為は除かれる（同法5条）。許可された営業に関しては、成年と同一の行為能力を有する（同法6条1項）。
※3 日常生活に関する行為は取消できない（同法9条）。
※4 特定の法律行為につき代理権を付与される場合がある（同法876条の4）。
※5 民法13条1項が規定する法律行為（預金の入出金等、借入れや保証行為、不動産等重要な財産の抵当権の設定、相続の承認・放棄など）。
※6 特定の法律行為につき代理権を付与される場合がある（同法876条の9）。

債権（融資債権・保証債権等）について

　融資取引に伴う融資債権や保証債権等の債権とは、どのようなものですか。

債権とは「人（自然人または法人）に対する権利」です。

◉ **解説** EXPLANATION

　債権とは、特定の人（債務者等）に対して一定の行為を要求しうる権利とされています。融資債権は、融資先が負担する借入債務の約定弁済を請求する権利であり、保証債権は、保証人が負担する保証債務の履行を請求する権利です。

　債務者や保証人がその債務を履行しない場合には、債権者は、債務者の財産（責任財産といいます）に対して強制執行等により融資債権等を回収することができます。

　融資業務で取り扱う債権には、融資債権や保証債権のほか、当座貸越債権、手形買戻請求権、手形債権、遡求権、求償権、電子記録債権などのさまざまな金銭債権があります（民法402条）。このうち、手形買戻請求権は、金融機関の割引依頼人に対する銀行取引約定に基づく債権です。

物権（抵当権・質権等）について

融資実務上、抵当権や質権などの物権も頻繁に取り扱いますが、物権とはどのようなものですか。

物権とは、物を直接的・排他的に支配する権利です。物権には、所有権、占有権、担保物権などがありますが、抵当権や質権は担保物権の一種です。

◉**解説** EXPLANATION

物権とは、物を直接に支配し利益を享受する排他的な権利をいい、代表的なものが所有権です。その他、占有権、担保物権などがあります。

担保物権には、当事者間の契約によって成立する約定担保物権（抵当権・質権等）と、法律上当然に成立する法定担保物権（留置権・先取特権）があります。

抵当権の目的物の多くは土地・建物などの不動産であり、質権の目的物は、不動産・動産や債権ですが、金融機関において利用されるのは、預金債権や売掛金債権などの金銭債権がほとんどです。

金融機関が融資を実行し、この融資を担保するために債務者が所有する不動産について抵当権設定契約を締結すると、金融機関は、債務者に対する融資債権とともに不動産に対する抵当権を取得し、債務不履行があった場合には、抵当権の実行によって融資債権を回収することができます。

金銭消費貸借契約証書の法的性質

　取引先との金銭消費貸借契約証書を紛失しました。融資債権の行使は可能でしょうか。

　　金銭消費貸借契約証書は、融資債権の存在を証明するための証拠証券であり、融資債権（権利）は、金銭消費貸借契約証書（紙）とは別にあります（つまり権利と紙は一体化していない）。したがって、金銭消費貸借契約証書がなくても、別の方法で融資債権があることを証明することで権利行使が可能です。

◉ **解説** EXPLANATION

　金融取引で利用される契約書類の多くが証拠証券です。証拠証券とは、単に債権の存在を証明する証券であり、債権証書ともいいますが、その証券に表章されている債権（融資債権等の権利）と契約書類である紙（金銭消費貸借契約証書等）は一体化していません。

　つまり、紙（金銭消費貸借契約証書）を紛失したとしても、紛失した紙とは別に存在する権利（融資債権）を喪失するわけではないので、融資実行の経緯や返済元帳等と返済状況などを示して、当該融資債権の存在とその権利者であることを証明できれば、権利行使が可能となります。

　手形貸付の場合、債務者が振り出す約束手形は、金融機関が手形法上の手形債権者であることと、民法上の融資債権の債権者であることを証明する証拠証券としての機能がありますが、手形は有価証券ですから、これを紛失した場合は公示催告手続を行う必要があります（Q9参照）。

14

手形の法的性質と担保利用等

　手形等の有価証券の法的性質と担保利用について教えてください。また、割引手形を紛失した場合、実務上どのように対応すればよいでしょうか。

　価証券の法的性質と担保利用については、解説に記載のとおりです。割引手形等の有価証券を紛失してしまうと、公示催告手続によらなければ権利行使はできません。

◉ **解説** EXPLANATION

1 有価証券

　有価証券には、手形や小切手のほか、株券や公社債、船荷証券、貨物引換証などがありますが、財産的価値ある私権を表象する証券であり、権利と証券が一体化しているため、証券がなければ権利行使はできません。

2 有価証券を紛失した場合

　商取引等により受け取った手形を紛失した場合、当該手形の主債務者（約束手形の振出人・為替手形の引受人）に対して手形上の権利を行使できません。手形や小切手は受戻証券であり、手形の主債務者は当該手形と引替えでなければ支払に応じる義務はないためです（手形法39条）。また、紛失手形について善意取得者等により権利行使されるおそれもあります。

　受取手形を紛失した場合は、速やかに手形の主債務者の協力を得て支払金融機関に対して紛失届出の手続をとるとともに、簡易裁判所に対して公

示催告手続の申立を行い、除権決定を受ける必要があります。

③ 公示催告手続

　手形を紛失した場合、簡易裁判所に公示催告の申立を行い、除権決定を得ることができれば当該紛失手形は無効とされるので（非訟事件手続法118条1項）、この除権決定に基づき手形の主債務者に対して権利行使（手形金の支払請求）をすることができます。

④ 担保利用

　有価証券は財産的価値を有することから、担保として利用されることがあります。手形担保の場合は、商取引に基づいて振り出された手形（商業手形）を譲渡担保として取得します。担保取得に際しては、手形の成因（融通手形ではないか）や手形要件、裏書の連続などに注意が必要です。

　また、株式担保の場合は、上場会社の株券は「社債、株式等の振替に関する法律」によりすべてペーパーレス化されたため、上場株式への担保設定手続は、担保権者である金融機関の振替口座の保有欄（譲渡担保の場合）または質権欄への譲渡または質入れに係る数の増加の記載または記録によって行われますが、当該記載または記録を受けなければ、譲渡や質入れの効力は生じません（社債、株式等の振替に関する法律140条・141条）。

　また、ペーパーレス化された社債や国債等の譲渡担保や質入手続についても同様の手続となり、保有欄や質権欄への譲渡または質入れに係る数の増加の記載または記録を受けなければ、譲渡や質入れの効力は生じません（同法73条・74条・98条・99条）。

　なお、ペーパーレス化されていない未上場の株式の場合は、当該株券等を金融機関へ交付（引渡し）しなければ質権設定や譲渡担保の効力は生じないことや（会社法128条1項・146条2項）、譲渡質入禁止となっている場合は、取締役会や株主総会の承認が必要となることに注意すべきです（同法139条1項）。

第**2**章 融資取引の相手方

個人（自然人）との融資取引

視覚障がい等により自書できない者（成年）との融資取引について、本人の家族や金融機関の職員による代筆で対応する場合、どのような点に注意すべきでしょうか。

後日、本人の意思による真正な契約であることが立証できるようにしておくことが重要です。

◉ **解説** EXPLANATION

　視覚障がい等により自書できないが意思能力に問題がない場合は、家族等に代筆してもらう場合と、金融機関の職員による代筆で対応せざるを得ない場合があります。これらの場合は、金融機関の職員が複数立会いのうえ、代筆に至る経緯のほか質疑応答や会話の内容等について詳細に記録にとどめ、本人の意思に基づく真正な契約であることが立証できるようにしておくことが不可欠です。

法人の種類と融資取引の相手方

法人にはどのようなものがありますか。また、法人との
融資取引の相手方は誰ですか。

法人は公法人と私法人（公益法人、営利法人、その他の法人）
に大別され、営利法人の代表的なものとして株式会社が
あります。法人との融資取引の相手方は、法人の代表機関であ
る理事や代表理事、取締役や代表取締役です。

◉ **解説** EXPLANATION

1 法人の種類と目的

法人の種類としては、その事業目的が営利目的か非営利目的かによって、
営利法人と非営利法人に大別されます。

私法人	営利法人		株式会社・合名会社・合資会社・合同会社（会社法に基づいて設立された法人）、投資法人（投資信託及び投資法人に関する法律に基づいて設立された法人）等
	非営利法人		一般社団法人・一般財団法人（一般社団法人及び一般財産法人に関する法律に基づいて設立された法人）
			公益社団法人・公益財団法人（公益社団法人及び公益財産法人の認定に関する法律によって公益認定を受けた法人）
			学校法人（私立学校法に基づいて設立された法人）、医療法人（医療法に基づいて設立された法人）、宗教法人（宗教法人法に基づいて設立された法人）等
			各種協同組合（中小企業等協同組合法、農協協同組合法等に基づいて設立された法人）、特定非営利活動法人（NPO法人）（特定非営利活動促進法に基づいて設立された法人）等
公法人			国、地方公共団体、独立行政法人（独立行政法人通則法に基づいて設立された法人）等

2 法人の代表機関と融資取引の相手方

　法人の法律行為等は、理事・取締役などの法人の代表機関によって行われ、その行為は法人が行った行為として法的効果が発生します。したがって、法人との取引の相手方は、当該法人の代表機関となります。

　たとえば、一般社団法人の代表機関は、特に代表理事が定められていなければ理事各自ですから（一般社団法人及び一般財団法人に関する法律77条）、取引の相手方は理事です。理事会を設置している一般社団法人は、理事の中から代表理事を選定しなければならず（同法90条3項）、代表理事は2名以上いても差支えありません。この場合は、代表理事各自が単独で一般社団法人を代表します（同法77条4項・5項）。

　また、宗教法人の場合は代表役員（宗教法人法18条）、医療法人の場合は理事長（医療法46条の6）、社会福祉法人の場合は理事（社会福祉法36条）が取引の相手方となります。

　株式会社の代表機関は、特に代表取締役が定められていなければ、取締役各自ですから（会社法349条1項・2項）、取引の相手方はこの取締役となります。

　取締役会を設置している株式会社（指名委員会等設置会社を除く）は、取締役の中から代表取締役を選定しなければならないため（同法362条3項）、この場合の取引の相手方は代表取締役となります。指名委員会等設置会社の場合は、取締役会により執行役の中から選定された代表執行役が、その株式会社の代表権を有します（同法420条）。また、代表取締役は2名以上いても差し支えなく、代表取締役各自が単独で会社を代表します（同法349条）。したがって、これらの場合の取引の相手方は、代表執行役または代表取締役となります。

　合名会社・合資会社・合同会社の場合は、業務執行社員または代表社員（同法599条）が取引の相手方となります。

Q 12 株式会社との融資取引

株式会社と融資取引する場合、その代表機関について
どのような点を確認すべきでしょうか。

株式会社と融資取引する場合は、その代表機関を商業登記
簿の登記事項証明書で確認し、定款等により代表権に制
限がないかどうかを確認して取引します。

◉ **解説** EXPLANATION

1 株式会社の機関

　会社法では、機関設計について会社の定款による選択（定款自治）の範
囲を広げ、株主総会と取締役（1名でも可）は必須の機関となっています
が、取締役会、会計参与、監査役、監査役会、会計監査人、監査等委員会、
指名委員会等については、それぞれの会社が、一定の制約はあるものの自
由に運営形態を選択できます（ただし、公開会社や大会社などには必要と
される機関構成についての規制がある）。

(1) 取締役会非設置会社

　取締役会を設置しない株式会社では、取締役は1人以上でよく、別に代
表取締役を定めると当該代表取締役のみが会社代表権を有し、定めなけれ
ば各取締役が会社代表権を有します（会社法349条）。代表取締役設置の
有無等については、商業登記簿の登記事項証明書等で確認します。

(2)　取締役会設置会社

　取締役会を設置する株式会社では、取締役は3人以上でなければならず、代表取締役の設置が義務付けられており、代表取締役のみが会社を代表します（指名委員会等設置会社では、取締役会の決議により選任された執行役の中から代表執行役（執行役が1人の場合は、その者）が選定され会社を代表する）（会社法362条・402条・420条）。

　したがって、この場合の取引の相手方は、代表取締役または代表執行役となります。

2 代表権の制限の確認

　代表取締役は、株式会社の業務に関するいっさいの裁判上または裁判外の行為をする権限があり、当該権限に加えた制限は、善意の第三者には対抗できません（会社法349条4項・5項）。ただし、融資取引を行うにあたっては、商業登記簿の登記事項証明書によって確認するほか、定款で代表権に制限が加えられていないかを確認すべきでしょう。

特例有限会社との融資取引

特例有限会社と融資取引する場合、その代表機関については どのような点を確認すべきでしょうか。

特例有限会社と融資取引する場合は、その代表機関を商業登記簿の登記事項証明書で確認し、定款等により代表権に制限がないかどうかを確認して取引します。

会社法施行に伴い有限会社法は廃止され、新しく有限会社を設立することはできません。しかし、すでに存在していた有限会社は、特例有限会社として株式会社の一形態として存続できることになりました。

◎ **解説** EXPLANATION

1 特例有限会社

「特例有限会社」は、これまでの有限会社としての、社員・持分・出資一口はそれぞれ株主・株式・一株とみなされ、決算公告の必要がないことや、取締役の任期制限がないこと、取締役会の制度がないこと（取締役会は設置できない）等、従前の有限会社と同様の規律が行われるよう措置されています。

2 融資取引の相手方

(1) 特例有限会社として存続している場合

特例有限会社に代表取締役が設置されている場合は、代表取締役のみが取引の相手方となります。代表取締役が設置されていない場合は取締役が

取引の相手方となり、複数の取締役が設置されている場合は各取締役が単独で代表権を有するので、いずれの取締役とでも有効な取引となります。以上の点については、商業登記簿の登記事項証明書等で確認します。

① 取締役会は設置できない

定款の定めによって設置できる機関は監査役のみであり、取締役会のほか、会計参与、監査役会、会計監査人または委員会は設置できません（会社法の施行に伴う関係法律の整備等に関する法律（以下「整備法」という）17条1項）。会社法上の大会社（会社法2条6号）に該当する場合でも、会計監査人の設置義務がありません（整備法17条2項）。

② 取締役および監査役には任期がない

取締役および監査役には任期がありません（同法18条）。

③ 決算公告義務がない

決算公告に関する規定は適用されないため（同法28条）、決算公告義務がありません。

④ 株主総会の特別決議の可決要件が異なる

株主総会の特別決議の要件は、「総株主の半数以上（これを上回る割合を定款で定めた場合にあっては、その割合以上）であって、当該株主の議決権の4分の3以上の賛成」が必要です（同法14条3項）。

(2) 通常の株式会社へ移行した場合

特例有限会社は、定款を変更して、通常の株式会社に移行することもできます（整備法2条・3条・45条・46条）。特例有限会社が通常の株式会社に移行すると、通常の株式会社としての規律に服することになります。

たとえば、取締役会の設置が可能となります。取締役の任期は原則として2年（最長10年）、監査役の任期は原則として4年（最長10年）となります。

また、株主総会の特別決議の可決要件は、「当該株主総会において議決権を行使することができる株主の議決権の過半数（3分の1以上の割合を定款で定めた場合にあっては、その割合以上）を有する株主が出席し、出席した当該株主の議決権の3分の2（これを上回る割合を定款で定めた場

合にあっては、その割合）以上の賛成」となっています（会社法309条2項）。

宗教法人との融資取引

宗教法人から、礼拝施設および集会所の改装資金として教団所有の土地担保での融資申込を受けました。融資取引は誰と行えばよいのでしょうか。また、融資に際してどのような点に注意すべきでしょうか。

教法人の取引の相手方は代表役員です。ただし、宗教法人が行う借入れ、担保差入れ、保証行為は、代表役員単独ではできず、責任役員会の決議、信者等への公告の手続が必要です。

◉ **解説** EXPLANATION

1 融資取引の相手方

宗教法人には3人以上の責任役員を置き、規則に特段の定めがなければ、責任役員の互選により代表役員を1名定めます（宗教法人法18条1項・2項）。この代表役員のみが代表権を有し、代表役員のみが登記されます（同法52条2項6号）。

したがって、宗教法人の融資取引の相手方は、この代表役員となります。ただし、代表役員は宗教法人と利益が相反する事項については代表権を有しません。この場合は、規則で定めるところにより仮代表役員を選任してもらうことが必要です（同法21条）。

2 借入れ・保証・担保提供行為等の制限

宗教法人が以下の①～⑤に掲げる行為をしようとするときは、規則の定めるところ（定めがないときは責任役員の定数の過半数で決する（宗教法

人法 19 条））ほか、その行為の少なくとも 1 か月前に、信者その他の利害関係人に対し、その行為の要旨を示してその旨を公告しなければならないことになっています（同法 23 条 1 号～ 5 号）。

① 不動産または財産目録に掲げる宝物を処分または担保提供すること
② 借入れ（当該会計年度内の収入で償還する一時の借入れを除く）または保証をすること
③ 主要な境内建物の新築、改築、増築、移築、除却または著しい模様替えをすること
④ 境内地の著しい模様替えをすること
⑤ 主要な境内建物の用途もしくは境内地の用途を変更し、またはこれらを宗教法人法 2 条に規定する目的以外の目的のために供すること

なお、③～⑤までに掲げる行為が緊急の必要に基づくものであり、または軽微のものである場合および⑤に掲げる行為が一時の期間にかかるものである場合は、この限りではありません（同条ただし書）。

したがって、宗教法人が不動産や宝物等の処分・担保差入れをするとき、あるいは会計年度内に償還する一時借入れを除く借入れおよび保証をするときは、代表役員単独ではできません。規則に別段の定めのない限り、責任役員会の決議を受けることが必要です。さらに、実行の 1 か月以上前に信者その他利害関係人に対する公告手続が必要です。

3 責任役員会承認決議と公告の有無

前記 2 の制限に反して行われた担保提供行為は、金融機関が善意の相手方または第三者と認められない限り無効となります（宗教法人法 24 条）。したがって、金融機関としては責任役員会議事録によりその承認決議を確かめ、さらに前記公告の有無を確認することが必要です。また、規則により、上部の宗教団体の承認や同意を要すると規定されているときは、その同意書等あるいは議事録でその旨を確認しておくことも必要です。

なお、徴求資料は、宗教法人の登記事項証明書、規則、代表役員の印鑑証明書、責任役員会議事録、公告の事実確認の資料などがあげられます。

権利能力なき社団との融資取引

Ａ商店街振興会の代表者Ｂから、Ａ商店街振興会名義で借入れしたいとの申込がありました。Ａ商店街振興会は法人ではありませんが、どのように対応すべきでしょうか。

商店街振興会（以下「Ａ商店街」という）が権利能力なき社団であれば、その代表者Ｂを融資取引の相手方とすることができます。

◉ **解説** EXPLANATION

1 権利能力なき社団としての要件とその確認

　Ａ商店街が法人でない場合でも、権利能力なき社団としての一定の要件を備えていれば、法人と同様に扱うことができます。この一定の要件について判例は、「団体としての組織をそなえ、多数決の原則が行われ、構成員の変更にかかわらず団体が存続し、その組織において代表の方法、総会の運営、財産の管理等団体としての主要な点が確定していること」（最判昭和39・10・15民集18巻8号1671頁）としています。

　Ａ商店街が権利能力なき社団としての実態を備えているかどうかについては、まず、規則（規約）が書面で存在するか否か、次に規則（規約）の内容として加入脱退、総会の議決方法、代表者、出資等に関する明確な定めがあるか、また、規則（規約）どおりの運営がされているか実態調査等を行って確認します。

② 権利能力なき社団との融資取引

(1) 取引の相手方

権利能力なき社団の代表者が、社団の名においてした取引上の債務は、社団の構成員全員に1個の義務として総有的に帰属し、社団の総有財産だけがその責任財産となり、構成員各自は、金融機関に対して個人的債務ないし責任を負うことはないとする判例（最判昭和48・10・9金融・商事判例506号41頁）があります。

したがって、A商店街が権利能力なき社団であれば、その取引の相手方は代表者Bということになります。

(2) 融資の方法と担保・保証

A商店街に対する融資は、A商店街という権利能力なき社団が有している責任財産だけが融資の返済引当となるため（前掲最判昭和48・10・9）、債権保全上十分ではない場合は、同団体の構成員等の財産を担保取得するか、経営者保証等の保全措置を検討する必要があります。

なお、A商店街の財産が預金の場合は、A商店街代表者B名義で預金口座を開設することができ、定期預金も可能です。しかし、財産が不動産の場合は、A商店街を権利者とする登記、または、A商店街代表者B名義の登記は認められていません。そこで、A商店街の代表者Bが、A商店街の構成員全員の受託者たる地位において代表者Bの個人名義で所有権の登記をするか、あるいは構成員全員の共同所有名義にするほかありません（最判昭和47・6・2民集26巻5号957頁）。

代理人との融資取引

代理人との融資取引においては、どのような点に注意すべきでしょうか。

代理人には、法定代理人と任意代理人があり、法定代理人の場合は代理権の範囲等が法定されているので注意が必要です。

◎ **解説** EXPLANATION

1 法定代理人とその権限の範囲

法定代理人とは、法律の規定に基づいて代理権を与えられた代理人であり、代理権の範囲も法定されています。たとえば、親権者（民法 818 条以下）または未成年後見人（同法 838 条以下）は未成年者の法定代理人であり、本人の財産の管理処分権限を有します。また、成年後見人（同法 843 条以下）は、成年被後見人の法定代理人であり、本人の財産の管理処分権限を有します。

2 任意代理人とその権限の範囲

任意代理人とは、本人の意思に基づいて代理権が与えられた代理人です。任意代理人の代理権の範囲は、法定代理とは異なり、本人の意思によっ

て定められるので、本人に面談して確認するか委任状等の書面で確認することになります。

3 復代理人

復代理人とは、代理人が、代理行為をするために選任する代理人です。

(1) 法定代理人の場合

法定代理人は、自己の責任で常に復代理人を選任することができます（民法 105 条前段）。これは、法定代理人の権限・義務が広範であり、かつ、自由に辞任ができないので（同法 844 条）、本人保護のためにも自由な復任権を認める必要があるためです。

なお、法定代理人は、復代理人の行為について、過失の有無を問わずいっさいの責任を負わなければなりませんが、病気などやむを得ない事由で選任したときは、選任・監督上の責任のみを負います（同法 105 条後段）。

(2) 任意代理人の場合

任意代理人は、本人の許諾を得たとき、またはやむを得ない事由があるときでなければ、復代理人を選任することはできません（民法 104 条）。任意代理は、代理人との信頼関係で成り立っているからです。

4 代理権の消滅事由

代理権は、本人の死亡（民法 111 条 1 項 1 号）、代理人の死亡または代理人が破産手続開始の決定もしくは後見開始の審判を受けたこと（同項 2 号）で消滅しますが、委任による代理権（任意代理）は、それ以外に、委任の終了によっても消滅します（同条 2 項・651 条・653 条）。

たとえば、任意代理の場合は、本人について破産手続開始決定があった場合（同法 653 条 2 号）や、本人または代理人から解約告知があった場合（同法 651 条）も代理権が消滅しますが、法定代理の場合は、これらの事実があっても代理権は消滅しません。

Q 17 株式会社の経理課長との融資取引

株式会社の経理課長から融資の申込を受けました。この場合、実務上どのような点に留意すればよいでしょうか。

A NSWER 経理課長に代理権限が付与されている場合が多いと思われますが、融資契約の締結等に際しては、会社の代表取締役の意思確認等による借入意思の確認が重要です。

◉ **解説** EXPLANATION

1 経理課長が代理人または使者の場合

株式会社と融資取引（契約）をする場合は、会社の代表取締役または代表権のある取締役が融資取引の相手方となりますが、質問の場合のように当該会社の経理課長等が来訪して融資の申込・契約をする場合も多いといえます。この場合の経理課長は、法的には、会社の代理人ないし使者として会社のために融資取引を行います。

（1） 経理課長が代理人の場合

経理課長が代理人の場合は、あらかじめ会社から代理人届（または委任状）を提出してもらって、Ａ株式会社代理人経理課長Ｂ名義で融資申込書を受け付け、金銭消費貸借契約書もＡ株式会社代理人経理課長Ｂ名義で締結します。これにより、本人であるＡ株式会社に対して直接に融資契約の効力が生じます（民法99条1項）。

(2)　経理課長が使者の場合

　代理人の場合は代理権の範囲内で自由に意思決定ができるのに対し、使者の場合は、意思決定は本人が行い、使者はその本人の意思を伝達するにとどまります。

　経理課長が使者の場合は、A株式会社代表取締役C名義で申込を受け付け、金銭消費貸借契約証書もA株式会社代表取締役C名義で締結するので、経理課長の名前はこれらの契約書類には表示されません。

2　代表取締役の意思確認と無権代理・表見代理

　代理権を有する経理課長であっても、実務上は、一般に経理課長を使者とする手続を行っています。その理由は、経理課長は融資契約の締結等に関して会社から一定の代理権限を付与されていますが、そのつど代理人届出等により代理権の範囲を確認して契約締結等を行うよりも、代表取締役名義で融資契約の締結等を行い、そのつど代表取締役の意思確認を行うほうが、むしろ煩雑ではなく法的リスクも軽減されるためといえます。

　なお、経理課長が代理権限がなく融資手続を行っていた場合は無権代理となり、本人である会社、つまり代表取締役が追認しなければ、会社に借入返済を請求できなくなります（民法113条1項）。

　ただし、代表取締役が経理課長とともに来店して融資の申込を行った場合は、代表取締役が経理課長に対して、当該融資申込や契約の締結について代理権を付与した旨の意思表示と解されます。その後、融資契約締結前に代表取締役が経理課長に与えた代理権限に制限を加えたり剥奪したとしても、その旨の届出等がなく、金融機関が代理権限の制限や剥奪を過失なく知らずに経理課長と融資契約を締結して融資実行した場合は表見代理（Q 18参照）が成立し、会社は融資契約の無効を主張できないものと考えられます（同法109条・110条・112条）。

Q 18 　個人事業主（本人）の配偶者（代理人）との融資取引

　個人事業主Ａとの融資取引は、ほとんど配偶者Ｂとの間で行っています。このような場合の留意点は何ですか。また、Ａから融資契約の無効を主張された場合、どのように対応すべきですか。

　　　の代理権またはＡの借入意思については、融資実行前に
Ｂ　　　そのつど確認すべきものと考えられます。また、Ａから
ＮＳＷＥＲ　融資契約の無効を主張された場合は、表見代理が成立しないか
確認すべきでしょう。

◉ **解説** EXPLANATION

1 代理権の有無および本人の借入意思

　個人事業主Ａの配偶者Ｂとの間で、Ａ名義で融資契約を行っているとのことですから、Ｂが、Ａの代理人または使者として、ＡのためにＡ名義での融資契約を行っていることになります。

　Ｂに代理権がなかった場合、法律上は無権代理となり（民法113条1項）、本人Ａが追認しない限り無効となるため、Ａに融資金の返済を求めることはできません。この場合、Ｂに対しては、無権代理人としての責任を追及して、融資金の返済請求または損害賠償請求をすることはできます（同法117条1項）。また、金融機関が無権代理であることを過失によって知らなかったときは無権代理人としての責任を追及できませんが（同条2項）、不当利得の返還請求はできると考えられます（同法704条）。しかしながら、無権代理人には資力がない場合が多く、その実効性はあまり期待できません。

　したがって、Ｂの代理権またはＡの借入意思については、融資実行前に

そのつど確認しなければなりません。

② 本人による融資契約無効の主張

　無権代理であるとして本人Aから融資契約の無効を主張された場合、金融機関は、まず追認を確認し、追認がなければ表見代理が成立するかを確認します。

(1)　追認の有無を確認

　無権代理であっても本人Aの追認があれば、Aとの融資契約は原則として契約の時にさかのぼって有効となるので（民法116条）、過去に追認と解される事実がなかったかを確認すべきです。たとえば、借入返済の条件緩和を申し出た経緯があった場合は、当該融資契約を追認したものとみなされます。また、当該融資契約の返済明細表を本人A宛てに親展で送付していたとか、返済口座から自動引き落ししていたのに、Aから何ら異議申出がなかったといった場合は、黙示の承諾ないし追認があったものとされる可能性があります。

(2)　表見代理の成否を確認

　表見代理には、本人と無権代理人の関係の違いによって3つのパターンがあります。第1はAが金融機関に対してBに代理権を授与したと表示しながら授与しなかった場合（民法109条1項）、第2はBが付与された代理権を越えて代理行為をしたが、金融機関が代理権限の範囲内と判断してもやむを得ない事情がある場合（同法110条）、第3にBの代理権が消滅した後に金融機関に対してその旨の通知（解任届の提出等）がされる前にBが代理人として取引した場合（同法112条1項）があります。

　ただし、表見代理が適用されるためには、Bの無権代理について金融機関の善意・無過失（Bが無権代理人であることを知らず、知らないことに過失がないこと）が要求され、BがAの実印を所持していたことのみで金融機関がBを代理人と信じた場合であれば、善意・無過失とはいえません。

第**3**章 各種融資契約と融資取引

銀行取引約定書の取扱上の留意点と適用範囲等

取引先Ａ社に対する融資を取引先Ｂ社が保証した場合、その保証債権はＢ社との銀行取引約定書が適用されますか。

銀行取引約定書は、与信取引のための共通約定書であり、融資取引のほか保証取引も適用範囲に含まれるため、取引先Ｂ社に対する保証債権も適用されます。なお、証書貸付や当座貸越、保証取引等の個別取引に特有な事項は、別途個別の約定書が必要となります。ただし、手形貸付や手形割引については、銀行取引約定書が個別約定書の役割を果たしているので、個別の約定書は不要となっています。

◉ 解説 EXPLANATION

1 適用範囲

銀行取引約定書の適用範囲については、金融機関によって異なりますが、たとえば、①手形貸付、手形割引、電子記録債権貸付、電子記録債権割引、証書貸付、当座貸越、支払承諾（債務保証取引等）[注]、外国為替、デリバティブ取引、その他取引の相手方が金融機関に対して債務を負担することとなるいっさいの取引、②金融機関と第三者との融資取引等を保証した場合の保証取引、③相手方が振出、裏書、引受、参加引受もしくは保証した手形または相手方が電子記録債務者である電子記録債権を、金融機関が第三者との取引（割引取引や担保取引等）によって取得した場合、などとなって

います。

　質問の場合は、「取引先Ａ社に対する融資取引を取引先Ｂ社が金融機関に対して保証した場合の保証取引」であり、前記②に該当します。したがって、取引先Ｂ社に対する保証債権は、Ｂ社との銀行取引約定書が適用されます。

（注）　支払承諾（債務保証取引）とは、相手方の依頼（委託）に基づき、相手方の第三者に対する債務について、金融機関が第三者に対して保証する取引です。たとえば、相手方の第三者（他の金融機関等）に対して負担する借入債務の保証のほか、公共工事の損害担保保証や運賃・通行料金・郵便料金等の後払保証などがあります。

2 個別約定書との優先関係

　銀行取引約定書と金銭消費貸借契約書や当座貸越契約書等の個別約定書との優先関係は、以下のように約定されています。

①　銀行取引約定書締結後に同約定書の条項と異なる個別合意をしたときは、当該個別合意が銀行取引約定書の該当する条項に優先するものとすること。

②　銀行取引約定書締結前に締結した個別合意との関係では銀行取引約定書が優先し、銀行取引約定書に定めない条項についてのみ個別合意が適用となること。

③　ただし、個別合意に基づき銀行取引約定書締結前に生じている効果には影響しないものとすること。

手形または電子記録債権に係る権利の選択等

手形貸付や電子記録債権貸付について権利行使（預金との相殺等）をする場合、銀行取引約定書の定めはどのようになっていますか。

銀行取引約定書では、手形債権または電子記録債権あるいは融資債権を選択できる旨を特約していますが、通常は融資債権を行使します。

◎ **解説** EXPLANATION

1 手形または電子記録債権に係る権利の選択

金融機関が手形貸付または電子記録債権貸付による融資をした場合、融資債権のほかに手形債権もしくは電子記録債権を併有することになりますが、銀行取引約定書では、融資債権または手形債権もしくは電子記録債権のいずれによっても請求または相殺等の権利行使ができるものとしています。

2 融資債権を行使する場合

手形貸付について手形債権を行使する場合は、手形の呈示証券性・受戻証券性から手形の呈示および交付を要しますが、融資債権を行使する場合は、手形債権の行使ではないため、手形の呈示・交付は不要となります。

3 同時履行の抗弁権を排除する特約

　融資債務の支払確保（担保）のために債権者に小切手を交付した債務者は、当該債務の支払は、小切手の返還と引換えにすべき旨の同時履行の抗弁をなしうると解されています（最判昭和33・6・3金融・商事判例529号45頁）。また、同時履行の抗弁権が付着した債権を自働債権とする相殺は、反対給付の履行なしにできないと解されています（大判昭和13・3・1民集17巻4号318頁）。

　そこで、銀行取引約定書は、金融機関が手形債権によらないで相殺または払戻充当を行う場合は、相殺等と同時には手形の返還を要しないものと定めています。

　また、電子記録債権によらないでまたは電子記録債権によって相殺または払戻充当を行うときは、金融機関は、相手方（債務者）が支払等記録の請求をすることについて承諾をすること、および相殺等と同時に相手方を譲受人とする譲渡記録もしくは金融機関を譲受人とする譲渡記録を削除する旨の変更記録を請求することを要しないものとしています。

4 手形の返却等

　銀行取引約定書は、前記**3**の相殺または払戻充当により手形または電子記録債権が存する場合には、相手方（債務者）は、遅滞なく金融機関に出向いて手形を受領するものとし、電子記録債権については、金融機関が相殺または払戻充当後、遅滞なく、支払等記録または相手方を譲受人とする譲渡記録（保証記録は付さない）もしくは金融機関を譲受人とする譲渡記録を削除する旨の変更記録を請求するものとしています。

第3章

各種融資契約と融資取引

担保条項の概要

担保条項の概要はどのようなものですか。

　　　銀行取引約定書の担保条項の内容は、いわゆる増担保条項のほか、担保処分の方法等に関する約定、および金融機関の占有する債務者の動産や有価証券等の取立・処分権限に関する定めなどとなっています。

◉ **解説** EXPLANATION

1 増担保条項

　増担保条項は、債権保全を必要とする相当の事由が生じたと客観的に認められる場合は、金融機関の請求によって、直ちに金融機関の承認する担保もしくは増担保を差し入れ、または保証人（電子記録保証人を含む）をたて、もしくはこれを追加するというものです。

　この増担保条項に基づき、債務者に対して増担保等を請求した場合は、債務者はこれに応じる義務が生じ、債務者にとって増担保等に応じることが可能であるのに債務者が応じないときは、債務不履行となりえます（東京高判平成19・1・30金融・商事判例1260号11頁）。

2 担保処分の方法

　債務者が債務不履行に陥った場合は、金融機関は、法定の手続または一般に適当と認められる方法、時期、価格等により担保を取立または処分の

うえ、その取得金から諸費用を差し引いた残額を法定の順序にかかわらず
債務者の債務の弁済に充当できる、などと定めています。

３ 預かり有価証券等の処分権限

　債務者が債務不履行に陥った場合は、金融機関は、その占有している債
務者の動産、手形その他の有価証券（振替株式、振替社債、電子記録債権
等の有価証券を含む）についても、前記担保処分の方法と同様に取り扱う
ことができます。

第3章

各種融資契約と融資取引

43

担保条項（預かり有価証券等の取立・処分権限）の効力等

　　融資先が債務不履行に陥った場合、金融機関が占有する債務者の動産・有価証券等の取立・処分権限の効力はどうなりますか。

　　担保条項は、債務者が債務不履行に陥った（延滞等が発生した）場合には、金融機関が占有している債務者の動産、手形その他の有価証券は、Q21解説記載の処分方法により取立または処分することができ、その取立金等から諸費用を差し引いた残額を、法定の順序にかかわらず延滞融資等に充当できると定めています。

◉**解説** EXPLANATION

1 担保条項（預かり有価証券等の取立・処分権限）の効力

　金融機関が占有する債務者の動産、手形その他の有価証券の取立・処分権限の効力について判例は、債務者の債務不履行を停止条件として譲渡担保権、質権等の担保権を設定する趣旨の規定ではないとする一方で、債務者が破産した場合の手形の取立・相殺について、以下のように判示しています（信用金庫の事案）。

　担保条項を含む信用金庫取引約定を債務者Ａ社との間で締結したうえで、Ａ社について支払の停止または破産の申立のあったことを知る前にＡ社から代金取立手形の取立依頼を受け、支払の停止等の事実を知った後破産手続開始決定前に同手形を取り立てたことにより負担したＡ社に対する取立金引渡債務は、破産申立があったことを知った時より前に生じた原因

（破産法71条2項2号）に基づき負担したものに当たり、相殺が許される
としています（最判昭和63・10・18金融・商事判例810号3頁）。

2 商事留置権との関係

(1) 破産手続の場合

銀行は株式会社であり商人ですから、債務者が商人の場合、破産手続開
始の時に担保条項に基づき占有している代金取立手形につき商事留置権
（Q 87参照）を有します（商法521条）。商事留置権は、破産財団に対し
ては特別の先取特権とみなされ（破産法66条1項）、別除権を有すること
になりますが（同法2条9項）、別除権は破産手続によらないで行使する
ことができます（同法65条1項）。

また、特別の先取特権（Q 87参照）とみなされた手形は、破産手続開
始決定後においても同手形を留置する権能が消滅しないとされることか
ら、銀行は破産管財人からの手形返還請求を拒むことができます。そして、
当該担保条項が定める手形等の取立処分権限特約に基づき同手形を取り立
てて破産者に対する債権の弁済に充当することができます（最判平成10・
7・14金融・商事判例1057号19頁）。

(2) 民事再生手続の場合

債務者から取立委任を受けた手形につき商事留置権を有する銀行は、債
務者の民事再生手続開始後の取立に係る取立金を、法の手続によらず同会
社の債務の弁済に充当しうる旨を定める本担保条項に基づき、同会社の債
務の弁済に充当することができます（最判平成23・12・15金融・商事判
例1387号25頁）。

(3) 信用金庫等の場合（破産手続等開始決定後）

信用金庫、信用組合、農業協同組合等の商人ではない金融機関の場合は、
商事留置権が認められないので、破産手続等の開始決定後に代金取立手形
の取立金について、この担保条項に基づき破産債権等に充当することはで
きません。また、取立金引渡債務との相殺もできません。

期限の利益喪失条項

期限の利益喪失条項とは、どのようなものですか。

民法137条は、債務者が期限の利益を喪失する事由を定めていますが、この規定のみでは債権保全上の支障が生じるため、特に、銀行取引約定書において期限の利益喪失事由を細かく規定しています。

◎ **解説** EXPLANATION

1 期限の利益の当然喪失条項

(1) 当然喪失事由

金融機関の通知催告等がなくても、債務者につき一定の事由が発生すれば、当然に期限の利益を喪失する旨が定められています。具体的には、債務者について、支払の停止または破産・民事再生手続開始等の申立があったとき、手形交換所または電子債権記録機関の取引停止処分を受けたとき、債務者または保証人の預金等に差押命令等が「発送」されたとき、行方不明となったとき、などが定められています。なお、支払停止や行方不明については、請求喪失事由とすべきとの考え方があります。また、保証人預金に対する差押命令等の発送については、保証人が主債務者の経営に関与している場合などに限定して適用すべきでしょう。

(2) 支払停止・支払不能と留意点

支払停止について判例は、「債務者が資力欠乏のため債務の支払をする

ことができないと考えてその旨を明示的又は黙示的に外部に表示する行為
をいう」としています（最判昭和60・2・14金融・商事判例718号14頁）。
なお、明示的とは口頭または書面による履行の拒絶や店頭掲示などをいい、
黙示的とは閉店、隠匿、逃亡などをいいます。また、破産法は、「債務者
が支払を停止したときは、支払不能にあるものと推定する」と規定してい
ます（破産法15条2項）。

　支払不能について破産法は、「債務者が、支払能力を欠くために、その
債務の弁済期にあるものにつき、一般的かつ継続的に弁済することができ
ない状態をいう」としています（同法2条11項）。「一般的かつ継続的に
弁済することができない状態」について判例は、「支払不能であるか否か
は、弁済期の到来した債務について判断すべきであり、弁済期が到来して
いない債務を将来弁済できないことが確実に予想されても、弁済期の到来
している債務を現在支払っている限り、支払不能ということはできない」
としています（東京地判平成22・7・8金融・商事判例1350号36頁）。

　たとえば、ある債務者が、金融機関に対して「大口の不良債権が発生し
たので今月末日の約定返済はできない」と表明したことから支払停止の状
態となったとしても、弁済期が未到来の段階では支払不能ではないことに
なります。しかし、支払停止を当然喪失事由としていた場合は、弁済期が
当然に到来するため、支払停止と同時に支払不能となってしまいます。

　また、破産法上の相殺禁止規定（同法71条・72条）や偏頗行為の否認
規定（同法162条）は「支払不能」を基準に相殺禁止や否認権の行使がさ
れることなどから、支払停止は当然喪失事由に置くべきではなく、支払不
能とともに請求喪失事由にすべきであるとする考え方があります。

2 期限の利益の請求喪失条項

　金融機関の請求によって期限の利益を喪失する請求喪失事由として、債
務の一部でも履行を遅滞したとき、担保目的物について差押えや競売開始
があったとき、取引約定に違反したとき、その他債権保全を必要とする相
当の事由が生じたとき、などが定められています。

Q 24 割引手形の買戻条項

割引手形の買戻条項はどのようになっていますか。

ANSWER

手形割引の法的性質は手形の売買と解されているため、買戻請求権の発生事由と発生時期が規定されています。

◉ **解説** EXPLANATION

1 割引手形の買戻請求権の発生事由

割引依頼人について期限の利益の当然喪失事由が発生した場合は、金融機関の通知催告がなくても当然に買戻請求権が発生するものとしています。

また、割引手形について債権保全を必要とする相当の事由が生じた場合には、金融機関の請求によって買戻請求権が発生するものとしています。

2 買戻条項の差押債権者等に対する効力

割引依頼人の預金について差押命令等が送達された場合、反対債権である割引手形買戻請求権が差押命令等の送達後に発生した場合は、当該買戻請求権による相殺をもって差押債権者等に対抗できません（民法 511 条）。

そこで、期限の利益の当然喪失条項において、差押命令等が「発送されたとき」（差押命令等が送達される前）に当然に期限の利益を喪失するも

のと定め、割引手形買戻条項においても当該差押命令等が「発送されたとき」に当然に買戻請求権が発生すると定めることで、預金の差押命令送達前に確実に手形買戻請求権が発生するようにしています。

　この当然喪失条項により、民法511条に反しないで手形買戻請求権と預金債権とを相殺することができ、差押債権者に対抗することができます。

Q 25 相殺・払戻充当、手形のとめおき権、充当指定権

相殺・払戻充当、手形のとめおき権、充当指定権の内容について、取扱上の留意点はどのようなものですか。

質問の各条項の内容と留意点等は、以下のとおりです。特に「とめおき権」は、商人ではない金融機関にとって重要な特約です。

◉ **解説** EXPLANATION

1 相殺・払戻充当

金融機関が差引計算（相殺・払戻充当）をする場合の規定です。たとえば、民法上相殺の効力は相殺適状日にさかのぼるところ（民法 506 条 2 項）、差引計算の場合の利息・損害金等の計算は相殺適状日ではなく差引計算を実行する日までとし、利率・料率等は当事者間に別の定めがない場合は金融機関の定めによるものとし、外国為替相場については金融機関の計算実行時の相場を適用するものと規定しています。

ただし、この規定は、相殺債権の僅かな弁済期到来の差異による複雑な相殺計算を避けるために、民法の相殺の遡及効を排除する趣旨であり、相殺適状の時から著しく遅滞した場合はこの規定による相殺は認められず、民法の規定による相殺（相殺適状日にさかのぼって相殺）によらなければなりません（高松高判平成 4 ・ 3 ・31 金融・商事判例 900 号 3 頁、最判平成 2 ・ 7 ・20 金融法務事情 1270 号 26 頁）。

２ 手形の呈示・交付、とめおき権

　金融機関の貸付債権等に手形がある場合に、その権利行使等に際して「手形の呈示・交付」を要しない場合を規定しています。

　たとえば、手形貸付の場合の融資債権や、手形割引の場合の手形買戻請求権と預金相殺をする場合は、同時には手形の返還を要しない旨を規定しています。また、手形上の債権を自働債権として相殺する場合でも、取引先が所在不明の場合、手形の支払場所が金融機関の場合、手形の送付が困難な場合等においては手形の呈示・交付を要しないものとしています。

　「とめおき権」とは、たとえば割引手形が不渡りとなった場合に、手形買戻請求権と割引依頼人の預金を相殺して買戻債務を回収したものの、割引依頼人に対して他に延滞債権がある場合は、当該相殺済手形を割引依頼人に返還しないで（とめおいて）、さらに同手形の主債務者（約束手形の振出人または為替手形の引受人）やその保証人、あるいは割引依頼人以外の裏書人やその保証人に対して取立等を行い、当該延滞債権に充当することができる旨の規定です。特に、信用金庫等の商人ではない金融機関の場合は商事留置権が認められないので、これを補完する特約として重要です。

３ 金融機関による充当の指定

　任意弁済や預金相殺等によって融資債権等を全額回収できない場合、当該回収金の充当の順序（元本から充当するのか利息・損害金から充当するのか）や方法については、金融機関に指定権があるという規定です。

　ただし、任意の時期に充当指定権を行使できる特約があったとしても、弁済後１年以上経過した時期における充当指定権の行使は、法的安定性を著しく害するものとして許されません（最判平成22・3・16金融・商事判例1344号25頁）。

　なお、判例は、競売配当金については、このような特約がある場合であっても、法定充当（民法488条4項）されるべきとしています（最判昭和62・12・18金融・商事判例788号3頁）。

**危険負担・免責条項等、届出事項の変更と「みな
し到達」**

26

危険負担・免責条項等、届出事項の変更と「みなし到達」
の内容について、取扱上の留意点はどのようなものですか。

質問の条項の内容と取扱上の留意点等は以下のとおりで
す。特に、みなし到達規定は、当事者間では有効ですが、
第三者には対抗できないので留意すべきです。

◉ **解説** EXPLANATION

1 危険負担・免責条項等

危険負担・免責条項等は、金融機関が、手形に押捺された印影と取引先
の届出印鑑とを相当の注意をもって照合し符合すると認めて取引したとき
は、手形の偽造等によって生じた損害は取引先が責任を負う旨を規定して
います。

しかし、この規定の効力について判例は、金融機関が第三者との与信取
引（手形割引等）によって取得した取引先振出名義の約束手形には適用が
ないとしています（最判昭和62・7・17金融・商事判例776号18頁）。
つまり、当該約束手形に押捺された印影がたとえ取引先の届出印鑑の印影
であったとしても、偽造手形であった場合は、取引先に対して当該条項に
基づく手形金等の支払請求はできません。

② 届出事項の変更とみなし到達

⑴　みなし到達規定の目的とその効力

　みなし到達規定は、住所変更等の届出を怠ったため、金融機関からの通知（内容証明郵便等）または送付書類等が延着しまたは到達しなかった場合には、通常到達すべき時に到達したものとみなすという規定です。

　たとえば、債務者が行方不明となった場合に、預金相殺の内容証明郵便が転居先不明等の事由で返還される場合があります。相殺は意思表示によって行うものとされ（民法506条1項）、隔地者に対する意思表示は、その通知が相手方に到達した時からその効力を生ずるため（同法97条1項）、内容証明郵便が転居先不明等で返還された場合は、意思表示が到達しなかったことになり、相殺できなかったことになります。

　このような場合でも、この「みなし到達」の規定があれば、転居先不明で返還された内容証明郵便が通常であれば到達したであろう時に、有効に相殺できたことになります。

⑵　みなし到達規定の第三者に対する効力と対応策

　このみなし到達規定は、当事者間（金融機関と債務者間）のみにおいて有効とされ、相殺すべき預金等に対する差押債権者等の第三者には対抗できません（東京高判昭和58・1・25金融・商事判例681号6頁）。

　したがって、行方不明者の預金については、差し押さえられる前であれば、みなし到達の規定により有効に相殺できますが、差し押さえられた後に相殺する場合は、取立権を有する差押債権者に対する相殺通知によって相殺するか（最判昭和40・7・20金融法務事情417号12頁）、あるいは公示送達による意思表示によって相殺しなければなりません（民法98条）。

反社会的勢力排除条項

Q 27　反社会的勢力排除条項の取扱上の留意点はどのようなものですか。

反社会的勢力排除条項は、目的の正当性が認められ、本条項が導入される前に締結された取引契約についても適用できると解される余地があります。

◉ **解説** EXPLANATION

１ 反社会的勢力排除の社会的要請

　反社会的勢力を社会から排除していくことは、社会の秩序や安全を確保するうえできわめて重要な課題であり、反社会的勢力との関係を遮断するための取組みを推進していくことは、企業等にとって社会的責任を果たす観点から必要かつ重要なことです。特に、公共性を有し、経済的に重要な機能を営む金融機関においては、金融機関自身や役職員のみならず、顧客等のさまざまなステークホルダーが被害を受けることを防止するため、反社会的勢力を金融取引から排除していくことが求められます。

　したがって、金融機関においては、「企業が反社会的勢力による被害を防止するための指針について」（平成 19 年 6 月 19 日犯罪対策閣僚会議幹事会申合せ）の趣旨を踏まえ、日頃から、反社会的勢力との関係遮断に向けた態勢整備に取り組む必要があります（金融庁監督指針参照）。

２ 反社会的勢力との取引の排除と取引約款への反社会的勢力排除条項の導入

⑴　反社会的勢力との取引の排除

反社会的勢力とはいっさいの関係をもたず、反社会的勢力であることを知らずに関係を有してしまった場合には、相手方が反社会的勢力であると判明した時点で可能な限り速やかに関係を解消しなければなりません。

⑵　取引約款への反社会的勢力排除条項の導入

反社会的勢力との取引を未然に防止するため、反社会的勢力に関する情報等を活用した適切な事前審査を実施するとともに、契約書や取引約款への反社会的勢力排除条項の導入を徹底しなければなりません（東京高判平成28・4・14金融・商事判例1491号8頁）。また、既存の債権や契約の適切な事後検証を行うことも重要です。

３ 反社会的勢力排除条項の既存取引先への効力

反社会的勢力排除条項が導入される前の既存の預金取引先について、排除条項の効力を及ぼすことができるかなどについて争いとなった事案について、福岡高裁平成28年10月4日判決は、「暴力団排除条項は、既存の預金契約にも適用しなければその目的を達成することは困難であり、本件各条項が遡及適用されたとしてもそのことによる不利益は限定的であるため、既存顧客との個別の合意がなくとも既存の契約にも効力を及ぼすことができると解するのが相当であり、本件各条項に基づき預金契約を解約することが、信義則違反ないし権利濫用に当たるといえない」（要旨）と判示しています（金融・商事判例1504号24頁。なお、同判決は、最高裁において、平成29年7月11日、上告棄却・上告受理申立不受理とされた）。

したがって、反社会的勢力排除条項は、目的の正当性が認められ、本条項が導入される前に締結された取引についても適用できると解されます。

証書貸付の法的性質

　証書貸付の法的性質と成立要件は、どのようになっていますか。

証書貸付は書面による貸付契約ですが、書面（電磁的記録を含む）でする金銭消費貸借は、当事者間の合意によってその効力を生じます。これにより、金融機関は融資義務を負担し、借主は融資金の交付請求権を取得します。

◉ **解説** EXPLANATION

1 書面による金銭消費貸借

　民法は、（金銭）消費貸借については、当事者間の合意と目的物（金銭等）の授受によりその効力を生ずるとの原則は維持（同法587条）しつつも、書面（電磁的記録を含む）でする（金銭）消費貸借は、当事者間の合意のみによって契約の効力が生ずるとしています（同法587条の2）。

　このように、金銭消費貸借契約は、原則として金融機関と借主の合意のほか、目的物（融資金）が交付されてはじめて成立する要物契約ですが、書面（金銭消費貸借契約証書）により金銭消費貸借の合意があると、目的物（融資金）の交付前に契約の効力が生じることになります。

　書面による金銭消費貸借契約が成立すると、その法律効果として、金融機関は融資義務を負担し、借主は融資金の交付請求権を取得します。金融

機関が融資義務を履行すると金融機関には貸金債権が発生し、借主は借入債務を負担します。

前記権利・義務の発生後、借主が義務を履行して借入債務を約定どおりに返済し、借入債務が消滅すると、当該証書貸付取引は終了します。

	金融機関	借主
金銭消費貸借契約（法律行為）の成立	書面による貸す意思表示と借りる意思表示の合致	
法　律　効　果	目的物の交付義務	目的物の交付請求権

2 預金口座への振替入金と融資債権の成立

金銭消費貸借契約は、現金の交付と同一の経済上の利益の授受があれば足りるとするのが判例・通説です（大判明治40・5・17民録13輯560頁、同大正11・10・25民集1巻621頁、同昭和6・6・22法律新聞3302号11頁）。したがって、借主の預金口座へ融資金が振替入金された時点で金銭消費貸借契約に基づく融資債権が発生します。

なお、金銭消費貸借契約証書は、融資を行ったことを証明するための証拠証券であり、後日裁判上の争いとなった場合に有効に契約が成立したことを証明するための書類ですから、借主の自署・押印が不可欠です。

3 第三者の預金口座への振替入金と目的物の交付

借主の口座に振替入金しないで、直接第三者の口座に入金するよう申出を受ける場合があります。自動車ローンの実行資金を自動車ディーラーの口座に入金する場合など、借主に資金が交付されないものの、金融機関と借主との合意により、第三者の預金口座に融資金が振り込まれた場合は、借主に現金が交付された場合と同一の経済的価値があるものとして、金銭消費貸借契約および融資債権が成立したものとされます（大判昭和11・6・16民集15巻13号1125頁、東京高判昭和43・3・29金融・商事判例108号13頁）。

書面による金銭消費貸借契約

書面による金銭消費貸借契約とは、どのような契約でしょうか。

融機関の貸付意思と借主の借入意思の合致が書面（電磁的記録を含む。以下同様）に表示されると、金銭消費貸借契約の効力が生じ、金融機関は融資義務を負担し、借主は融資を受ける権利を取得します。

◉ **解説** EXPLANATION

1 書面による金銭消費貸借の合意と金銭消費貸借契約の成立

金融機関の貸付意思（融資金額、融資時期、返済期間、返済方法、適用金利、担保・保証等の融資条件を含む）と借主の借入意思が、書面上で合意されると、金銭消費貸借契約の効力が生じます（民法587条の2第1項・4項）。

また、金融機関の意思と借主の意思が1通の書面で表示されている必要はないので、借入申込書で借主が借入れの意思を表示し、貸主が書面（金銭消費貸借契約証書等）でそれに応ずる旨を表示すれば、書面による金銭消費貸借契約が成立するものと解されます。

なお、「目的物（金銭等）の交付によって消費貸借の効力が生じる」とする特約は有効であり、書面による金銭消費貸借契約を要物契約とすることは可能です。

2　書面による金銭消費貸借契約の成立と金融機関の責任

　書面による金銭消費貸借契約が成立すると、金融機関は債務者に対して融資義務を負うことになり、借主は借りる権利を取得します。金融機関が、この契約成立後に融資を謝絶した場合は、これによって発生した債務者の損害については、債務不履行または不法行為による賠償責任を負うおそれがあります（民法 415 条〜 419 条・709 条）。

　ただし、借主が金融機関から貸付金を受け取る前に、当事者の一方が破産手続開始の決定を受けたときは、当該金銭消費貸借の効力は消滅します（同法 587 条の 2 第 3 項）。

　なお、借主は、借りる義務を負担することはなく、目的物を受け取るまでは、契約の解除をすることができます（同条 2 項前段）。借主のこの解除権の行使によって金融機関に資金調達コスト等の損害が生じた場合には、金融機関は損害賠償を請求できます（同項後段）。

　ただし、金融機関の場合は、貸付を予定していた資金を他の融資先に流用することができるので、その場合は具体的な損害は発生しないものと考えられます。

3　消費貸借の予約（融資予約）と金融機関の責任

　消費貸借の予約に関する旧民法 589 条は改正法により削除されましたが、消費貸借の予約の存在を否定するものではなく、書面による消費貸借の規定が類推適用されることが想定されています（筒井健夫・村松秀樹編著『一問一答　民法（債権関係）改正』294 頁参照）。

　したがって、金融機関が融資証明書を発行した場合など、融資予約契約が成立すると解される場合は、金融機関の融資責任が問われるおそれがあるので注意すべきです（東京高判平成 6・2・1 金融・商事判例 945 号 25 頁参照）。

手形貸付と融資債権・手形債権

手形貸付の場合、金融機関は融資債権と手形債権を併有しますが、手形貸付契約とはどのような契約でしょうか。

　　形貸付も証書貸付と同様の金銭消費貸借契約です。ただし、債務者に金融機関宛ての約束手形を振り出させて貸付を行うため、金融機関は、金銭消費貸借契約に基づく融資債権のほか、手形法に基づく手形債権を取得します。

◉ **解説** EXPLANATION

1 手形貸付の方法と法的性質

　手形貸付は、債務者が金融機関宛てに振り出した約束手形に記載された手形金額を、金融機関が債務者の預金口座に入金して行います。この手形貸付も、証書貸付と同様に金銭消費貸借契約と解されており、民法587条等が適用されます。

2 融資債権の効力発生と手形債権の取得

　手形貸付による融資債権の効力は、金融機関が約束手形の金額欄記載の金額を債務者の預金口座に入金した時に生じます。

　また、債務者が約束手形を振り出し、その受取人兼所持人となった金融機関は、債務者に対して手形法に基づく手形債権を取得します。つまり、金融機関は、手形貸付を行うことにより、債務者に対して手形法上の手形債権と民法上の融資債権（金銭消費貸借債権）を併有することになります。

　ただ、2つの債権を併有するといっても、この場合の手形は原因債務である金銭消費貸借契約上の債務の履行を確保するためのものであり、そのため、一方の債権が消滅すれば他方の債権も消滅することになります。

3 融資債権または手形債権の行使と留意点

　手形貸付においては、融資債権または手形債権のいずれの権利を行使するかは金融機関の自由であり、銀行取引約定書においても、その旨を明記しています。

　手形上の権利である手形債権により預金相殺をしたり弁済を受ける場合は、弁済等と同時に手形の呈示・交付が必要となるのに対して、融資債権の場合は、手形法は適用されないので、相殺や弁済と同時には手形の呈示・交付を要しません。

　ただし、債務者の債務の弁済と金融機関の手形の返還については、同時履行の関係にあるとされています（大判昭和33・6・3金融・商事判例529号45頁）。また、この同時履行のような抗弁権が付着している融資債権を自働債権とする相殺は許されず、相殺と同時に手形を返還しなければなりません（大判昭和13・3・1民集17巻4号318頁）。そこで、銀行取引約定書では、このような抗弁権を放棄させる旨の特約をしており、金融機関は、弁済や相殺と同時には手形を返還する義務を負わないことにしています。したがって、実務上は融資債権を行使する場合がほとんどです。

　また、融資債権・手形債権のどちらかが時効消滅した場合についてですが、手形債権が時効消滅した場合は融資債権を行使することができますが、融資債権が時効消滅した場合は原因債権そのものが消滅したことになるので、この場合には、金融機関は手形債権を行使することはできません（手形債権が時効消滅していなかったとしても、その行使は、原因債権の消滅を人的抗弁として支払拒絶される）（最判昭和43・12・12金融・商事判例148号12頁）。

　なお、融資債権が消滅した場合、当該手形は速やかに弁済者に返還します。この場合、銀行取引約定書は、債務者が金融機関まで遅滞なく出向いて手形を受領するものとしています。

Q 31 手形貸付と手形の役割・手形の書替え等

手形貸付における約束手形の役割と、手形書替えの場合の留意点はどのようなものですか。

約束手形は、証書貸付における金銭消費貸借契約証書の役割を兼ねるものです。手形書替えは期限延長のために行われますが、手形債権のみの期限延長の場合と融資債権の期限延長も兼ねる場合があります。

◉ **解説** EXPLANATION

1 返済条件等の確認

手形貸付の融資債権の支払期日に一括弁済する約定であれば、融資債権と手形債権の金額は同一ですが、融資債権を最終期限までに分割払する約定の場合は、融資債権と手形債権の金額が一致しなくなります。

しかし、分割払文言を手形の券面上に記載すると当該手形は無効となり（手形法77条1項2号・33条2項）、かつ利息文言を当該手形に記載しても手形法上は記載なしとみなされることから（同法77条2項・5条1項）、分割返済条件等については手形面に記載しない扱いとなっています。

そこで、返済条件等をどのように確認するかが問題ですが、借入申込書等への記載内容のほか、分割弁済に関する計算書等により確認します。

2 手形書替え

手形の書替えとは、貸付当初に振り出した手形の期日が到来したときに、

期限延長のため新手形の交付を受けることをいいます。この場合の期限延長には、手形債権のみの期限延長の場合と融資債権の期限延長も兼ねる場合とがあります。

(1)　手形債権のみの期限延長の場合

手形債権のみの期限延長の場合とは、融資債権の弁済方法が1年後の期日一括弁済のところ、当初の振出手形の支払期日が3か月後となっている場合に、当該手形期日の到来時にさらに3か月後の支払期日の新手形の交付を受ける場合などです。

この場合、旧手形を債務者に返還すると手形債権の更改と解する考え方がありますが、手形貸付の手形は融資債権を担保保証するものであり、旧手形債権が更改によって消滅しても、融資債権の内容に何ら変更はありません。

(2)　融資債権の延長も兼ねる場合

融資債権の延長も兼ねる場合とは、融資債権の弁済方法が1年後の期日一括弁済となっている場合の融資債権の支払期日（手形も同一の支払期日）に、さらに1年期限延長するために新手形の交付を受ける場合です。

この場合に、手形債権だけでなく融資債権の更改になるかどうかが問題となりますが、手形貸付の手形は融資債権の履行を確保するための手形とされ、手形書替えは融資債権の期限の延期であり更改ではないと一般に解され、判例もこのような立場です（最判昭和29・11・18金融・商事判例529号17頁、東京地判平成8・9・24金融法務事情1474号37頁、東京地判平成10・2・17金融・商事判例1056号29頁）。

ただし、実務上は、手形書替えと同時に融資債権の期限延長等の変更契約を締結して同一性が維持されるようにしておくか、あるいは保証や担保を根保証や根抵当とすることなどにより債権保全を万全なものとしておくべきでしょう。

手形割引の法的性質

手形割引の法的性質は、どのようなものですか。

　手形割引の法的性質は、金銭の消費貸借ではなく、手形の売買であるとされ、意思表示の合致のみによって成立する諾成契約です。

◉**解説** EXPLANATION

1 手形割引の方法と法的性質

　手形割引は、割引依頼人が、商品の販売代金等として受け取った手形を金融機関に持ち込んで手形割引を依頼し、割引を承諾した金融機関は、当該手形の引渡しを受けて手形の額面金額を割引依頼人の預金口座に入金して行います。また、満期日までの利息に相当する金額を割引料として徴求します。

　この手形割引は、手形貸付や証書貸付と同様の与信行為として位置付けられますが、法的には、金銭消費貸借契約ではなく、手形の売買契約と解されています。

　つまり、金融機関は、割引依頼人に対して手形金相当額の貸付を行うのではなく、割引手形の裏書譲渡を受け、譲渡代金（手形の額面金額から割引料を差し引いた金額）を割引依頼人の預金口座に入金するものと解されています。

② 売買契約と諾成契約

　売買について民法 555 条は、「売買は、当事者の一方（売主）がある財産権を相手方（買主）に移転することを約し、相手方（買主）がこれに対してその代金を払うことを約することによって、その効力を生ずる」と規定しています。つまり、売買は、売主と買主との意思表示の合致によって成立し、このような意思表示の合致のみによって成立する契約を諾成契約といいます。

③ 手形割引の効力発生と法律効果

　手形割引は、割引依頼人が手形を金融機関に売る意思を表示し、金融機関がその手形を額面金額で買い取る（手形割引を行う）旨の意思表示をした時点で手形の売買契約（手形割引）の効力が生じます。

　手形割引（手形の売買）成立の法律効果として、金融機関は手形の引渡請求権を取得し、一方で手形代金の支払義務を負担します。また同時に、割引依頼人は手形代金の支払請求権を取得し、一方で手形の引渡義務を負担します。そして、割引依頼人が金融機関に手形を引き渡し、金融機関が手形代金（額面全額から割引料を控除した金額）を割引依頼人の預金口座に入金すると、金融機関・割引依頼人それぞれが義務（代金の支払義務と手形の引渡義務）を履行したことになり、同時にそれぞれの権利（手形の引渡請求権と代金の支払請求権）が消滅して手形の割引取引（売買取引）は終了します。

　このように、割引取引が終了すると割引取引に伴う権利・義務は消滅しますが、金融機関には割引取得した手形が残り、取引先には割引の対価が預金として残ります。

		金融機関	割引依頼人
法律行為 手形割引契約（売買契約）の成立		手形を割引依頼（売却）する意思表示と割引を承諾（買取）する意思表示の合致	
法律効果	権　利	手形の引渡請求権	手形代金の支払請求権
	義　務	手形代金の支払義務	手形の引渡義務

Q **33** 手形割引により取得する金融機関の権利

金融機関は、手形割引によりどのような権利を取得しますか。

A **NSWER** 　形割引により手形債権および停止条件付手形買戻請求権を取得し、手形が不渡りとなった場合等においては、割引依頼人に対しては手形買戻請求権と遡求権を取得し、その他の裏書人等に対しては遡求権を取得します。

◉ **解説** EXPLANATION

1 手形割引による手形債権・停止条件付手形買戻請求権の取得

手形割引を行うと、金融機関は割引手形の所持人となるので、その主債務者（約束手形の場合は振出人、為替手形の場合は引受人）に対する手形上の手形債権を取得します。

また、銀行取引約定書は、将来一定の事由が生じた場合は割引手形の買戻債務が発生する旨の特約を定めています。割引依頼人は、この手形買戻特約に基づき将来手形買戻債務を負担することがあるので、金融機関は、手形割引により停止条件付手形買戻請求権を取得します。

2 割引手形の不渡り等と遡求権・手形買戻請求権

(1) 手形上の遡求権

割引手形が不渡返還された場合、金融機関は、当該手形の裏書人等（割

引依頼人を含む）に対して、手形上の遡求権を取得します（手形法43条）。

　遡求権とは、手形・小切手を適法に支払呈示したにもかかわらず、不渡り等になった場合に、手形・小切手の所持人が裏書人等の遡求義務者に手形金額および利息等を請求することのできる権利をいいます。

⑵　銀行取引約定書に基づく手形買戻請求権

　手形の買戻請求権とは、金融機関と割引依頼人との銀行取引約定書の特約に基づく手形外の権利であり、将来一定の事由が生じた場合は当然に、または金融機関の請求により手形買戻請求権が発生します。

　たとえば、割引手形のうち一部の銘柄について不渡返還された場合は、当該銘柄の手形全部（期日未到来のものも含む）について手形買戻請求権が発生します。

　また、割引依頼人について銀行取引約定書の期限の利益の当然喪失事由が発生した場合（割引依頼人について破産手続開始や民事再生手続開始等の申立があったときや割引依頼人が手形交換所の取引停止処分を受けたとき、割引依頼人の預金等に対して差押命令等が発送されたときなど）は、その時点で当然に、割引依頼人から買い取った割引手形全部について手形買戻請求権が発生します。

　また、割引手形について債権保全を必要とする相当の事由が生じた場合には、金融機関の請求により、同約定書の手形買戻特約に基づき割引手形全部について手形買戻請求権が発生します。

手形割引と信用照会制度

割引手形の主債務者について金融機関間の信用照会を行ったうえ割引を実行しましたが、後日不渡り返却されました。信用照会の数日前にすでに第1回目の不渡事故を起こしていた旨を回答しなかった金融機関に対して損害賠償責任を追及できないでしょうか。

融機関間の信用照会制度は、紳士協定に基づくものであり、その結果に対して責任の追及は相互に行わないことになっています。また、回答金融機関が1回目の不渡りについてあえて触れると、守秘義務に反すると解されるおそれもあるので、回答金融機関への責任追及は困難と思われます。

◉ **解説** EXPLANATION

1 信用照会制度と紳士協定に基づく回答

金融機関間の信用照会制度は、信用供与判断の一手段として利用されていますが、「ギヴ・アンド・テークの精神で相互に腹蔵なく情報を交換するとともに、その結果に対して責任の追及、秘密の漏洩等のないことを相互に申し合わせた」という全銀協通達昭和27・4・22通業第57号の欄外注記に基礎を置く「紳士協定」に基づくものであり、回答は必ずしも常に真実の正確な開示を意味するわけではありません。そもそも、回答は一応の参考以上のものではなく、その趣旨に沿ってなされれば足りるとされています。

2 回答金融機関の重過失と免責

照会金融機関が回答により損害を被った場合、回答金融機関の重過失も

免責されるかについては、あまりにずさんな回答は制度を無意味にすると
か、不法行為を防止する法の趣旨を没却するとか、公序良俗に反するなど、
学説は異論なく重過失の免責を否定しています。

③ 信用照会制度利用上の留意点

信用照会を行う場合は、あらかじめ定型化されている照会文書に従って、
被照会金融機関に聴取すべきであり、定型化されていない項目の照会は守
秘義務に反するおそれもあるため厳に慎むべきです。

取引先の第1回目不渡りに言及しない回答金融機関の責任について判例
は、「回答銀行が取引先の1回目の不渡りにあえて触れず、また、一応順
調に決済している旨述べて、当時の実状を隠すために多少それと異なる
ニュアンスの回答をしたことをもって、守秘義務を守るべき者として不相
当な対応とはいえない」としています（大阪地判平成4・6・25金融法
務事情1357号62頁）。

したがって、事例の場合も回答金融機関に対して賠償責任を追及するこ
とは困難と思われます。信用照会制度の回答は、一応の参考以上のもので
はないことを念頭に利用すべきでしょう。

④ 個人情報の照会禁止

信用照会制度による照会であっても、個人情報の開示は本人の同意を得
ない個人情報の第三者提供に当たるので、個人情報保護法に違反する可能
性があります。そこで、個人情報については、信用照会制度による照会か
ら除外されています。

Q 35 割引すべきではない手形

割引すべきではない手形とは、どのような手形ですか。

割引すべきではない手形は、融通手形、白地手形、偽造手形などです。

ANSWER

◉ **解説** EXPLANATION

1 融通手形

　商取引の裏付けのある商業手形の場合、たとえば約束手形の振出人は、通常は、手形で仕入れた商品代金を手形の支払期日到来前に回収できるので、手形の支払期日には容易に支払うことができます。したがって、商業手形は期日決済がされる確率の高い手形です。

　これに対して融通手形とは、信用力の低下した手形当事者が金融を目的として振り出す手形であり、商取引の裏付けがないため、被融通者が当該手形の支払期日までに手形金額を融通者に支払わなかった場合は、融通者は自己資金で決済することを余儀なくされるため、不渡りとなる確立が高い手形です。

　なお、金融機関が、融通手形であることを知って割引取得した場合であっても、特段の事情（金融機関が振出人を害することを知って割引取得した場合など）のない限り、振出人は支払拒絶をすることはできません（最判昭和 34・7・14 金融・商事判例 529 号 62 頁）。

2 白地手形

　振出日や受取人の記載のない白地手形を割引取得し、白地を補充しないで支払呈示をした場合、当該支払呈示は手形法上有効な支払呈示とは認められず、不渡返還されたときの裏書人等に対する遡求権の行使は認められません（最判昭和41・10・13金融・商事判例31号10頁）。

　割引予定の手形の振出日や受取人が白地の場合は、割引依頼人に白地補充してもらってから割引取得します。振出日は満期日前の適当な日を、受取人は第一裏書人名を記入してもらいます。また、割引取得後に振出日等の白地が発見された場合は、白地補充権を有する金融機関において補充することができます。

3 偽造手形

　偽造手形の被偽造者は、偽造を理由に誰に対しても支払を拒否することができ（最判昭和27・10・21金融・商事判例529号9頁）、これを「物的抗弁」といいます。

　したがって、偽造手形を割引取得した金融機関は、被偽造者に対する手形金の支払請求は原則としてできません。ただし、被偽造者以外の手形の裏書人等に対しては遡求権を行使することができ、割引依頼人に対しては遡求権のほか買戻請求権を行使できます。

　なお、たとえばA株式会社の経理部長BがA社代表取締役名義で約束手形を勝手に振り出した（偽造した）場合、手形の受取人Cは、手形を偽造した経理部長Bに対しては、手形法8条の類推適用により手形上の責任を追及できます（最判昭和49・6・28金融・商事判例418号2頁）。

　また、経理部長Bが、その代理権の範囲を超えて偽造手形を振り出し、かつ、受取人Cにおいて経理部長Bが同手形を振り出す権限ありと信ずるにつき正当事由がある場合は、A社は、民法110条（権限外の行為の表見代理）の類推適用により、振出人としての責任を負うことになります（最判昭和43・12・24金融・商事判例152号8頁）。

当座勘定貸越約定書と取扱上の留意点

Q 36 当座勘定貸越約定書とはどのようなものですか。また、ポイントとなる条項や留意点は何ですか。

ANSWER

　　当座勘定貸越約定書とは、当座預金をベースとする一般当座貸越契約を定めるものであり、貸越極度額を定めると、金融機関は取引先に対して極度額まで貸越義務を負います。

◎**解説** EXPLANATION

1 当座貸越

　当座貸越とは、当座勘定取引先が当座預金残高を越えて呈示された手形・小切手について、その不足額について、一定の極度額を限度に金融機関が支払義務を負い、その範囲内で貸越を行い、手形・小切手を決済するというものです。

　したがって、手形・小切手の支払委託契約でもある当座勘定取引が当該当座貸越の基礎となる契約であることから、当座勘定取引が解約や取引先の死亡等により終了した場合は、当該当座貸越も当然に終了します。

2 当座勘定貸越約定書の内容と留意点

　当座勘定貸越約定書とは、当座預金をベースとする一般当座貸越契約を定めるものであり、融資契約書の一種でもあります。

(1)　貸越極度額（1条）と過振り

金融機関は取引先に対して定めた貸越極度額まで貸越義務を負います。

また、金融機関の裁量により極度額を超えて手形・小切手を支払うことができますが、この裁量による極度額を超える支払を過振りといいます。

この過振りは貸越ではないものの、実質的には異例的な与信行為の一種であり、取引先は、金融機関から請求があり次第、直ちに過振り金額を支払うものと規定されています。

(2)　取引期限（2条）

取引期限は、定める場合と定めない場合があり、期限を定めた場合は、期限の延長をしない限り期限到来時が貸越元利金の弁済期日となります。

(3)　担保（4条）

貸越契約に際しては預金や不動産を担保として徴求する場合が多いのですが、貸越が発生している場合は、当座勘定に受け入れた振込金等の資金は貸越金の返済に自動的に充当され、余剰資金は当座預金残高となります。また、振り込まれた証券類（手形・小切手等）については資金化されるまでは貸越金の担保となります。

(4)　即時支払（5条）

当座貸越の返済は随時返済ですが、取引先等に信用不安など債権保全にかかわる一定の事由が発生すると、取引先は即時支払義務を負います。

(5)　減額、中止、解約（6条）

金融情勢の変化、債権の保全その他相当の事由があるときは、金融機関は極度額を減額し、貸越を中止し、または解約することができる旨を定めています（1項）。その場合は、信用不安等の事由（第1回目不渡り、行方不明など）を具体的に記載して貸越取引の解約等の意思を配達証明付内容証明郵便等により通知し、当該通知が送達された時に解約等の効力が発生します。

なお、この減額や解約により不渡りとなることがあっても、金融機関は責任を負わないことになっています（2項）。

支払承諾（債務保証）

支払承諾取引のしくみおよび実務上の留意点について教えてください。

金融機関は、取引先のために連帯保証人となるため、取引先が破綻すると連帯保証債務を弁済しなければなりません。そのため、他の与信行為と同様に債権保全に留意する必要があります。

ANSWER

◉**解説** EXPLANATION

① 支払承諾（債務保証）の取引関係と法的性質

支払承諾（信用金庫・信用組合等は債務保証という）とは、甲金融機関の取引先Aが、他の金融機関乙から借入れするにあたって、取引先Aから、保証の委託（取引先Aの乙に対する借入債務につき甲に保証人になってほしいとの依頼）を受け、甲がこの申出を承諾し、乙と保証契約を締結するというものです。

甲と取引先Aとの間では保証委託契約が成立し、甲と乙との間では連帯保証契約が成立します。支払承諾取引は保証委託に関する契約であり、法的性質は委任または準委任契約と解されています。

② 保証債務の履行と除斥期間

（1）保証債務の履行と弁済による代位

この支払承諾取引の後、取引先Aが乙に対する借入債務の履行を怠ると、

甲は、連帯保証人として乙に対して弁済しなければなりません。ただ、甲は、この弁済と同時に取引先Aに対して求償権を取得し、弁済金額および遅延損害金等を請求することができます（民法459条）。

さらに、弁済により当然に乙に代位し、乙の債務者Aに対する融資債権や抵当権等は甲に移転します（同法499条・501条・503条）。

(2)　除斥期間（保証債務履行請求期限）

甲が発行する保証書等には、除斥期間（保証債務履行請求期限）を設けるのが通常です。

たとえば、「被保証債務（主債務）の最終弁済期日後○○以内に保証先から保証履行請求がないときは、保証債務は消滅するものとします」などという条項が除斥期間の定めであり、この期間を経過すると、甲は保証責任を免れることになります。

3 委託を受けた保証人の事前求償権

民法460条は、委託を受けた保証人に対して、一定の事由がある場合に事前求償権の行使を認めていますが、この規定のみでは債権保全には不十分です。そのため、支払承諾約定書では、銀行取引約定書の期限の利益喪失事由が生じた場合に事前求償権が発生するものと定めています。

また、民法461条は、事前求償権を行使する場合は、担保の提供等の抗弁権を認めており、原債権や事前求償権のために担保権が設定されている場合は事前求償権を行使できないとする判例もあります。そのため、支払承諾約定書では、このような抗弁権等を排除する特約を規定し、甲の相殺権等の権利行使に支障が生じないようにしています。

代理貸付と受託金融機関の保証責任

政府系金融機関等を委託機関とする代理貸付のしくみと受託金融機関の責任はどのようなものですか。また、取扱上の留意点は何でしょうか。

代理貸付とは、受託金融機関が委託金融機関の代理人となって受託金融機関の取引先に対して貸付業務を行うものです。受託金融機関は、善良なる管理者としての注意をもって受託業務を行うとともに、委託金融機関に対して保証責任を負う場合があります。

◎ **解説** EXPLANATION

1 代理貸付

代理貸付とは、たとえば、甲金融機関（受託機関）が乙金融機関（委託機関）の代理人となって貸付業務を行うものです。具体的には、甲と乙との間の業務委託契約に基づいて、乙の資金を甲が窓口（代理人）となって借入人（通常は甲銀行の取引先）に対して貸付を行い、引き続き貸付債権の管理、回収手続を行います。

委託金融機関には、日本政策金融公庫（中小企業事業、農林水産事業、国民生活事業）や住宅金融支援機構等の政府系金融機関のほか、民間金融機関があります。

2 受託金融機関の保証責任

代理貸付には、受託金融機関が代理貸付債権を保証する場合と保証しない場合があります。

(1)　業務委託契約に基づく受託金融機関の善管義務

　住宅金融支援機構の代理貸付の場合のように受託金融機関が保証責任を負担しない場合は、借入人が破綻しても受託金融機関に保証責任はありませんが、業務委託契約に基づき善良なる管理者としての注意（善管注意義務。民法644条）をもって管理回収事務の遂行や事務報告を行わなければなりません。

(2)　業務委託契約に基づく受託金融機関の保証責任と回収金按分充当責任

　受託金融機関が業務委託契約に基づき代理貸付債権の一部ないし全部について保証責任を負担する場合、当該代理貸付取引は、支払承諾（債務保証）取引となります。受託金融機関である甲金融機関は、借入人から保証の委託を受けて借入人との間で保証委託契約を締結し、代理貸付を実行するときに、委託金融機関である乙金融機関に対して業務委託契約に基づき保証責任を負担します。

　なお、その保証責任は、業務委託契約に基づき、代理貸付残高の8割保証とか、5割保証、2割保証などの一部保証となっている場合が多く、借入人が破綻した場合は、受託金融機関は委託金融機関に対して当該保証責任部分を代位弁済しなければなりません。

　ただし、受託金融機関が保証責任部分を代位弁済すれば保証責任は消滅しますが、代位弁済によって取得した受託金融機関の借入人に対する求償債権を全額回収しても、その回収金は、受託金融機関と委託金融機関の責任分担割合に按分して委託金融機関に回金するという按分充当責任があります。

　したがって、受託金融機関の求償債権を全額回収するためには、結局は代位弁済前の代理貸付残高を全額回収しなければならないことになります（Q 39参照）。

第3章

各種融資契約と融資取引

代理貸付の回収金按分充当責任と債権保全策

Q39 回収金按分充当責任がある代理貸付の場合、受託金融機関の債権保全上の留意点は何でしょうか。

回収金按分充当責任がある代理貸付の場合は、受託金融機関の保証責任が一部保証であっても、代理貸付残高全額についてあらかじめ債権保全策を考えておくべきです。

◉ **解説** EXPLANATION

1 受託金融機関の保証責任と回収金按分充当責任

(1) 受託金融機関の保証責任

　代理貸付の代理業務契約書に、受託金融機関の保証責任は貸付金の5割、受託金融機関が保証責任額を代位弁済した後の回収額は按分とする旨の定めがある場合、貸付先の預金が差し押さえられた際、受託金融機関が貸付先に対する求償権と預金との相殺によって差押えに対抗できるのは、保証金額分（5割）か預金全額かが争われた事案において、最高裁は、保証金額分であるとの判断を示しました（最判昭和62・7・10金融・商事判例776号3頁）。

　たとえば、受託金融機関が甲金融機関、委託金融機関が乙公庫（代理業務契約書は上記の内容）、貸付先がA、貸付金が100万円、貸付先の預金が100万円で、この預金が差し押さえられた場合、甲が相殺できるのは50万円であり、残り50万円は差押債権者が取得することになります。

⑵　受託金融機関の回収金按分充当責任

　甲が乙に50万円代位弁済した後に求償債権との相殺によって回収した50万円は、甲と乙とで按分することになるため、未回収債権は、甲の求償債権25万円と乙の貸金債権25万円となります。これらの未回収債権は、別途、預金以外から回収することになりますが、回収金は、そのつど按分して充当することになります。

2 代理貸付の債権保全策

⑴　保証機関による全額保証

　国の教育ローンの場合の教育資金融資保証基金による保証など、保証機関による全額保証を得ることが、最も望ましい対応です。

　この場合、受託金融機関は、代理貸付残高100万円の保証責任5割を委託金融機関に代位弁済した後、前記基金から100万円を回収して、求償債権50万円への充当と委託金融機関への回金50万円を同時に行うことにより全額回収ができます。

⑵　根担保による債権保全

　日本政策金融公庫等の資金を代理貸付により行う場合は、根抵当権で保全する方法が考えられます。この場合、受託金融機関は、代理貸付残高8割の保証責任として弁済し、保証責任のない残りの2割については任意弁済します。これらの代位弁済による受託金融機関の求償債権は、いずれも根抵当権の被担保債権となるので、根抵当物件を競売や任意売却等により処分して、求償債権全額を回収することができます。

　なお、前記任意弁済部分は第三者弁済となるため、弁済につき正当な利益を有しない第三者は、債務者の意思に反する弁済はできません（民法474条2項）。この点、受託金融機関は、保証責任のない2割部分について善良なる管理者の注意をもって管理回収する責任があることや、回収金の按分充当責任があることなどから、弁済につき正当な利益を有する第三者と考えられます。ただし、任意弁済については何ら異議がない旨の確認を、債務者からあらかじめ得ておく対応も考えられます。

Q 40 インパクト・ローンの弁済猶予と担保等

根抵当権の元本確定後に為替予約付インパクト・ローンの弁済猶予を円貨債権に切り替えて行う場合の留意点は何ですか。また、預金相殺等による債権回収はどのように行えばよいでしょうか。

A NSWER

債務の同一性を保持したまま外貨債務の弁済を猶予し、円貨債権に切り替える方法により、元本確定後の根抵当権で担保されるようにしなければなりません。

インパクト・ローン債権については、その元本プラス利息を外国通貨でも円貨でも請求することができます。

◉ **解説** EXPLANATION

■1 元本確定後の根抵当権と為替予約付インパクト・ローンの弁済猶予

インパクト・ローンとは、資金使途に制限のない外貨建ての融資のことをいいます。為替予約付インパクト・ローンにおいて、弁済猶予の方法として円貨の貸付を行い、為替予約を履行のうえ、インパクト・ローンに充当した場合には、当該インパクト・ローンは弁済により消滅したものというべきであり、弁済猶予の方法として実行された円貨貸付との間には債権の同一性はないとする判例があります（最判平成10・12・8金融・商事判例1065号20頁）。

したがって、根抵当権の元本確定後においては、被担保債権であるインパクト・ローンの同一性が失われる処理をして、当該根抵当権で担保されなくならないように十分留意しなければなりません。

為替予約付インパクト・ローンの同一性を保持したままその弁済を猶予

し、円貨債権に切り替える方法としては、当該外貨建債権を消費貸借の目的として円貨建の準消費貸借契約を締結する方法が考えられます。この方法であれば、先物為替契約につき不履行の問題が生じますが、債権者の為替リスクは回避され、債権の同一性は原則として失われないものと考えられ（前掲最判平成 10・12・8）、元本確定後の根抵当権で引き続き担保されるものと思われます。

② 外貨建債権の弁済請求と相殺

　民法は「外国の通貨で債権額を指定したときは、債務者は、履行地における為替相場により、日本の通貨で弁済することができる」と定めています（民法 403 条）。

　この規定について判例は、「外国の通貨をもって債権額が指定された金銭債権は、いわゆる任意債権であり、債権者は、債務者に対し、外国の通貨又は日本の通貨のいずれによって請求することもできるのであり、民法 403 条は、債権者が外国の通貨によって請求した場合に債務者が日本の通貨によって弁済することができることを定めるにすぎない」としています（最判昭和 50・7・15 金融・商事判例 473 号 8 頁）。

　つまり、外国通貨によって請求された場合には、債務者は円貨による返済を主張することができますが、逆に、円貨により請求された場合には、外国通貨による返済を主張できません。

　したがって、特定の外貨で弁済することを契約していなければ、金融機関は、インパクト・ローン債権について、その元本プラス利息を外国通貨でも円貨でも請求することができるので、債務者に外貨預金があるときは外貨建債権を自働債権として相殺することができ、円預金のみの場合は計算実行時の外国為替相場により換算して円貨による債権を自働債権として相殺することができます（銀行取引約定書）。

コミットメント・ライン

コミットメント・ラインとは、どのような融資取引ですか。

　　コ　ミットメント・ラインとは、金融機関が、取引先から手
　　数料を徴求して、一定期間の間、一定の融資限度額の範
囲内で、取引先の請求に基づき審査を行うことなく融資を実行
することを保証する契約です。

◎ **解説** EXPLANATION

1 コミットメント・ライン

　コミットメント・ラインとは、金融機関が、取引先から手数料を徴求し
て、一定期間、一定の融資限度額の範囲内で、取引先の請求に基づき審査
を行うことなく融資を実行することを保証する契約です。取引先は、契約
に基づいて、借入れおよび返済を繰り返し行うことができますが、このコ
ミットメント・ライン契約の法的性質は、消費貸借の予約または書面によ
る金銭消費貸借（民法587条の2、Q 28・29参照）と解されています。
　取引先にとっては、迅速かつ容易に資金調達が可能になるとともに、流
動資金を減らすことができるというメリットがある反面、当該制度を利用
しない場合も手数料の支払義務があるというデメリットがあります。

2　手数料収入とみなし利息制限の除外規定

　一方、金融機関にとっては、コミットメント・ラインを設定することによって、融資がなくても融資限度額に応じた手数料を徴求できるというメリットがあります。反面、融資がない場合の手数料率は無限大となるなど、利息制限法や出資法の「みなし利息」制限に抵触する問題があります。

　そこで、このようなコミットメント・ライン契約について、会社法上の大会社（会社法2条6号）または資本金3億円超の株式会社等が借り手として締結する場合は、当該手数料は利息制限法および出資法に定めるみなし利息とはならないものと定められています（特定融資枠契約に関する法律3条）。

3　融資義務と免除特約

　コミットメント・ライン契約は消費貸借の予約ないし書面による金銭消費貸借契約ですから、同契約を締結すると、金融機関は、取引先に対して、一定期間、一定の融資限度額の範囲内で、融資先が破産手続開始決定を受けた場合などを除き、必ず融資を実行する義務を負います（民法587条の2第3項）。

　しかし、取引先が支払停止等の状況にある場合でも融資しなければならないとすれば、金融機関は大きな損害を受ける結果となるため、取引先に期限の利益喪失事由が生じている場合は、融資義務を負わない旨を契約上で明確にしています。

シンジケート・ローン

シンジケート・ローンとは、どのような融資取引ですか。
また、取扱上の留意点はどのようなものですか。

　　シンジケート・ローンとは、金融機関団（シンジケート）
　　による協調融資のことをいいます。各参加金融機関が融
資を約束してシンジケートが組成されると、消費貸借の予約な
いし書面による金銭消費貸借契約が成立したものと解され、借
入人にコベナンツ（約束）違反等がない限り契約に定めた額の
融資義務を負います。

◉ **解説** EXPLANATION

1 シンジケート・ローンと法的性質

(1) シンジケート・ローン

　シンジケート・ローンとは、金融機関団（シンジケート）による協調融
資のことをいいます。たとえば、取引先に大口の資金調達ニーズがある場
合において、取引金融機関が取引先の委託（マンデート）を受けて、幹事
金融機関（アレンジャー）として参加金融機関を募集し、金融機関団（シ
ンジケート）を組成して、1つの融資契約書に基づき同一条件で融資取引
を行うものです。

　また、アレンジャーは、取引先（借入人）との委託契約において、参加
見込みの金融機関に対して借入人の財務内容などの非公開情報を開示する
旨を定め、金融機関との間で守秘義務契約を締結して情報を開示すること
になります。

　打診を受けた参加見込金融機関は、参加の可否と融資額を定めるため以外に当該情報は使用できないことになっています。また、アレンジャーから提供された情報のみでは参加の可否判断ができない場合は、アレンジャーを通じて借入人に追加情報の開示を要請する等の自助努力を経て自己責任原則による可否判断を行うことになります。

(2)　金銭消費貸借契約とネガティブ情報の取扱い

　各参加金融機関が融資を約束してシンジケートが組成されると、書面または電磁的記録による金銭消費貸借契約が成立したものと解され（民法587条の2）、これにより参加金融機関は、借入人にコベナンツ違反等がない限り契約に定めた額の融資義務を負います。

　なお、アレンジャーは、参加金融機関に対し信義則上の情報提供義務を負うものと解されるところ、重大なネガティブ情報の開示を怠ったアレンジャーは、参加金融機関に対し不法行為責任を負うとする判例（最判平成24・11・27金融・商事判例1412号14頁）があるので注意が必要です。

2 シンジケート・ローン契約と財務制限条項等

　シンジケート・ローン契約においては、借入人は、開示した財務や事業の状況に偽りのないことや、期限の利益喪失事由に該当する可能性がないことなどを保証するとともに、事業運営、財務制限、資産処分制限、M&Aなどによる経営主体変更の制限などについてのコベナンツを詳細に定めます。これは、借入人と取引関係のない参加金融機関等のための条項等でもあります。

　なお、たとえば、契約内容の変更は、原則として参加金融機関全員の同意がなければできないとか、あるいは、期限の利益喪失請求は、一定割合以上の参加金融機関の同意があればできるなど、権利行使の方法や要件などが個別に定められています。

消費者ローン契約書と取扱上の留意点

Q 43

　消費者ローン契約書とはどのようなものですか。また、ポイントとなる条項等は何ですか。

　消費者ローンは単発的に発生するため、銀行取引約定書は不要ですが、その必要条項は消費者ローン契約書に規定しています。また、消費者向けの融資契約であることから、一般事業資金向けの融資契約とは異なる条項があります。

◉**解説** EXPLANATION

1 消費者ローン契約の概要

（1）　消費者ローンの法的性質

　消費者ローンの法的性質は金銭の消費貸借契約ですが、書面による金銭消費貸借の合意によって金銭の交付前に金銭消費貸借契約が成立します（民法587条の2、Q29参照）。また、消費者ローンは単発的なものであり、銀行取引約定書の必要な特約はすべて消費者ローン契約書に規定しているので、銀行取引約定書は不要です。

（2）　消費者ローンに特有な条項

① 　元利金返済額等の自動支払条項：元利金返済額を返済用預金口座から自動支払することとし、返済用預金口座の残高が毎回の元利金返済額に満たない場合には返済遅延となること、などが定められています。

② 　繰上返済条項：返済可能日前に借主からの事前通知が前提となること、返済可能額、未払利息、返済手数料、返済後の約定返済方法、な

どが定められています。

③　期限前の全額返済義務条項：借主が期限の利益を当然に喪失する場合として、(i)借主が返済を遅延し、金融機関から書面により督促しても、次の返済日までに元利金を返済しなかったとき、(ii)借主が所在不明となったとき、また、借主が金融機関の請求により期限の利益を喪失する場合として、(i)借主の支払停止や取引停止処分、(ii)担保条項等に違反したとき、(iii)担保目的物に差押えや競売手続開始があったとき、などが定められています。

④　金融機関からの相殺条項：借主が期限の利益を喪失した場合やローン債務が弁済期にあるときは、金融機関は、借主の預金等の満期が未到来でも「書面によって」相殺できること、および債権債務の利息・損害金の計算期間は相殺実行の日までとする旨が定められています。

⑤　借主からの相殺条項：借主は、預金等の満期が到来した場合、ローン債務の期限が未到来でも相殺できる旨が定められています。ただし、相殺計算を実行する日を毎月の返済日とすることや、相殺に伴う手数料が必要となること、相殺計算を実行する日より前に、金融機関へ書面による相殺通知を行うこと、などが定められています。

⑥　債権譲渡条項：金融機関は、将来このローン契約書による債権を他の金融機関等に譲渡できること、譲渡した場合は譲渡人である金融機関は譲受人の代理人となること、これにより、借主は譲渡人である金融機関に対して、従来どおり毎回の元利金返済額を支払い、金融機関はこれを譲受人へ交付すること、などが定められています。

2 個人情報センターへの登録・照会等

消費者ローン契約書は、借入金額等の個人信用情報は、借入期間中や借入全額返済日から5年間、金融機関が加盟する個人信用情報機関に登録され、その加盟会員が利用することに同意する旨および、借主の延滞等のローン事故等の事実についても、個人信用情報機関に事故発生日から5年間登録され、加盟会員が利用することに同意する旨が規定されています。

Q 44　提携ローンと金融機関の責任

　不動産の建築・販売業を営むA社との間で、同社販売物件購入代金の提携ローンを取り扱っていたところ、A社が突然倒産し、提携ローン契約者から、「金融機関を信用したのに欠陥住宅を買わされた」として、損害賠償を主張されました。損害を賠償しなければならないのでしょうか。

　建物売買契約と提携ローン契約とは本来別個のものであり、売買物件に瑕疵があっても、融資金融機関が責任を負うことは、原則としてありません。しかし、金融機関が、A社による欠陥住宅販売等の不法行為を認識し、または重過失により知らなかった場合は、金融機関も共同不法行為責任等を負うおそれがあります。

◉ **解説** EXPLANATION

1 提携ローン

　提携ローンとは、法律上の用語ではなく、金融機関が商品・サービスの提供を受ける購入者に対し与信を行い、その与信が当該商品・サービスの代金に充当されることを予定し、金融機関と販売業者間には一定の提携関係を包括的に規定する基本契約が締結されている形態の与信契約を総称する用語です（中務嗣治郎「提携ローンと抗弁権」金融法務事情1362号14頁）。

2 抗弁権の接続

　提携ローンを利用して商品等を購入した消費者は、販売事業者に対して瑕疵のあった商品等の代金の返還請求や損害賠償請求を主張できますが、

さらに、金融機関等に対してもこれを主張してローンの返済を拒絶できるかどうかが問題となります。

ローンの返済を拒絶できることを抗弁権の接続といい、ローンの返済を拒絶できないことを抗弁権の切断といいます。

この点につき判例は、物品購入やサービス提供の契約とローン契約は別のものであり、原則としては抗弁権が切断されるとの立場です（最判平成2・2・20金融・商事判例849号3頁）。

したがって、販売された物品等に欠陥があっても、原則として、買主は売主に対する抗弁をもって貸主である金融機関に対抗してローンの返済を拒絶することはできません。また、住宅ローンなど不動産販売に係る提携ローンは割賦販売法の規制対象外となっています（Q45参照）。

3 質問の場合と実務対応策

提携会社が欠陥住宅の販売などの不法行為を行った場合、金融機関がその事情を認識しまたは重過失により知らなかった場合は、金融機関も共同不法行為責任を負うなど、ローンの返還請求ができなくなるおそれがあります。

したがって、抗弁権の接続が認められるのは限定的ですが、新たに提携ローンを開始する際には、提携事業者の信用状況、商品・サービスの質等を慎重に審査するとともに、欠陥商品を販売して顧客とのトラブルを起こしたりしていないかなど、質問のようなトラブルを避けるという観点からも慎重に判断する必要があります。

Q 45　提携ローンと個別信用購入あっせん（個別クレジット）規制

　教育ローン等の提携ローンが、割賦販売法の個別信用購入あっせんの規制を受ける場合があるということですが、どのような場合でしょうか。

　　金融機関の提携ローンのうち、提携先の保証付の教育ローン等は、割賦販売法が規定する個別信用購入あっせんの法規制が適用されます。

◉ **解説** EXPLANATION

1 「個別信用購入あっせん」と提携ローン

　「個別信用購入あっせん」とは、カード等を利用することなく、特定の販売業者が行う購入者への商品の販売等を条件として、当該商品代金の全部または一部を当該販売業者へ交付するとともに、当該購入者の弁済期間が2か月超で1回以上の分割弁済条件の場合に規制の対象とされます（割賦販売法2条4項）。つまり、消費者被害が生じやすい取引類型に着目して、個別信用購入あっせんという信用取引の形態に網をかける形で規制するものです。

　これにより、金融機関が行う提携ローンについても、割賦販売法の適用除外規定（割賦販売法35条の3の60第2項各号）に該当しない限り、個別信用購入あっせんとして、その法規制が適用されるおそれがあります。

　なお、適用を受けるか否かは、提携の内容、売買・与信のそれぞれの契約締結に至る手続などによって個別に判断されます。法規制が適用されると、提携ローン債務者は、販売業者の債務不履行（商品の瑕疵など）があ

る場合等において、ローンの支払停止の抗弁を主張することができます。

② 適用対象外の提携ローン（住宅ローン、事業者向けのローン等）

　割賦販売法においては、不動産販売に係る個別信用購入あっせん契約（個別クレジット）については、個別信用購入あっせんに係る規制は適用されません。たとえば、住宅ローンなど不動産販売に係る提携ローンは規制の対象外となります。その他にも、事業者向けのローンやフリーローンなども規制の対象外となります（割賦販売法35条の3の60第2項）。

③ 適用対象となる提携ローン

　提携ローンが、モノの販売やサービスの提供を前提に行われ、売買契約と提携ローンの間に密接牽連性が認められる場合は、個別信用購入あっせん契約（個別クレジット）と判断されます。具体的には、オートローンやゴルフ会員権ローンのほか、教育ローンや墓石ローンなどの提携ローンが適用対象となるおそれがあります。

（1）　提携先と密接牽連関係がある場合

　密接牽連関係が認められる典型的な例は、金融機関と販売業者の間にいわゆる加盟店契約があるものです。加盟店契約が存在しない場合でも、提携ローンの金利を同金融機関が取り扱う他の同種のローン金利よりも引き下げていたり、提携先による利子補給などがある場合は、密接な牽連関係が認められるため、個別信用購入あっせん契約（個別クレジット）に該当し、割賦販売法の適用を受けるので注意が必要です。

（2）　提携先の保証がある場合

　提携先である大学の保証付きの提携教育ローンなど、提携先の保証がある場合は、「密接な牽連関係」の有無を問わず、個別クレジットに該当し、割賦販売法の適用を受けることになります。

第3章

各種融資契約と融資取引

利息制限法と営業的金銭消費貸借の特則

Q 46　利息制限法における営業的金銭消費貸借の特則とはどのようなものですか。また、金融実務にどのような影響がありますか。

　金融機関の融資は業として行っているため、営業的金銭消費貸借に関する特則の適用を受けます。その内容や留意点は解説のとおりです。

◉ **解説** EXPLANATION

1 営業的金銭消費貸借

　債権者が業として行う金銭を目的とする消費貸借を「営業的金銭消費貸借」といいます（利息制限法5条）。金融機関は業として融資を行っていることから、この営業的金銭消費貸借に関する特則の適用を受けます。

2 営業的金銭消費貸借の上限利息の基準元本等

　営業的金銭消費貸借においては、上限利息（利息制限法1条）の基準元本の算定方法につき、債務者がすでに負担している融資がある場合には、その元本と合算して上限利息の基準元本を算定します。

　たとえば、当初元本90万円を上限利息18％で融資を行い、その後50万円の残高となった時点で追加融資60万円を行うと合計元本は110万円となり、追加融資60万円の適用利息は15％以下となります（同法5条1号）。ただし、既存融資50万円の適用利息は18％のままです。また、同時に50

万円と 60 万円を融資する場合は、合計元本が 110 万円となり、上限利息はそれぞれ 15% となります（同条 2 号）。

　なお、遅延損害金の定めについては、年率 20% を超えるときは、その超過部分は無効となります（同法 7 条）。

3 上限利息に含まれる保証料とみなし利息

(1) 借主が保証業者に対して支払う保証料

　営業的金銭消費貸借においては、上限利息を計算するにあたり、借主が保証業者に対して支払う保証料を含めて計算しなければならず、超過部分は無効とされます（利息制限法 8 条 1 項）。また、保証が複数ある場合には、複数の保証料を含めて計算します（同条 6 項）。

　なお、利息と保証料の合計額が年率 20% を超えると、出資法違反として刑事罰の対象となります（出資の受入れ、預り金及び金利等の取締りに関する法律 5 条の 2）。

(2) みなし利息等の特則

① みなし利息とは

　金銭を目的とする消費貸借に関し債権者の受ける元本以外の金銭は、礼金、割引金、手数料、調査料その他の名義を問わず、契約の締結および債務の弁済の費用を除き、利息とみなされます（利息制限法 3 条）。

② 営業的金銭消費貸借とみなし利息除外項目

　以下のものについては、みなし利息から除外されています。

　カードの再発行の手数料、法定書面の再発行の手数料、口座再振替に要する費用のほか、契約締結費用または債務弁済費用のうち、公租公課の支払に充てられるべきもの、強制執行の費用等公の機関が行う手続に関してその機関に支払うべきもの、ATM 利用料（入出金額 1 万円以下 110 円、1 万円超 220 円等）。

③ みなし保証料と刑事罰

　保証料についても、みなし保証料として、みなし利息とほぼ同様の諸費用が保証料とみなされます（同法 8 条 7 項）。

融資契約書における実印・印鑑証明書の必要性とその効力

融資契約書を締結する場合、債務者や保証人に3か月以内の印鑑証明書の提出を求めていますが、何のために実印や印鑑証明書が必要なのでしょうか。

印鑑証明制度は日本の公的機関が認めた制度であり、実印が押印されている契約書類は、訴訟上、真正に成立したものと推定されるなど、金融機関にとって有利に働くため、原則として実印や印鑑証明書を徴求しています。

◉ **解説** EXPLANATION

1 印鑑証明制度

　印鑑証明制度は、市区町村長にあらかじめ印影を提出（印鑑登録）しておき、後で別に押した印影が、登録した印鑑と同一であることを証明してもらう制度です。

　印鑑登録は、住所地において1人1個に限られています。また、印鑑簿の閲覧は禁止され、印鑑証明書の交付も、本人あるいは代理人に対してだけ行うこととされています。

　会社の代表者の印鑑証明書は、商業登記法12条の規定により登記所が発行し、会社以外の法人代表者の印鑑証明書についても、会社の代表者の場合と同様に登記所が発行しますが（宗教法人法65条、独立行政法人等登記令18条等）、機能は市区町村が行う個人の印鑑証明と同様です。

2 印鑑証明書の有効期限

　金融実務の取扱いでは、印鑑証明書は作成後3か月以内のものを求めていますが、印鑑証明書には、本来、有効期限の定めはありません。印鑑証明書のほか、住民票や戸籍謄本、不動産登記事項証明書などについても、発行日現在の登録内容等を証明しているものですが、有効期限の定めはありません。たとえば、相続に伴う不動産の相続登記には相続人の住民票が必要ですが、相続開始後に発行された住民票で相続開始時に相続人が生存していたことが確認できればよいので、2年前の1月31日に開始した相続であれば、2年前の2月28日に発行された住民票でも相続登記が受理されます。

　なお、不動産の所有権の登記名義人が登記義務者として登記を申請するときは、作成後3か月以内の印鑑証明書が必要ですが（不動産登記令16条、不動産登記規則47条・48条）、この取扱いが金融実務上で慣行化されたものと考えられます。

3 真正に成立したものとの推定力

　融資取引や担保・保証取引において取り交わされた契約書について、何らかの理由でその真否が争われた場合、それが真正に成立したもの（本人の意思に基づいて成立したもの）であることを証明しなければなりませんが（民事訴訟法228条1項）、その文書に本人の署名または押印があるときは、その文書は真正に成立したものと推定されます（同条4項）。ここにいう「本人の押印」とは実印のことですから、実印が押印された文書は、本人の意思に基づいて作成されたものと推定されることになります。

　しかしながら、あくまでも推定力であり、過度な依存は禁物です。たとえば、同居の親族が本人の実印等を持参して代理人等として本人のために契約書の締結を行ったが、実は、本人に無断であった場合、実印等の無断持出しのリスクが当然想定されるため、本人に直接意思確認をしなかった金融機関には過失責任が問われ、推定力は簡単に覆されてしまいます。

親権者（法定代理人）と子（本人）との利益相反行為

　未成年の子Bの法定代理人である親権者A（個人事業主）から、B所有の不動産に抵当権を設定してA名義で長期運転資金の借入れをしたいとの申出がありました。応じてもよいのでしょうか。

　親権者Aと子Bとの利益が相反する行為であるため、AはBのために特別代理人の選任を家庭裁判所に請求し、選任された特別代理人がBの代理人として抵当権の設定を行わなければなりません。

◉ **解説** EXPLANATION

1 親子間の利益相反行為と特別代理人の選任

　質問の場合、Aは、金融機関に対する自己の融資の担保として未成年の子B所有の不動産に抵当権を設定するというのですから、Aは代理権の行使によって融資が得られるという利益を受け、Bは抵当権の負担という不利益を受けることになります。このような行為は利益相反行為に該当し、Aが法定代理人としてなした行為は、民法113条所定の無権代理行為に当たり（最判昭和46・4・20金融・商事判例268号2頁）、B本人が追認しなければ、Bに対してその効力を生じません（同法113条1項）。

　このような親子間の利益が相反する行為については、AはBのために特別代理人を選任することを家庭裁判所に請求し（同法826条1項）、家庭裁判所が選任した特別代理人が、Bの代理人として抵当権の設定をする必

要があります。

② 利益相反の判断基準

　利益相反か否かは外形的（形式的）に判断されますので、もっぱらBの利益となる行為であっても特別代理人の選任手続が必要です。

　判例は、Aが自己の負担する借入債務につき未成年の子Bの所有する不動産に抵当権を設定する行為は、当該借入金をBの養育費に供する意図であっても、民法826条にいう「利益に相反する行為」に当たるとしています（最判昭和37・10・2民集16巻10号2059頁）。

③ 利益相反関係のない親権者の同意

　親権者たる父母の一方に利益相反関係があるときは、利益相反関係のない親権者と特別代理人とは共同して子のために代理行為をすべきものとされているので（最判昭和35・2・25民集14巻2号279頁）、利益相反関係のない親権者の同意等も得なければなりません。

成年後見人と成年被後見人との利益相反行為

　成年被後見人Bの成年後見人Aから、B所有の不動産に抵当権を設定してA名義で長期運転資金の借入れをしたいとの申出がありました。応じてもよいのでしょうか。

成年後見人Aと成年被後見人Bとの利益が相反する行為であるため、AはBのために家庭裁判所に対して特別代理人選任を請求し、選任された特別代理人がBの代理人として抵当権の設定を行わなければなりません（民法860条・826条1項）。

◉ **解説** EXPLANATION

1 成年後見人・成年被後見人間の利益相反行為

　成年後見人と成年被後見人との利益相反については、特別代理人の選任が必要です。成年後見監督人がいる場合は、その者がBの代理人として契約をすることができます（民法851条4号・860条ただし書）。

2 保佐または補助の場合

　保佐人と被保佐人間の利益相反行為の場合は、被保佐人のために臨時保佐人の選任を、補助人と被補助人間の利益相反行為の場合は、被補助人のために臨時補助人の選任を、家庭裁判所に請求して選任してもらうことが必要です。ただし、保佐監督人または補助監督人がある場合は、臨時保佐人等の選任は不要であり、保佐監督人等と契約するかあるいはその同意を得ることで足ります（民法876条の2第3項・876条の3第2項・876条の7第3項・876条の8第2項・851条）。

会社と取締役間の利益相反行為

個人Bに対する消費者ローンについて、Bが経営するA株式会社が保証人となることになりました。この場合のA社とB社長は利益相反関係となるのでしょうか。

A社とB社長とは利益相反関係となるため、A社の取締役会（取締役会非設置会社の場合は株主総会）の承認が必要です。

◉ **解説** EXPLANATION

1 会社・取締役間の利益相反行為

会社法は、株式会社の利益と取締役の利益が相反する取引を行う場合は、あらかじめ取締役会（取締役会非設置会社では株主総会。以下同様）の承認を得なければならないものとしています。

たとえば、①取締役が会社に商品を販売したり、購入するような、取締役と会社との直接取引（同法356条1項2号）のほか、②取締役の借入れについて会社が保証するような間接取引（同項3号）についても、利益相反行為と定めています。

2 取締役会未承認の利益相反行為の効力

質問のような行為は利益相反行為であり、取締役会の承認を得ないで行われた場合は無効です。しかし、取締役会は会社内部の手続であり、取引の相手方などの外部の者は、承認の有無について通常は知り得ないことで

す。そこで判例は、取締役会の承認がなかったとしても当該保証契約は絶対的に無効となるのではなく、取締役会の承認がなかったことと、相手方である金融機関がそのことを知っていたことをA社が主張立証しなければ、保証契約の無効を金融機関に主張することはできないとしています（最判昭和43・12・25金融・商事判例144号12頁、最判昭和45・3・12判例時報591号88頁）。

3 取締役会議事録写しや確認書等の徴求

(1) 株式会社の場合

利益相反取引において取締役会の承認の有無を確認するためには、取締役会等の議事録の写し、または、「適法な手続を経ています」との確認書等を徴求すればよいと考えられます。

(2) 持分会社等の場合

持分会社（合名会社、合資会社、合同会社）は、他の社員の過半数の同意を要します（会社法595条1項）。

一般社団法人は社員総会、一般財団法人は理事会の承認が必要です（一般社団法人及び一般財団法人に関する法律84条・197条）。ただし、「適法な手続を経ています」といった確認書（念書）等を徴求すればよいでしょう。

(3) 利益相反行為に該当する手形の割引

約束手形の振出人がA株式会社代表取締役B、受取人兼第一裏書人がBとなっている手形について第二裏書人C社から割引依頼を受けた場合、金融機関は、A社の取締役会承認の有無を調査する義務はなく、他の通常の手形と同様に割引しても問題はありません（最大判昭和46・10・13金融・商事判例282号2頁）。

多額の保証と取締役会の承認

Q51　金融機関が会社との間で連帯保証契約を締結する場合、当該会社の取締役会議事録の写しを徴求していますが、多額ではない保証の場合はどうすればよいでしょうか。

多額の保証は取締役会の承認が必要ですが、多額かどうかの判断は困難ですから、議事録写しではなく、適法な手続を経ていることの「確認書」の提出を求めることが適切でしょう。

◉ **解説** EXPLANATION

1 多額の借財と取締役会決議

　取締役会設置の株式会社が「多額の借財」に該当する重要な業務執行を行うにあたっては、取締役会の決議を要します（会社法362条4項2号）。

　多額の借財には、「多額の保証」も含まれると解されますが、多額かどうかについては、会社の総資産・負債総額、当該会社の取締役会規則の定め等の事情を総合して判断されることになります（東京高判平成11・1・27金融・商事判例1062号12頁）。

2 取締役会決議を欠く取引の効力

　取締役会決議を欠く取引行為の効力について判例は、代表取締役が会社を代表して行う対外的な取引行為（保証行為等）は内部的意思決定を欠くにとどまり、原則として有効であって、ただ相手方が取締役会の決議を経ていないことを知りまたは知ることができたときは無効であるとしていま

す（最判昭和 40・9・22 民集 19 巻 6 号 1656 頁）。

　なお、会社は、相手方銀行の悪意または有過失を主張・立証しなければ、その無効を主張できません（最判昭和 43・12・25 金融・商事判例 144 号 12 頁）。

　ただし、たとえば会社と 9,000 万円の保証契約を締結する際に、会社の取締役会規定で「1 億円を超える保証契約を締結する場合は取締役会の決議が必要」との定めのある場合、取締役会議事録写しの提出を求めても、取締役会決議は不要であり提出を拒否されます。そこで、取締役会議事録の写しを徴求しないで保証契約を締結したところ、後日、当該保証契約の効力について裁判上の争いとなり、当該会社の規模等を総合的に判断すれば 5,000 万円を超える保証は多額であり決議が必要とされた場合、金融機関は取締役会決議のないことを知っていたことになり、当該保証は無効とされるおそれがあります（東京地判平成 24・2・21 参照、Q 52 参照）。

　このようなことから、取締役会議事録の写しではなく、適法な手続を経ていることの「確認書」の提出を求めることが適切な対応と考えられます。

3 取締役会決議等の確認と過失責任

　代表取締役から議事録写しはどの金融機関にも提出していないと拒否された場合でも、当該会社の担当部署や他の取締役等に問い合わせれば簡単に確認できたはず、などとして過失責任を問われた裁判例（東京地判平成 10・6・29 金融・商事判例 1048 号 16 頁）があります。

　一方、当該裁判例の控訴審（前掲東京高判平成 11・1・27）は、銀行が会社の専務取締役に保証意思の確認をしたことなどの保証予約契約締結の経緯、会社の経営実態等の事情を考慮すると、保証予約の締結に際し、銀行において、取締役会決議が不存在であることを知りうる状況にあったとは認められず、取締役会決議の議事録、あるいはこれに代わる確認書の徴求をしなかったとしても前記銀行に過失があったと認めることはできないとしています（福岡高那覇支判平成 10・2・24 金融・商事判例 1039 号 3 頁参照）。

多額の融資と取締役会の承認

会社に対する多額の融資の場合でも、当該会社の取締役会議事録の写しを徴求していませんが、問題はありませんか。

念のため、会社の代表取締役に面談して適法な手続を経ているいることを確認し、その旨の念書等を徴求すればよいでしょう。

◎ 解説 EXPLANATION

1 会社の内部統制システムの構築義務と相互牽制機能等

(1) 会社の内部統制システムの構築義務

会社法は、会社の取締役が、その職務執行に際して法令等を遵守することを確保するための体制、その他会社の業務の適正を確保するための内部管理体制(内部統制システム等)を構築することは、会社の健全経営を維持するためには不可欠なものであり、特に大会社の取締役(取締役非設置会社の場合)や取締役会については、内部管理体制の構築を義務付けています(会社法 348 条 3 項 4 号・4 項・362 条 4 項 6 号・5 項)。

(2) 取締役会決議等と相互牽制機能

多額の借入れや保証、重要な財産の処分が取締役の独断で行われると、会社の健全経営を維持できなくなるおそれがあるため、取締役会の決議を要するものとしています(会社法 362 条 4 項 1 号・2 号)。

取締役会の決議は、内部的意思決定手続であり、この手続が適法に行われているかどうかは、取締役会が構築した内部統制システムを取締役の責任において機能させ、会社内部で監査機能も含め厳正にチェックすべきものとされています。

(3) 取締役会議事録の閲覧・謄写請求権

債権者（金融機関）の場合、会社の取締役会議事録の閲覧・謄写を請求できるのは、会社の役員または執行役の責任を追及するため必要があるときに限られ、さらに裁判所の許可が必要です（会社法371条4項）。

2 実務対応策

(1) 質問の場合と実務対応策

融資は、取締役会議事録の写しを法的に請求できる場合に該当しないため、当該会社から議事録の写しの提出を拒否されることもあります。このような場合は、代表取締役に面談して適法な手続を経ていることを確認し、その旨の念書等を徴求するなどの対応が望ましいものと考えられます。

(2) 裁判例と実務対応策

金融機関からの借入れが「多額の借財」に当たり、かつ、金融機関の職員が会社社長から取締役会承認は不要な借入れと聞いていたことから、金融機関は当該取締役会決議の欠缺について悪意であったなどとして、融資契約を無効とした事案（東京地判平成24・2・21判例時報2161号120頁、神吉正三「商事法判例研究（東京地判平成24・2・21）」金融・商事判例1419号2頁）があります。

この事案においても、会社社長に取締役会の承認は必要かどうかを確認するのではなく、適法な手続を行っていることを確認し、その確認書や念書等を徴求する方法で対応すれば、無効とされることもなかったのではないかと考えられます（取締役会決議を経ていると信頼しうる事情がある場合は、その有無を確認しなくても過失ありとはいえないとした福岡高那覇支判平成10・2・24金融・商事判例1039号3頁を参照）。

第4章 融資債権の管理

債務引受

融資債権の管理方法の1つに債務引受がありますが、その法的性質や利用場面はどのようなものですか。

53

債務引受には、引受人が連帯債務者となる併存的債務引受と、引受人が新債務者となり元の債務者は免責される免責的債務引受があります。債務引受は、相続や法人成りなどの場合に利用されます。

◉ **解説** EXPLANATION

1 債務引受

債務引受とは、債務者が負担する債務と同一内容の債務を引受人が負担する制度であり、「併存的債務引受」と「免責的債務引受」があります。

併存的債務引受は、引受人が債務者と連帯して、債務者が債権者に対して負担する債務と同一の内容の債務を負担するというものであり（民法470条1項）、引受人が債務を負担した後も、元の債務者が引き続き債務を負担します。

免責的債務引受は、債務者が債権者に対して負担する債務と同一の内容の債務を引受人が負担し、債務者は自己の債務を免れるというものです（同法472条1項）。

２　債務引受の利用場面

　このような債務引受契約は、相続や法人成りなど、次のような場合に利用されます。

(1)　相続開始の場合

　相続財産中に融資債権等の可分債権がある場合、相続開始と同時に当然に各共同相続人の法定相続分に応じて分割承継されます（最判昭和29・4・8民集8巻4号819頁）。

　たとえば、融資先Aについて相続が開始し、相続人が配偶者Bと子C・Dであった場合、Aに対する融資債権は、Aの死亡と同時に、Bは2分の1、CおよびDはそれぞれ4分の1に分割承継され、3本の融資債権となってしまいます。

　このような場合に、相続人CがAの事業を承継することになったとすると、他の相続人から、分割承継された事業に関する債務についてはCに一本化してほしいとの依頼を受け、債務引受契約が利用されることがあります。

(2)　法人成りの場合

　たとえば、個人事業主Eが新会社（株式会社F、代表取締役E）を設立し、Eは個人事業を廃業して、その事業をF社に事業譲渡する方法で「法人成り」することがあります。この場合に、Eの個人事業に関する金融機関からの借入債務について、F社に引き受けさせるために債務引受契約が利用されることがあります。

(3)　利害関係のある第三者が債務を肩代わりする場合

　たとえば、行方不明となった夫Gの住宅ローン債務について、当該住宅に住んでいる妻Hが肩代わりするために債務引受をする場合があります。

(4)　抵当不動産の第三取得者が被担保債務を引き受ける場合

　たとえば、Iの借入債務を担保するためにI所有の不動産に抵当権が設定されていたところ、当該抵当不動産の所有権を取得したJが、被担保債務であるIの借入債務を引き受ける場合があります。

併存的債務引受

併存的債務引受の法的性質等と取扱上の留意点は、どのようなものですか。

併存的債務引受は、債務者と引受人の連帯債務となるため、契約締結後は連帯債務としての債権管理が必要となります。

◉ **解説** EXPLANATION

1 併存的債務引受

(1) 意 義

併存的債務引受は、引受人が債務者と連帯して、債務者が債権者に対して負担する債務と同一の内容の債務を負担するというものです（民法470条1項）。既存の融資先の債務を免除せず、新たに引受人を連帯債務者として加える契約のため、債権の保全強化や不良債権の回収手段などによく利用されています。

(2) 契約の締結方法等（債務者の意思に反する場合の効力等）

併存的債務引受は、債権者・引受人間の契約によって有効に締結することができます（民法470条2項）。つまり、債務者の契約参加は併存的債務引受が成立するための必要条件ではなく、結果として債務者の意思に反しても有効に契約することができることになります。

また、債務者・引受人間の契約によっても併存的債務引受を成立させる

ことができますが、この場合は、債権者が引受人に対して当該併存的債務引受を承諾した時に、その効力が生じます（同条3項）。

(3) 連帯債務関係の成立と債権管理上の留意点

併存的債務引受があった場合には、債務者と引受人との間に連帯債務関係が生じます（民法470条1項、最判昭和41・12・20金融・商事判例48号2頁）。連帯債務とは、複数人の債務者が同一内容の債務について、各自が独立して全部を履行すべき債務を負担する多数当事者の債務をいいます。

連帯債務の関係が成立すると、その1人に対して生じた事由のうち履行の請求・免除・時効は相対的効力事由であり（同法441条本文）、連帯債務者の1人に対する履行の請求は、他の連帯債務者に対してその効力を生じないし、連帯債務者の1人について免除や時効の完成があっても、他の連帯債務者にはその効力は生じません。

(4) 担保権・保証

債務者の債務を担保するための担保権や保証は、併存的債務引受契約の締結後も債務者のための担保権や保証として存続しますが、引受人の債務を担保するためには、原則として当該担保提供者や保証人との間でその旨の合意等が必要となります。

2 実務上の留意点

原則として原債務者も加えた三面契約とし、債権者と引受人との二者間での契約は、原債務者の同意が困難な場合など、やむを得ない場合に利用します。

また、契約締結後は、前記１の解説のとおり、連帯債務としての債権管理に留意するほか、引受人が負担する引受債務は、原債務の担保や保証によって当然には担保されないので、原債務の担保や保証で引受債務をも担保させるための契約の締結や、担保権の変更登記手続等が必要です。

免責的債務引受

免責的債務引受の法的性質や取扱上の留意点は、どのようなものですか。

　責的債務引受は、引受人が新債務者となり債務者は免責されるため、契約締結に際しては、債務者の債務のための担保や保証が消滅しないよう、担保管理に特に留意する必要があります。

◉ **解説** EXPLANATION

1 意　義

　免責的債務引受は、債務者が債権者に対して負担する債務と同一の内容の債務を引受人が負担し、債務者は自己の債務を免れるというものです（民法472条1項）。既存の融資先が金融機関に対して負担する債務と同一内容の債務を引受人が新たに負担し、債務者は、自己の債務を免除されて債務関係から離脱する契約であり、法人成りや相続の場合などによく利用されています。

2 契約の締結方法等

　免責的債務引受は、債権者・引受人間の契約によって締結することができます（民法472条2項前段）。ただし、この場合は、債権者が債務者に対して免責的債務引受契約を締結した旨を通知した時に、その効力が生じます（同項後段）。

　つまり、債務者の契約参加はその成立要件ではなく、結果として債務者の意思に反しても有効に締結できると解することも可能です。

　しかしながら、債務者の意思に反することが明らかな場合に、債権者から債務者への通知をもって有効性が担保されるかどうかという問題があるので、実務上は、原則として、債権者・債務者・引受人の三面契約で対応すべきでしょう。

　また、債務者・引受人間で契約をし、債権者が引受人に対して承諾することによっても免責的債務引受をすることができます（同条３項）。

3 担保権・保証の移転方法等

　債権者は、債務者が負担する債務の担保として設定された担保権を引受人が負担する債務に移すことができます（民法472条の４第１項本文）。

　しかし、引受人以外の者が担保提供者であった場合には、その者（設定者）の承諾を得なければなりません（同項ただし書）。

　また、債務者の債務に付された保証債務を引受人の債務を担保するものとして移すためには、保証人の書面（電磁的記録を含む）による承諾を要します（同条３項～５項）。

　なお、これらの担保権や保証の移転は、あらかじめまたは同時に引受人に対してする意思表示によってしなければなりません（同条２項）。

4 その他法的効力と実務上の留意点

　免責的債務引受の引受人は、当然には債務者に対して求償権を取得しないとされています（民法472条の３）。求償権を発生させるのであれば、別途、引受人と債務者との間で合意する必要があります。

　また、引受人は、免責的債務引受の効力発生時に債務者が主張することができた抗弁をもって債権者に対抗することができ（同法472条の２第１項）、債務者が債権者に対して取消権または解除権を有する場合には、一定の限度で自己の債務の履行を拒むことができます（同条２項）。

第４章

融資債権の管理

111

Q 56 融資先の合併

融資先が合併する場合の留意点は何ですか。

A NSWER　会社の合併とは、2つ以上の会社が当事者間の合併契約により1つの会社になることをいい、吸収合併と新設合併があります。合併の効力と融資取引上の留意点は、解説に記載のとおりです。

◉ **解説** EXPLANATION

1 融資先の合併と融資取引

(1) 吸収合併の場合

吸収合併の場合、存続会社は、合併の効力発生日（合併契約で定めた一定の日）に、消滅会社の権利・義務を当然にかつ包括的に承継します（会社法749条1項6号・750条1項）。

たとえば、融資先A社がB社に吸収される場合、消滅会社A社の資産・負債、権利・義務等のいっさいが当然にかつ包括的に存続会社B社に承継されるので、合併前のA社との融資取引や預金取引等も当然にB社に承継されます。

また、抵当権や保証も被担保債権に随伴して承継されます。債務者をA社とする元本確定前の根抵当権についても、合併の時に存する債務（合併

の効力発生日に存続会社Ｂ社に承継される）のほか、合併後の存続会社Ｂ
社が合併後に新たに負担する債務も担保します（民法398条の９第２項）。

　ただし、根抵当権設定者が第三者Ｃであった場合、Ｃは、合併のあった
ことを知った日から２週間を経過したとき、または合併の日から１か月を
経過するまでは元本の確定請求をすることができ、この請求があったとき
は根抵当権は合併の時に確定したものとみなされます（同条３項〜５項）。

(2)　新設合併の場合

　新設合併の場合は、新設合併設立会社は、その成立日（設立登記日。会
社法49条）に、新設合併消滅会社の権利・義務を当然にかつ包括的に承
継します（同法754条１項）。

　たとえば、融資先Ａ社とＢ社が新会社Ｄ社を設立し、Ａ社とＢ社が解
散して消滅する新設合併を行った場合、Ｄ社はその成立日にＡ社とＢ社の
権利・義務の全部を承継します。したがって、融資先Ａ社の資産・負債、
権利・義務等のいっさいが当然にかつ包括的にＤ社に承継されるので、
合併前のＡ社との融資取引や預金取引等も当然にＤ社に承継されます。

　また、Ａ社に対する融資債権等を担保する抵当権や保証も、被担保債権
に随伴して承継されます。債務者をＡ社とする元本確定前の根抵当権に
ついても、合併の時に存する債務（新設会社Ｄ社の成立日（設立登記日）
にＤ社に承継される）のほか、新設会社Ｄ社が合併後に新たに負担する
債務を担保します（民法398条の９第２項）。なお、根抵当権設定者が第
三者Ｅであった場合は、吸収合併の場合と同様です（同条３項〜５項）。

2　債権者の異議申述

　各合併当事会社による官報の公告や債権者への個別催告、日刊新聞紙へ
の掲載による公告または電子公告に記載された合併異議申述の期間（１か
月以上）に、債権者が異議の申出をしなかったときは、合併を承認したも
のとみなされます（会社法789条１項〜４項・799条１項〜４項）。

　合併後の会社について債権保全上問題があれば、異議申述の期間内に異
議の申出をします。

融資先の会社分割

Q 57

融資先が会社分割をする場合の留意点は何ですか。

会社分割とは、会社の事業の全部または一部を他の会社に包括的に承継させる組織再編行為であり、吸収分割と新設分割があります。分割の効力と融資取引上の留意点は、解説に記載のとおりです。

◉ **解説** EXPLANATION

1 融資先の会社分割と融資取引

(1) 吸収分割の場合

　吸収分割会社が吸収分割をする場合、吸収分割承継会社は、吸収分割の効力発生日（吸収分割契約で定めた一定の日）に、吸収分割契約の定めに従い、吸収分割会社がその事業に関して有する権利・義務の全部または一部を承継します（会社法757条～759条）。この場合、吸収分割会社の観点からは会社分割となり、吸収分割承継会社においては吸収合併の形態となります。

(2) 新設分割の場合

　新設分割の場合、新設分割設立会社は、その成立の日（設立登記日。会社法49条）に、新設分割計画の定めに従い、新設分割会社の権利・義務を承継します（同法762条～764条）。

2 元本確定前の根抵当債務者の会社分割

　元本の確定前にその債務者を分割会社とする分割があったときは、根抵当権は、分割の時に存する債務のほか、吸収分割会社および新設分割設立会社または吸収分割承継会社が分割後に負担する債務も担保します（民法398条の10第2項）。この場合、根抵当権設定者が第三者であった場合、設定者は、分割のあったことを知った日から2週間を経過したとき、または分割の日から1か月を経過するまでは、元本の確定請求をすることができ、この請求があったときは、根抵当権は分割の時に確定したものとみなされます（同条3項・398条の9第3項〜5項）。

3 債権者の異議申述

　各分割当事会社による官報の公告や債権者への個別催告、日刊新聞紙への掲載による公告または電子公告に記載された分割異議申述の期間（1か月以上）に、債権者が異議の申出をしなかったときは、分割を承認したものとみなされます（会社法789条1項〜4項・799条1項〜4項）。

　分割後の会社について債権保全上問題があれば、異議申述の期間内に異議の申出をします。

4 詐害的な会社分割と残存債権者の保護

　分割会社の債権者（残存債権者）は、一定の要件を満たす詐害的な会社分割の場合には、吸収分割承継会社または新設分割設立会社が吸収または新設分割会社から承継した財産の価額の限度で、承継会社または設立会社に対しても債務の履行を請求することができます（会社法759条4項〜7項・761条4項〜7項・764条4項〜7項・766条4項〜7項）。一定の要件とは、分割会社が債権者を害することを知って分割をしたこと、会社分割等の効力が生じた時に承継会社が債権者を害すべき事実を知っていたこと、債権者が債権者を害する会社分割であることを知った時から2年以内または会社分割等の効力発生日から10年を経過していないことです。

融資先の事業譲渡

融資先が事業を譲渡した場合、留意点は何ですか。

債務逃れ目的など詐害的な事業譲渡が行われることがありますが、一定の要件を満たす場合は、譲受会社に対して債務の履行請求が可能です。また、譲渡会社の商号を続用した譲受会社に対する責任追及等を検討すべきでしょう。

◉ **解説** EXPLANATION

1 事業の譲渡

　事業の譲渡とは、会社の事業の全部または一部を他に譲渡することをいい、取締役会設置会社では、重要な財産の処分には取締役会の決議が必要です（会社法 362 条 4 項 1 号）。そして、事業の全部譲渡・事業の重要な一部譲渡の場合には、すべての会社で、株主総会の特別決議が必要です（同法 467 条 1 項・309 条 2 項 11 号）。反対株主には、原則として株式買取請求権が認められます（同法 469 条・470 条）。

　事業譲渡は、法人成り、第二会社設立、他社による救済手段などに利用されますが、会社法上の組織再編行為に該当しないため、合併や会社分割のように権利・義務が包括的かつ当然に承継されるものではありません。

　個別の財産ごとに対抗要件等が必要であり、不動産については譲渡契約と登記（民法 177 条）、融資債権等については譲渡契約と確定日付ある証書による債務者に対する通知または承諾が必要です（同法 467 条）。

2 事業譲渡に伴う債務者の変更と担保等の取扱い

(1) 融資先が事業を譲渡する場合

　甲金融機関の融資先A社が事業をB社に譲渡する場合、通常は、A社の債務についてB社が免責的債務引受を行い、甲が承諾します（民法472条3項）。

　当該債務が普通抵当権の被担保債務であった場合は、免責的債務引受契約を登記原因とする債務者の変更登記をします。また、元本確定前の根抵当権の被担保債権であった場合は、B社の引受債務は担保されないため（同法398条の7第2項）、根抵当権の債務者をA社からB社に変更する債務者の変更登記を行うとともに、B社の引受債務を被担保債権の範囲に追加する変更登記を行う必要があります（同法398条の4第1項）。

(2) 融資先が事業を譲り受ける場合

　甲金融機関の融資先C社がD社の事業を譲り受ける場合、D社が負担している乙金融機関からの借入債務は、C社とD社間の事業譲渡契約によってC社に移転するとしても、乙が承諾しなければ、借入債務の移転を乙に対抗することはできません。

3 詐害行為対策

　事業譲渡には、会社法上債権者の異議申述の定めがなく、債務逃れ目的など詐害的な事業譲渡が行われることがあります。そこで、一定の要件を満たす詐害的な事業譲渡の場合は、会社分割の場合と同様に、詐害事業譲渡に係る譲受会社に対する債務の履行請求を可能とする定めがあるので（会社法23条の2）、活用すべきでしょう。また、譲渡会社の商号を続用した譲受会社に対する責任追及（同法22条）や、譲渡会社の債務を引き受ける旨の公告をした譲受会社に対する責任追及（同法23条）、あるいは法人格否認の法理を主張して、事業譲渡の取消や譲受会社に対する請求などについても検討すべきでしょう。

第4章

融資債権の管理

法人成り

個人事業主（融資先）が会社を設立し、事業を会社に譲渡することになりました。そこで、融資取引等についても会社に承継させたいとの依頼がありました。どのように対応すればよいでしょうか。

法人成り後の法人と融資取引を継続するため、個人から法人へ債務を承継させる方法としては、新規融資・回収の方法と債務引受の方法とがあります。

◉ **解説** EXPLANATION

1 法人成りの方法

　個人事業主が、事業主体を法人組織に変更することを法人成りといいます。

　法人成りをする方法には、新たに会社を設立したうえで個人が会社に対して事業を譲渡する方法と、個人が会社に対して事業財産を現物出資する方法とがあります。

　実際には、ほとんどの場合、会社を設立したうえで事業を譲渡する方法がとられ、事業財産を現物出資する方法によることはほとんどありません。事業財産の現物出資は、会社法上、変態設立事項に該当し（会社法28条1号）、裁判所の選任した検査役の調査を受けることが必要となる場合が多いからです（同法33条）。

　なお、個人が会社に対して事業を譲渡しても、個人との融資取引は当然には会社に承継されないので、個人の債務を会社に承継させる手続が必要

となります。

2 債務の承継方法

(1) 新規融資・回収の方法

新規融資・回収の方法は、個人に対する融資相当額について会社に新規融資を実行し、それによって個人の借入れを回収する方法です。この方法による場合は、個人の貸出回収と同時に個人の債務についての担保や保証は原則として消滅するため、会社に対する新規融資についての担保や保証をどのように手当するかを検討しなければなりません。

(2) 債務引受の方法

免責的債務引受の場合は、個人は債務を免責され債務を引き受けた会社のみが新債務者となります。併存的債務引受の場合は、個人はそのまま債務者として残り、会社が同一債務を引き受けることにより、個人と会社は連帯債務の関係に立ちます。

法人成りと担保・保証の対応策

取引先Aが法人成り（新会社B社・代表取締役A）した場合の、Aに対する融資等をB社に承継させる際の担保・保証の留意点は何でしょうか。

法人成りの場合の融資等の承継方法には、免責的債務引受や併存的債務引受のほか新規融資・回収方法があります。それぞれの方法に応じた対応が必要です。

◉ **解説** EXPLANATION

1 抵当権の場合

抵当権の被担保債権について免責的債務引受を行う場合は、抵当権設定者（担保物件の所有者）の承諾を得て債務者をAからB社とする債務者変更の登記を行います。なお、B社の引受債務についてAを連帯保証人とすれば、保全的にも併存的債務引受と異なりません。

併存的債務引受の場合は、抵当権の被担保債権はそのまま存続し、これに引受人B社が新たに債務者として加わるため、併存的債務引受を登記原因として債務者B社を追加する変更登記を行います。

2 根抵当権の場合

根抵当権設定者Aの承諾を得て根抵当権の債務者をAからB社に変更登記するか、あるいはB社の追加登記（根抵当債務者を個人と法人の二者とする共用根抵当権）を行い（民法398条の4）、B社に新規融資をしてA

の債務を決済する方法でB社に承継させることができます。

　免責的債務引受または併存的債務引受の場合には、前記のような債務者の変更登記を行うほか、被担保債権の範囲を変更してB社の引受債務を追加登記することが必要です。というのは、元本確定前の債務引受によるB社の引受債務については、金融機関（根抵当権者）は根抵当権を行使できないためです（同法398条の7第2項）。

　法人成り後のB社に対する融資等は、引受債務も含めて根抵当権で担保させるようにしておく必要があるので、併存的債務引受の場合も、引受債務を被担保債権の範囲に含める変更登記を行っておくべきでしょう。

3 保証の場合

　法人成り後に新規融資・回収の方法を選択したり、保証人の承諾を得ないで免責的債務引受をすると、保証が消滅する点に注意が必要です。

4 その他実務上の留意点

　保証人や担保提供者が、B社に対する新規融資や引受債務を担保・保証することを承諾しない場合は、B社に併存的債務引受をしてもらうほかありません。併存的債務引受であれば、Aの債務はそのまま存続し、その担保や保証もそのまま残ります。

　また、信用保証協会が保証しているAの債務のB社への承継手続については、信用保証協会の指示に従って行わなければなりません。

融資先の代表者の能力喪失

融資先の代表者が交通事故により意思能力を喪失しました。既存の融資契約はどうなるのでしょうか。また、代表者の意思能力喪失直後に融資依頼を受けた場合、どのように対応すべきでしょうか。

　　すでに会社との間で有効に成立した融資契約の効力は、その後の代表者の能力喪失によって何ら影響を受けることはありません。代表者の能力喪失後に融資依頼を受けた場合は、会社の存続に問題がなければ、新代表者の選任手続を至急とってもらうようにします。

◉ **解説** EXPLANATION

1 すでに成立した融資契約への影響

(1) 代表者の意思能力喪失と会社との関係

　会社と代表者の関係は委任関係にあり（会社法 330 条）、受任者である代表者の後見開始の審判によって委任関係は当然に終了します（民法 653 条 3 号）。代表者が交通事故により意思能力を喪失し、回復の見込みがなく後見開始の審判を受けると、会社との委任関係は終了します。

　なお、法定の欠格者は取締役になれませんが（会社法 331 条 1 項）、成年被後見人または被保佐人であっても、一定の要件のもとに取締役等に就任することが可能であり、成年被後見人等がした取締役等の資格に基づく行為は行為能力の制限によっては取り消されません（同法 331 条の 2）。

(2) すでに成立した融資契約の効力

　代表者が健常者の時に会社のために適法に行った融資契約は、金融機関と会社との間で有効に成立しています。その後に代表者が意思能力を喪失して

も、すでに有効に成立した融資契約の効力には何ら影響はありません。

2 会社の事業継続に問題がない場合

会社の事業継続に問題がなければ、速やかに新代表取締役の選任手続を行ってもらい、融資等に応じるようにします。

(1)　取締役会設置会社の場合

取締役会設置会社の場合は、直ちに取締役会を開催して新代表取締役を選定し（会社法362条3項）、登記を経て「代表取締役変更届」（新代表取締役就任が記載された登記事項証明書を添付）を提出してもらい、新代表取締役と融資契約を締結します。

(2)　取締役会非設置会社の場合

当該会社に代表取締役が設置されておらず、かつ他に取締役がいるのであれば、当該取締役が会社を代表することができます。ただし、能力を喪失した代表者が代表取締役であった場合は、他に取締役がいたとしても代表権は認められません。そこで、他の取締役が、定款の定めや取締役による互選等により新代表取締役に就任した場合は、商業登記簿の登記事項証明書を徴求して確認し、当該新代表取締役を代表者とする代表者変更届出の提出を受けて、新代表取締役と融資契約を締結します。

(3)　商業登記簿による確認前の借入申出

前記の一連の手続は相応の時間がかかるため、間に合わない場合、融資を拒絶するか、実行するかの選択が生じます。商業登記簿による確認前であっても、株主総会や取締役会の議事録、取締役による互選があったことの念書等での確認が可能な場合は、当該議事録等の写し等を徴求して代表者変更届出の提出を受けます。そして、新代表取締役と融資契約を締結し、後日、商業登記簿の登記事項証明書で代表者の変更手続に相違ないことを確認します。

融資先の代表者の死亡と新代表者選任前の融資

　株式会社の代表取締役が死亡した場合、同社との融資契約はどうなるのでしょうか。また、新代表者が選任されないうちに融資の依頼を受けた場合、どうすべきでしょうか。

　既存の融資契約の法的効力に何ら影響はありません。新代表者選任前の融資依頼に応じるのであれば、仮代表取締役選任等の手続が必要です。

◉ **解説** EXPLANATION

1 会社の代表者の死亡と融資契約の効力

　融資契約の当事者は、金融機関と会社ですので、代表者が死亡したとしても、既存の融資契約の法的効力に何ら影響はありません。

2 代表者死亡後の法人との融資契約

　代表者死亡後に新たな融資依頼があった場合、新代表取締役が選任されていれば事業存続の可能性等融資の可否を判断し、選任されていない場合は新代表取締役の選任手続を至急とってもらいます。その手順は以下のとおりです。

　取締役会設置会社の場合、まず、取締役の数が法定員数（3人。会社法331条5項）を超えている場合は、残った取締役で直ちに取締役会を開催して、新代表取締役を選定し（同法362条3項）、登記を経て「代表取締役変更届」を提出してもらいます。その後、新代表取締役名義で融資契約

を締結します。

　取締役の数が法定員数を欠く場合は、株主総会を開催して新取締役を選任した後（同法329条）、その新取締役を加えて取締役会を開催し、新代表取締役を選定してもらいます。そして、この新代表取締役との間で融資契約を締結します。

3 新代表者選任前の融資依頼

　前記の一連の代表者変更手続が間に合わない場合、仮代表取締役を選任する手続をとるか（会社法351条2項）、代表者変更手続のうち、新代表取締役選任の商業登記簿は後日追完してもらう対応が考えられます。

　後者の場合は、取締役会決議等の新代表者選任手続を経たうえで、取締役会議事録等の写しとともに代表取締役変更届出を提出してもらって融資に応じ、商業登記簿は後日追完してもらうというものです。

　なお、新代表者選任前の融資依頼については、原則として謝絶すべきでしょう。

第4章

融資債権の管理

融資先の相続開始と借入債務等の承継

個人事業主Ａ（融資金額1,000万円）について相続が開始し、相続人である配偶者Ｂと子Ｃ・Ｄのうち、Ｃが事業を承継することになった場合、金融機関としてはどのように対応すればよいでしょうか。

融資債権は可分債権と解され、融資先の死亡と同時にその相続人が法定相続分に応じて当然に分割承継します。Ａの個人事業をＣが承継するとのことですから、事業に関する債務であった1,000万円は、通常の場合Ｃが債務全額を引き受ける方法がとられます。

◉ **解説** EXPLANATION

1 債務者の死亡と融資債権等の相続

⑴ 債務者の死亡と相続債務

相続は死亡によって開始し（民法882条）、相続人は、相続開始の時から、被相続人の財産に属したいっさいの権利・義務（被相続人の一身に専属したものを除く）を承継します（同法896条）。また、共同相続の場合、相続財産は共有となり、各共同相続人は、その相続分に応じて被相続人の権利・義務を承継します（同法898条・899条）。

⑵ 共同相続と借入債務の分割承継

借入債務などの可分債務は、被相続人が死亡した時に当然に分割され、共同相続人がその各法定相続分に応じて承継します（最判昭和29・4・8民集8巻4号819頁）。

したがって、質問の場合、融資先Ａに対する融資債権1,000万円は、相続開始と同時に共同相続人Ｂ・Ｃ・Ｄがその各法定相続分に応じて分割承

継するため、金融機関の融資債権は、B 500 万円、C 250 万円、D 250 万円となり、各相続人に当該各法定相続分のみしか請求できないことになります。

② 分割承継した借入債務の一本化

　分割承継された状態のままで共同相続人から分割弁済を受けるとなると、金融機関・共同相続人双方にとって煩雑ですから、通常は、話し合いにより、債務を一本化する方法がとられています。

　質問の場合、Aの個人事業をCが承継するとのことですから、事業に関する債務であった 1,000 万円は、通常の場合Cが債務全額を引き受ける方法がとられます。

　具体的には、Bの相続債務 500 万円とDの相続債務 250 万円について、Cが債務引受（免責的債務引受または併存的債務引受）を行う方法、またはCに対して新規融資 1,000 万円を実行して相続債務 1,000 万円を決済してしまう方法（新規融資・回収方式）があります。

融資先の相続開始と相続放棄

融資先Aが死亡して相続が開始し、共同相続人（配偶者Bと子C・D）が相続を放棄しました。Aに対する融資債権や担保・保証はどうなるのでしょうか。

相続放棄によって相続人不存在となった場合は、相続財産管理人に対して債権届出を行うとともに、預金相殺や担保権実行についても当該管理人を相手方として行います。

◉ **解説** EXPLANATION

1 相続放棄と相続人不存在

相続放棄をすると、当該相続人は、はじめから相続人ではなかったものとみなされます（民法939条）。質問の場合、被相続人Aの配偶者Bと子C・Dが相続放棄をしたため、BおよびC・Dははじめから相続人ではなかったことになるので、C・Dに子がいる場合でも代襲相続は認められず、配偶者および第1順位の相続人は存在しなかったことになり、Aの相続人は第2順位であるAの直系尊属となります（同法889条1項1号・890条）。

続いて、第2順位である直系尊属が相続放棄をすると、Aの相続人は第3順位であるAの兄弟姉妹またはその代襲相続人のみとなります（同法889条1項2号・2項）。

さらに、この第3順位である兄弟姉妹またはその代襲相続人が相続放棄をすると、戸籍上ではAの相続人が確認できない状況となり、相続人不存在となります。

② 相続人不存在と清算手続

相続放棄の手続が行われて相続人が不存在となった場合、被相続人の相続財産は、当然に法人（相続財産法人）となります（民法 951 条）。

つまり、相続人不存在となった場合は、被相続人Aの相続財産はこの法人が承継します。そして、利害関係人等の請求に基づき相続財産管理人が家庭裁判所によって選任され（同法 952 条 1 項）、選任された相続財産管理人は公告され（同条 2 項）、以後、相続財産管理人が相続財産（法人）の清算手続を行います。

相続財産管理人は、一定の期間をおいて相続債権者等に対して（融資債権等の）請求の申出をすべき旨の公告をするので、金融機関は、これに応じてAに対する融資債権の届出を行います（同法 957 条 1 項）。

その後、相続財産管理人は相続財産の換価をなし、金融機関等の債権者に分配します。債権者に弁済後なお残金がある場合は、家庭裁判所は、特別縁故者の請求によって、その残存すべき相続財産の全部または一部を分与することができます（同法 958 条の 3）。これらの処分がされなかった相続財産は国庫に帰属しますが（同法 959 条）、逆に債務超過であった場合は、相続財産について破産手続が行われ、破産管財人が債権者に配当することがあります。もっとも、相続人全員が相続放棄の手続を行う場合は、被相続人の相続財産が債務超過の場合が多いと思われます。

③ 相続人不存在の場合の預金相殺や担保権の取扱い

相続人不存在となった場合、金融機関の有している担保権については、相続財産管理人を相手として実行することができます。また、預金相殺についても相続財産管理人に対する相殺通知によって行います。

融資債権の相続人が不存在でも、その保証人の保証責任に何ら影響はなく、融資債権が債務不履行であれば、当該保証人に対して保証履行請求することができます。

Q 65 共同相続人の1人に遺産全部を「相続させる」旨の遺言と相続債務

融資先Aが死亡し、相続が開始しました。相続人は配偶者Bとその子C・Dですが、Aの遺産全部（不動産1億円と預金2,000万円）をCに相続させるとの遺言があります。Aに対する融資債権が8,000万円あった場合、どのようになりますか。

Aの遺産全部をCに相続させるとの遺言がある場合は、特段の事情がなければ、相続債務もすべてCが相続すると解されます。金融機関がこの遺言を承認すれば、Cのみが相続債務の債務者となりますが、承認しなければ、共同相続人B・C・Dが各法定相続分に従った相続債務の履行義務を負います。

◉ **解説** EXPLANATION

1 財産全部を相続させる旨の遺言と相続債務の帰趨

(1) 遺言の相続人に対する効力

被相続人が相続開始時に債務を有していた場合に、共同相続人のうちの1人に積極財産全部を相続させる旨の遺言がされた事案について、判例は、遺言の趣旨等から、特段の事情のない限り、相続人間においてはCが相続債務もすべて承継したと解されるとしています（最判平成21・3・24金融・商事判例1331号42頁）。

Aに対する消極財産は融資金8,000万円、積極財産は不動産1億円と預金2,000万円ですから、特段の事情がなければ、Cが相続財産1億2,000万円および相続債務8,000万円をすべて承継することになります。

(2) 遺言の債権者に対する効力

遺言による相続債務についての相続分の指定があっても、債権者（金融機関）の関与なくされたものですから、相続人間においては有効ですが、金融機関に対してはその効力は及びません。金融機関がこの遺言を承認しなければ、各相続人は各法定相続分に従った相続債務の履行義務を負います（民法902条の2本文）。しかし、金融機関が共同相続人の1人に対してその指定された相続分に応じた債務の承継を承認すれば、Cのみが相続債務の全部の履行義務を負うことになります（同条ただし書）。

② 遺留分の侵害額と遺留分侵害額請求権

前掲最高裁平成21年3月24日判決は、共同相続人のうちの1人に対して財産全部を相続させる旨の遺言がされ、当該相続人が相続債務もすべて承継したと解される場合、遺留分の侵害額の算定においては、遺留分権利者の法定相続分に応じた相続債務の額を遺留分の額に加算することは許されないとしています。

質問の場合、B・Dの遺留分侵害額は、①遺留分算定の基礎となる財産額＝財産価額1億2,000万円－債務8,000万円＝4,000万円に、②遺留分の額（Bの遺留分額＝4,000万円×遺留分割合2分の1×法定相続分2分の1＝1,000万円、Dの遺留分額＝4,000万円×遺留分割合2分の1×法定相続分4分の1＝500万円）から、③B・Dが相続によって得た財産の額（B・Dいずれもゼロ）を控除し、④B・Dが負担すべき相続債務の額を加算して算出します（ただし、B・Dの法定相続分に応じた相続債務の額を遺留分の額に加算することは許されない）。

したがって、Bの遺留分侵害額は1,000万円であり、Dの遺留分侵害額は500万円ですから、B・Dから遺留分侵害額の請求がなされた場合、Cの相続財産は、1億2,000万円－1,500万円＝1億500万円となり、一方で相続債務は8,000万円となります。

第4章

融資債権の管理

遺言による債務についての相続分の指定

融資先Ａ（融資残高 6,000 万円）について相続が開始
したので、その相続人（子Ｂ・Ｃ・Ｄ）のうちＤから法定相
続分 2,000 万円の弁済を受けました。ところが、その後
遺言書が発見され、同遺言書には甲金融機関の借入れ
6,000 万円については全額をＣに承継させる旨が記載さ
れていました。この遺言を承認した場合、どのように権利
行使できるのでしょうか。また、Ｄの弁済の効力はどうな
るのでしょうか。

Ｄからの弁済受領後に、甲が指定相続分に応じた債務の承
継を承認することは可能であり、Ｄの弁済の効力に何ら
影響は及びません。ただし、甲は、Ｃに対しては残債権 4,000
万円全額につき権利行使できますが、Ｂに対しては何ら請求す
ることはできません。

◉**解説** EXPLANATION

1 債務の相続分の指定と法定相続分の権利行使

　遺言により債務について相続分の指定がされた場合であっても、相続債
権者は、各共同相続人に対して法定相続分に応じてその権利を行使するこ
とができます（民法 902 条の 2 本文）。これは、債権者との関係では、債
務者である遺言者に債務の承継方法を決定する権限を認めることは相当で
ないためであり、判例（最判平成 21・3・24 金融・商事判例 1331 号 42 頁）
の考え方が明文化されたものと考えられます。

2 法定相続分の権利行使後の指定相続分承認の可否

　民法902条の2ただし書は、相続債権者が指定相続分に応じた債務の承継を承認したときは、指定相続分に応じた権利行使ができるものとしていますが、相続債権者が指定相続分に応じた債務の承継を承認することができる時期等について特に制限を設けていません。

　したがって、相続債権者は、法定相続分に応じた権利行使をした後でも、指定相続分に応じた債務の承継を承認することができ、この場合にすでになされた法定相続分に応じた弁済等の効力には何ら影響は及ばないものと考えられます。

　したがって、質問の場合、甲の借入れ6,000万円全額をCに承継させる旨の遺言がされていた場合でも、甲は各共同相続人に対して法定相続分に応じて権利行使ができるので、Dからの2,000万円の弁済は有効です。

　また、Dからの弁済受領後に、甲が指定相続分に応じた債務の承継を承認することは可能であり、承認したとしてもDの弁済の効力に何ら影響は及びません。ただし、甲は、指定相続分に応じた権利行使しかできなくなるので、Cに対しては残債権4,000万円全額につき権利行使することができますが、Bに対しては何ら請求することはできません。

　なお、DはCに対し、自己の負担部分を超える2,000万円について求償することができるものと考えられます。

被相続人の賃貸住宅ローン自動振替口座の事故登録（口座凍結）解除

Q67

賃貸住宅ローンの融資先Ａの死亡に伴い、同ローンの自動振替口座の事故登録をしたところ、共同相続人の1人から事故登録解除の依頼がありました。どう処理したらよいでしょうか。

事故登録解除については、後日のトラブル回避のため必ず共同相続人全員の承諾を得るようにします。

ANSWER

◉ **解説** EXPLANATION

1 金銭消費貸借契約書上の自動振替特約条項の効力

賃貸住宅ローン等の金銭消費貸借契約の場合、当該ローンの特約条項の中に、「①債務者は、この契約に基づき負担する債務を返済するため、約定返済額以上の金額を約定返済日の前日までに指定預金口座に入金する、②金融機関は約定返済日に自動引き落としのうえ、この債務の返済に充当することができる」といった自動振替条項が明記されています。

この条項は、金融機関の債権回収の便宜等を目的とするものであり、債務者の委託による債務者の利益のみのための条項ではないため、債務者により一方的に解除できるものではなく、債務者の死亡によっても当然に終了するものではないと考えられます。したがって、債務者の死亡後においても指定口座の残高を限度に事務処理（自動振替）を継続できるものと考えられます。

2 相続開始後の家賃の帰属と事故登録解除

(1)　所有者死亡後の家賃の帰属

賃貸住宅の所有者Ａが死亡すると、Ａ名義の指定口座の残高も遺産として相続されますが、その後に振り込まれる家賃は遺産に含まれません。

(2)　遺産分割協議成立までに発生した家賃の帰属

相続開始後から遺産分割協議が調うまでの間に指定口座に振り込まれる家賃については、各共同相続人が共同相続した賃貸住宅の各法定相続分に応じて分割単独債権として確定的に取得し、その後にされた遺産分割の影響を受けません（最判平成17・9・8金融・商事判例1235号39頁）。

つまり、遺産分割協議において共同相続人の1人が賃貸住宅を単独所有とすることで合意し、相続開始時にさかのぼってその所有権を取得したとしても、相続開始後の賃料債権は、相続開始時にさかのぼって当該相続人1人に帰属するのではなく、共同相続人が相続開始時の各法定相続分に応じて分割単独債権として確定的に取得します。

(3)　賃貸住宅ローンの事故登録解除

賃貸住宅ローン債務は、共同相続人が相続開始時に各法定相続分に応じて分割承継し、その後に遺産分割協議が調い1人の相続人が承継することになったとしても、それまでの間は法定相続の状態が継続されます。

遺産分割協議が調うまでの間に賃借人から振り込まれた家賃は、各相続人の分割単独債権となりますが、これを共同相続した自動振替口座に受け入れて共同相続した賃貸住宅ローンの約定返済に充当することは可能と考えられます。ただし、振込の受入れに際しては、仕向銀行に受取人死亡の旨を告げて受入れの可否を打診する必要があります。また、当該約定返済や事故登録解除等については、後日のトラブル回避のため、必ず共同相続人全員の承諾を得るようにします。

第**5**章　保証債権の管理

CHAPTER

保証契約の種類

　保証契約とはどのようなものですか。また、保証契約にはどのようなものがありますか。

保証契約は、債権保全目的の人的担保であり、特定債務を保証する特定保証と不特定債務を保証する根保証があり、さらに普通保証と連帯保証があります。

● **解説** EXPLANATION

1 保証契約

　保証契約は、債権保全目的の人的担保であり、金融機関は、融資債権等の債権保全のため、保証契約を締結することにより保証人（自然人または法人）に対して保証債権を取得します。

　通常の場合、借入申込人が保証人予定者に保証の委託（保証の依頼）をし、金融機関は、借入申込人との間で融資契約を締結するとともに、保証人予定者との間で保証契約を締結します。なお、借入債務者と保証人との間には保証委託契約が成立します。

2 特定保証・根保証と付従性

　特定保証とは、たとえば、令和○年○月○日付の融資金○○○円という

特定の債務のみを保証する保証契約であり、当該特定の被保証債務が弁済等により消滅すると、保証債務も付従性により消滅します。

　これに対して、根保証とは、たとえば、金融機関との取引によって生ずる不特定の債務について、極度額を定めて保証する保証契約であり、元本確定前に被保証債務が弁済等により消滅しても、根保証契約は当然には消滅しません。つまり、元本確定前の根保証契約は付従性が否定されますが、元本確定後の根保証については、被保証債務が消滅すれば付従性により当該根保証も消滅します。

3　普通保証と連帯保証

(1)　保証債務の「補充性」と「催告の抗弁権」・「検索の抗弁権」

　保証債務について民法は、「保証人は、主たる債務者がその債務を履行しないときに、その履行する責任を負う」（同法446条1項）と規定しています。つまり、保証人の責任は主債務者の責任を補充するものであり、これを保証債務の補充性といいます。

　催告の抗弁権（同法452条）とは、債権者が保証人に債務の履行を請求した場合、「まず主債務者に催告せよ」と主張して保証債務の履行を拒絶できる権利です。また、検索の抗弁権（同法453条）とは、保証人が、主債務者に支払資力があることを証明した場合は、債権者は、まず主債務者の財産を執行しなければならないというものです。

　普通保証の保証人が有する以上の権利・義務のうち、連帯保証人には、催告の抗弁権・検索の抗弁権は認められていません（同法454条）。また、連帯保証人には補充性も認められません。

(2)　分別の利益

　普通保証人が複数いる共同保証の場合、共同保証人はそれぞれ債権者に対し平等の割合で分割した額について保証債務を負いますが（分別の利益。民法456条）、連帯保証人にはこの分別の利益は認められないものと解され、連帯保証人は債権者に対して、各自が主債務全額につきその保証責任を負います（大判大正6・4・28民録23輯812頁）。

保証契約の要件

Q 69

　保証契約書上の保証人の筆跡が本人ではなく、保証人の都合により第三者が署名・押印を代行したことがわかりました。保証契約の効力はどうなりますか。

保証契約書上の保証人欄の署名・押印が保証人本人のものでなくても、保証人の保証意思に基づくことに相違なければ、保証契約の効力が認められます。ただし、客観的に証明できるようにしておくことが必要です。

◉ **解説** EXPLANATION

１ 要式行為と問題点

　民法446条2項は、「保証契約は、書面でしなければ、その効力を生じない」と定めていますが、この点、保証契約書の署名者が保証人自身ではなかった場合、あるいは保証文言が明記されていなかった場合などにおいて、当該保証契約が有効といえるのか問題とされることがあります。

２ 署名者が第三者の場合

　保証人（債務者の配偶者）が、保証契約書に署名・押印したことはなく、債権者の従業員から保証意思を確認する電話を受けた事実もないとして、保証契約の成立を争った事案において、東京高裁は、保証契約書に保証人自身が自署していなくても、保証人となろうとする者が保証契約書の作成に主体的に関与した場合や、その他その者が保証債務の内容を了知したうえで債権者に対して書面で明確に保証意思を表示した場合に限り、保証契

約の効力を生ずるものとしています（東京高判平成24・1・19金融法務事情1969号100頁）。

すなわち、保証契約が有効と認められるのは、保証債務の内容が明確に記載された保証契約書または保証契約の申込もしくは承諾の意思表示が記載された書面上に、保証人となろうとする者が、①署名または記名して押印することにより書面を作成した場合、②保証債務の内容を了知したうえで、他の者に指示ないし依頼して署名ないし記名・押印の代行をさせることにより書面を作成した場合、③保証債務の内容を了知したうえで、債権者に対して書面で前記と同視しうる程度に明確に保証意思を表示したと認められる場合などです。

本件事案においては、債権者の従業員が作成した電話記録に保証人の保証意思を確認した旨の記載があるものの、①当該従業員と電話に出た女性との間での具体的なやりとりが明らかでないこと、②保証人が電話を受けたことがない旨を供述していること、③前記①②から電話に出た女性が保証人本人ではない懸念があること、④電話の際、保証契約書を作成することや保証人名義の署名・押印を債務者等に代行させる話がされた形跡はないこと、⑤保証人が保証契約書の作成を承諾しながらその署名を債務者に代行させたり、債務者の使用していた認め印で代行させる理由も見当たらないことなどから、保証契約が書面によってなされたものとはいえないとして、保証契約の効力を否定しています。

3 実務上の留意点

前記の裁判例の考え方によれば、保証契約書上の保証人欄の署名・押印が保証人本人のものでなくても、保証人の保証意思に基づくことに相違なければ保証契約の効力が認められます。ただし、保証人以外の者が署名を代行した場合は、保証人本人から、保証契約書は第三者が署名・押印を代行したものであることや署名等の代行の理由、保証意思があることに相違ないことなどについて詳細に記載された念書等を徴求し、後日裁判上の争いになった場合等に証明できるようにしておくべきです。

個人貸金等根保証契約と取扱上の留意点

Q 70

個人貸金等根保証契約とはどのようなものですか。また、取扱上の留意点は何ですか。

　個人が借入債務等の個人貸金等根保証人となる場合は、極度額の定めがなければ無効となり、元本確定期日の定めは契約締結日から５年を経過する日以内でなければなりません。さらに、一定の事由が発生すると主債務の元本が確定するので、これらの点に特に注意すべきです。

◉ **解説** EXPLANATION

１ 個人貸金等根保証契約と特約すべき条項等

　個人貸金等根保証契約とは、個人が借入金債務等の根保証人となる場合の限定根保証契約であり、民法465条の２以下にその要件等が定められています。

(1) 極度額の定め

　個人貸金等根保証契約の極度額について書面で定めなければ、貸金等根保証契約の効力は生じません（民法465条の２第２項・３項）。また、この極度額は、主債務の元本のほか利息、違約金、損害賠償等の全部を含む金額でなければならず、根保証人は、極度額を超える責任を負担することはありません（同条１項）。

(2) 元本確定期日の定め

　元本確定期日の定めは、個人貸金等根保証契約締結日から５年を経過する日以内としなければならず、５年を経過する日より後の日とした場合の

確定期日は無効であり、元本確定期日の定めがない個人貸金等根保証契約となります（民法 465 条の 3 第 1 項）。

　個人貸金等根保証契約は、元本確定期日を定めなくても無効とはなりませんが、この場合は契約締結日から 3 年を経過する日に元本が確定します（同条 2 項）。

⑶　元本確定期日の変更契約

　元本確定期日の自動更新条項は無効です。ただし、元本確定期日の到来時に、そのつど確定期日を変更することはできます。また、変更後の元本確定期日は、変更日から 5 年を経過する日以内でなければ無効となります（民法 465 条の 3 第 3 項）。

　ただし、変更日から 5 年を超える日を元本確定期日とした場合でも、その変更日が元本確定期日の前 2 か月以内であり、変更後の元本確定期日が変更前の元本確定期日から 5 年以内であれば、当該変更契約は有効です（同項ただし書）。

2　個人貸金等根保証契約の元本確定事由

　元本確定期日の定めの有無にかかわらず、以下のような一定の元本確定事由が発生した場合は、主債務の元本は確定します（民法 465 条の 4 ）。

①　債権者が、主債務者または保証人の財産について強制執行または担保権実行を申し立てたとき（ただし、強制執行や担保権実行の手続開始があったときに限られる）

②　債務者または保証人が破産手続開始の決定を受けたとき

③　債務者または保証人が死亡したとき

第5章

保証債権の管理

Q 71 個人貸金等根保証の元本確定前の被保証債権に対する随伴性の有無

個人貸金等根保証の元本確定期日到来前に、金融機関が被保証債権の一部を第三者に譲渡した場合、根保証人は、当該第三者に対して保証債務の履行義務を負うのでしょうか。

根保証契約の被保証債権を譲り受けた第三者は、その譲渡が元本確定期日前にされた場合であっても、当該根保証契約の当事者間に別段の合意がない限り、根保証人に対し、保証債務の履行を求めることができます。

◉ **解説** EXPLANATION

1 個人貸金等根保証契約の保証人の責任

個人貸金等根保証契約の元本確定前においては、被保証債務が発生・消滅を繰り返して確定しないため、保証人の保証責任も確定しません。しかし、元本確定期日の到来や元本確定事由の発生等により被保証債務の元本が確定すると、保証人は、確定元本とこれに対する利息・損害金についてのみ、極度額を限度に保証責任を負うことになります。

2 根保証債権の被保証債権に対する随伴性

(1) 元本確定後の場合

個人貸金等根保証の元本確定後に被保証債権が債権者から第三者に譲渡された場合、根保証債権についても第三者に移転します。つまり、随伴性が認められます。

(2) 元本確定前の場合

個人貸金等根保証の元本確定前に被保証債権が債権者から第三者に譲渡された場合、根保証債権についても第三者に移転するかについては、学説では肯定説と否定説に分かれていましたが、最高裁は、「被保証債権を譲り受けた者は、その譲渡が当該根保証契約に定める元本確定期日前にされた場合であっても、当該根保証契約の当事者間において被保証債権の譲受人の請求を妨げるような別段の合意がない限り、保証人に対し、保証債務の履行を求めることができるというべきである」と判示し、元本確定前であっても、根保証債権は被保証債権に対する随伴性を有する旨を明らかにしました（最判平成 24・12・14 金融・商事判例 1415 号 10 頁）。

3 実務上の留意点

前掲最高裁平成 24 年 12 月 14 日判決は、元本確定前の根保証の随伴性を認めるとともに、元本確定前でも（主債務が履行されないときは）保証履行を請求することができるとしています。この点、個人貸金等根保証契約を締結するに際しては、元本の確定前でも主債務が履行されないときは、根保証人に対して保証履行を請求することがあることを十分に説明する必要があります。

> ──<参考> 元本確定前の根抵当権の場合──
>
> 元本確定前の根抵当権の場合、民法 398 条の 7 第 1 項は、「元本の確定前に根抵当権者から債権を取得した者は、その債権について根抵当権を行使することができない」と定めており、元本確定前に被担保債権が債権者から第三者に譲渡されたとしても、根抵当権は、債権者から当該第三者に移転しないものとし、随伴性を否定しています。

第 5 章 保証債権の管理

Q 72　各種ローンの返済条件緩和と保証人の同意

　　延滞中の消費者ローンについて、円滑に回収するためには返済条件の緩和をせざるを得ないと考えています。しかし、連帯保証人は、これに同意してくれません。どのように対応すればよいでしょうか。

　　　返済条件緩和の効力は、保証人の同意の有無にかかわらず、保証債務に及びます。ただし、連帯保証人の同意を得ないで返済条件緩和を行った場合は、条件緩和を行った旨を連帯保証人に通知することが不可欠です。なお、主債務の履行状況に関する情報提供義務や、主債務者が期限の利益を喪失した場合の情報提供義務にも、留意が必要です。

◉ **解説** EXPLANATION

1　主債務の返済条件緩和と保証債務の付従性

(1)　保証債務の付従性

　保証は主債務を担保することが目的ですから、主債務の存在はその成立要件であり、主債務が無効であったり取り消されたりすると、保証債務もその効力を失います。これを保証債務の付従性といいます。

(2)　主債務の返済条件等の変更と保証債務への影響

　主債務が同一性を失うことなく返済条件や期限などを変更すると、保証債務の付従性により、保証債務は原則として主債務と同じ内容に変更されます。ただし、民法448条は、「保証人の負担が債務の目的又は態様において主債務より重いときは、これを主たる債務の限度に減縮する」としており、保証債務は主債務より重くなることはなく、保証債務の内容の変更は、保証人に有利な方向で主債務の減縮のみに連動することになります。

したがって、主債務の変更が債務を加重または拡張するものである場合には、これに同意していない保証人の保証債務は当然には変更されません。

(3)　主債務の条件緩和等と保証人の責任

条件緩和の内容が、返済期限の延期や分割返済額の減額であれば、債務者は期限の利益や返済負担の軽減という恩恵を受けることになります。

そして、保証債務もまた、主債務の変更に連動して期限の利益や返済負担の軽減という恩恵を受けることになるため、このような主債務の条件緩和の効力は、保証人の同意の有無にかかわらず保証債務に及ぶことになります。

したがって、返済条件を緩和することは、連帯保証人にとっても利益となる旨を説明すべきでしょう。また、連帯保証人の承諾を得ずに主債務の条件緩和に応じる場合は、後日のトラブルを避けるため、主債務の条件緩和によって保証債務も緩和された旨を連帯保証人に通知すべきです。

2　主債務の履行状況に関する情報提供義務

保証人（法人を含む）が主債務者の委託を受けて保証した場合において、保証人からの請求があったときは、債権者は保証人に対し、遅滞なく、主債務の元本、利息、違約金、損害賠償その他の債務に対するすべてのものについての不履行の有無、残額およびそのうち履行期限が到来しているものの額に関する情報を提供しなければなりません（民法458条の2）。

3　主債務者が期限の利益を喪失した場合の情報提供義務

主債務者が期限の利益を喪失したときは、債権者は、個人保証人に対し、その喪失を知った時から2か月以内に、その旨を通知しなければなりません（民法458条の3第1項・3項）。この義務を怠った債権者は、通知を現にするまでに生じた遅延損害金について保証履行を請求できなくなります（同条2項）。

根抵当権設定者兼根保証人の判断能力低下

Aに対する融資について、Aの実父Bが根抵当権を設定し根保証人となっています。最近、Bが認知症を発症しましたが、どのように対応すればよいでしょうか。

Bとの根抵当権設定契約や根保証契約が有効に成立した後に、Bが意思能力や行為能力を喪失したとしても、根抵当権設定契約等の効力が問題となることは原則としてありません。ただし、根保証債権の担保価値は低下するため、保全の見直しが必要です。

◉ **解説** EXPLANATION

1 根抵当権設定者の能力喪失と根抵当権の効力

金融機関と担保提供者Bとの根抵当権設定契約により根抵当権が有効に成立すれば、その後にBが意思能力や行為能力を喪失したり、あるいは死亡したとしても、その担保価値に何ら影響はありません。また、根抵当権設定者Bのこれら変動事由は元本確定事由でもないため、根抵当権者は、元本確定前の根抵当権として引き続き利用することが可能です。

2 個人貸金等根保証契約の根保証人の能力喪失と根保証の効力

Bの能力喪失は元本確定事由ではないため、元本確定期日の到来や元本確定事由（民法465条の4）が発生するまでは根保証は存続します。

Q 74 保証人の相続開始と保証債務の承継

保証人が死亡し相続が開始した場合、保証債権はどうなるのでしょうか。

保証債権は可分債権と解され、保証人の死亡と同時にその相続人が法定相続分に応じて当然に分割承継します。

◉ **解説** EXPLANATION

1 相続による債務の承継

相続人は、相続開始の時から、被相続人の財産に属したいっさいの権利・義務を承継し（民法896条）、共同相続の場合、各共同相続人は、その法定相続分に応じて被相続人の権利・義務を承継します（同法898条・899条）。

2 共同相続と保証債務の分割承継

保証債務などの可分債務は、被相続人が死亡した時に当然に分割され、共同相続人がその各法定相続分に応じて承継しますので（最判昭和29・4・8民集8巻4号819頁）、各相続人に対して法定相続分のみしか請求できないことになります。このため、免責的債務引受または併存的債務引受をする方法などにより、特定の相続人に債務を一本化する対応がとられています。

経営者以外の第三者を保証人とする場合の留意点

Q 75

A社に対する事業資金融資について、代表者BのほかBの支援者であるC（A社の経営には何ら関与していない）が自発的に連帯保証人となることになりました。このような場合、どのように対応すべきでしょうか。

保証契約締結日前1か月以内に「保証意思宣明公正証書」の作成が必要であり、同公正証書がない場合には、当該個人保証は無効となります。その他の対応については、解説に記載のとおりです。

◎**解説** EXPLANATION

1 事業資金融資の個人保証と公正証書の作成

事業のために負担した貸金等債務を主たる債務に含む保証契約・根保証契約であって、個人が保証人になる場合には、契約締結日前1か月以内に「保証意思宣明公正証書」の作成が必要であり、同公正証書がない場合には、当該個人保証は無効となります（民法465条の6第1項）。

ただし、保証が、以下のようないわゆる経営者保証またはこれに準ずる保証の場合には、同公正証書の作成は不要となります（同法465条の9）。

【主債務者が法人の場合】

・主債務者の理事、取締役、執行役等

・主債務者の総株主の議決権の過半数を有する者

【主債務者が個人の場合】

・主債務者と共同して事業を行う者

・主債務者が行う事業に現に従事している主債務者の配偶者

質問の場合、Bについては保証意思宣明公正証書は不要ですが、Cについては必要となります。

❷ 保証委託契約締結時の受託者（保証人予定者）に対する情報提供義務

主債務者（委託者）は、事業のために負担する債務を主債務とする保証または主債務の範囲に事業のために負担する債務が含まれる根保証の委託をするときは、委託を受ける者に対し、所定の情報（主債務者の①財産・収支の状況、②主債務以外に負担している債務の有無ならびにその額・履行状況、③主債務の担保等の内容）を提供する義務があります（民法465条の10第1項・3項）。

主債務者がこの義務を怠ったことにつき、債権者（金融機関）が悪意または有過失の場合は、当該委託を受けた個人保証人は、当該保証契約を取り消すことができます（同条2項・3項）。

❸ 保証内容の説明と自発的意思に基づく申出の確認

質問の場合、Cに対しては、経営に関与していない場合でも保証債務を履行せざるを得ない事態に至る可能性があることについて特段の説明を行い、その他重要事項を適合性の原則を踏まえてわかりやすく詳細に説明したうえで、あわせて、保証人から説明を受けた旨の確認を行います。

そして、最終的な保証意思の確認として、各契約書類に保証人の署名・押印を受けますが、個人貸金等根保証約定書の極度額など、保証人に自書してもらうべき箇所は記載漏れのないようにしなければなりません。

なお、経営者以外の第三者を例外的に連帯保証人とすることができるのは、第三者が自発的に連帯保証人となる場合などに限られます。したがって、Cが自発的な意思に基づき連帯保証人となる旨の申出を行ったことが明確に記載され、Cの署名・押印がされた書面の提出を受けることが必要です。

第5章

保証債権の管理

Q 76 経営者保証に関するガイドラインの概要

経営者保証に関するガイドラインの内容はどのように
なっていますか。

経営者保証のあり方について、法人と個人が分離されてい
れば、経営者の個人保証を求めないこと、返済しきれな
い債務残額は、一定の条件を満たすことを条件として原則とし
て免除すること等を金融機関の対応として定めています。

◉ **解説** EXPLANATION

1 経営者保証に関するガイドライン制定の経緯等

経営者保証には、経営者への規律付けや信用補完として資金調達の円滑
化に寄与する面がある一方、経営者による思い切った事業展開や、早期の
事業再生等を阻害する要因となっているなど、さまざまな課題が存在します。

これらの課題を解消し中小企業の活力を引き出すため、「経営者保証に
関するガイドライン」(以下「ガイドライン」という)が定められました。
このガイドラインは、中小企業(主債務者)、経営者(保証人)および金
融機関(債権者)共通の自主的かつ自律的な準則として尊重され、遵守さ
れることが期待されています。

2 ガイドラインが求める経営者保証

ガイドラインが求める経営者保証のあり方は、第1に、法人と個人が明
確に分離されている場合などに経営者の個人保証を求めないこと、第2に、

多額の個人保証をしていても早期に事業再生や廃業を決断した際には、従来の自由財産99万円に加え、年齢等に応じて100万円から360万円の範囲で一定の生活費等を残すことや、華美でない自宅に住み続けられることなどを検討すること、第3に、保証債務の履行時に返済しきれない債務残額は原則として免除すること、などを金融機関の対応として定めていますが、次の3つの条件が必要です。①主債務者が倒産手続を行っている、または手続がすでに終結している、②金融機関にとって経済的な合理性が期待できる、③保証人において破産法上の免責不許可事由がないこと。

3 ガイドラインの対象と求められる経営状況

⑴　ガイドラインの対象

①主債務者が中小企業であること、②保証人が個人であり、主債務者である中小企業の経営者等であること、③主債務者である中小企業と保証人であるその経営者等が、弁済に誠実で、債権者の請求に応じて負債の状況を含む財産状況等を適切に開示していること、④主債務者と保証人が反社会的勢力でなく、そのおそれもないこと。

⑵　中小企業に求められる経営状況

① 　法人と個人の分離……融資を受けたい企業は、役員報酬・賞与・配当、オーナーへの融資など、法人と経営者の間の資金のやりとりを、「社会通念上適切な範囲」を超えないようにする体制を整備し、適切な運用を図る。

② 　財務基盤の強化……融資を受けたい企業は、財務状況や業績の改善を通じた返済能力の向上に取り組み、信用力を強化する。

③ 　適時適切な情報開示（経営の透明性の確保）……融資を受けたい企業は、自社の財務状況を正確に把握し、金融機関などからの情報開示要請に応じて、資産負債の状況や事業計画、業績見通しおよびその進捗状況などの情報を正確かつ丁寧に説明することで、経営の透明性を確保する。情報開示は、公認会計士・税理士など外部専門家による検証結果と合わせた開示が望ましい。

第5章

保証債権の管理

連帯債務の法的性質と特色

連帯債務の法的性質と特色はどのようなものですか。

77

連帯債務者が金融機関に対して負担する債務の内容は同一であり、各自が債務残高の100%を弁済する義務を負っています。

◉ **解説** EXPLANATION

1 連帯債務者の数だけ債務が存在

連帯債務者2人が、連帯債務である旨を特約して4,000万円を借り入れた場合は、各自が独立して同一内容の債務について全部（4,000万円）を履行すべき義務を負担します。

つまり、連帯債務者が2人の場合は、4,000万円の借入債務が2本存在し、連帯債務者間には主従の関係はありません。

2 連帯債務者に対する債権の内容と弁済による債務者の求償権

金融機関は、連帯債務者のうちの1人に請求し、または同時にもしくは順次に全員に対して請求することができ、請求額も各自に対し全額でも一

部でもよいとされています（民法 436 条）。

　また、連帯債務者の 1 人について、無効・取消の原因があっても、他の連帯債務者の債務の効力には影響を及ぼしません（同法 437 条）。

　さらに、連帯債務者の 1 人についてだけ担保や保証をつけることもできます。

　なお、連帯債務者 A・B のうち B が全部を弁済すれば A の債務も消滅し、B は A に対してその負担部分に応じた額について求償権を行使することができます（同法 442 条 1 項）。

連帯債務と連帯保証の相違点と選択

Q 78

　共稼ぎ夫婦のA・Bが共同で住宅を購入することになり、4,000万円の借入申込を受けました。借入可能額は、Aが2,800万円、Bが1,200万円です。この場合、A・Bを4,000万円の連帯債務者とすべきでしょうか。あるいは、2,800万円については主債務者A・連帯保証人Bとし、1,200万円についてはその逆とする方法を選択すべきでしょうか。

　　連帯債務と連帯保証とでは、債権担保の面においての効果にほとんど差異がなく、むしろ連帯保証のほうが債権管理面において容易です。したがって、債権管理上は、各借入限度額につき1人を主債務者とし、他方を連帯保証人とする方法が望ましいと考えられます。

◉ **解説** EXPLANATION

1 連帯債務と連帯保証の相違点

(1) 主従関係の有無による相違

　連帯債務には主従関係がないため、そのうちの1人について無効・取消原因があっても、他の債務者に対しては影響がありません（民法437条）。

　これに対し、連帯保証は主債務に付従する（同法448条）ため、主債務が無効・取消により消滅すると、保証債務も消滅します。

(2) 時効の完成猶予・更新の特則（民法457条・458条）による相違

　連帯保証の場合は、主債務者に対する履行の請求その他の事由（債務承認等）により、主債務につき時効の完成猶予・更新があると、保証人に対

しても時効の完成猶予・更新の効力が生じます（民法457条1項）。

　連帯債務の場合は、連帯債務者の1人について生じた事由は、更改・相殺・混同を除き、他の連帯債務者に対してその効力を生じません（相対的効力の原則。同法441条本文）。連帯債務者の1人について履行の請求、免除、時効の完成があっても、他の連帯債務者にその効力は及びません。

　なお、連帯保証人に対して履行の請求を行っても、主債務者に対する履行の請求の効力は生じません（同法458条（同法441条の準用））。したがって、金融機関としては、主債務者との間で「金融機関が連帯保証人に対して履行の請求をしたときは、主債務者に対しても履行の請求をしたものとする」との合意をあらかじめ行っておくことも検討すべきです（同法441条ただし書）。

⑶　負担部分の有無による相違

　連帯保証人の負担部分はゼロのため、委託を受けた保証人が保証債務の一部ないし全額を弁済すると、保証人は、弁済額全額につき主債務者に対して求償権を取得します（民法459条）。これに対し、連帯債務者の1人が債務の一部ないし全額を弁済した場合、他の連帯債務者に対して、連帯債務者各自の負担部分に応じた額の求償権を取得します（同法442条1項）。

⑷　随伴性の有無による相違

　債権譲渡の場合、連帯保証は主債務に対する随伴性があるため、主債務についてのみ債権譲渡の対抗要件を備えればよいのですが、連帯債務においては債務者全員について対抗要件を備えなくてはなりません。

2 連帯債務・連帯保証の選択基準

　連帯債務として融資を行った場合は、その後の①変更契約の際の取扱い、②時効の完成猶予・更新、③債務の免除、④債権譲渡等につき、債務者全員を相手に個別に債権管理を行う必要があるのに対して、連帯保証の場合は、時効の完成猶予・更新や債権譲渡などは原則として主債務について注意しておけばよく、連帯債務に比べてその管理が容易といえます。

信用保証協会の業務と信用保証協会保証の法的性質

　信用保証協会とは何ですか。また、信用保証協会による保証は、その法的性質において民法上の保証と違いはあるのでしょうか。

　信用保証協会の保証の性質は、民法上の連帯保証とされていますが、信用保証協会と金融機関との間で締結されている信用保証協会保証契約約定書（以下「約定書」という）には、旧債振替の制限や免責条項などが定められています。

◉ **解説** EXPLANATION

1 信用保証協会

　信用保証協会は、中小企業金融の円滑化を目的として設立された公営法人であり、金融機関の中小企業に対する融資について、債務者の委託を受けて金融機関に対して信用保証を行うことを業務としています。

2 信用保証協会保証の法的性質

　信用保証協会の保証の性質は、民法上の連帯保証であるとされていますので、信用保証協会と金融機関との間で締結されている約定書などを除いて民法が適用されます。

（1）　債務者と信用保証協会の関係

　債務者と信用保証協会の間には保証委託関係がありますが、この委託の

内容を定めたものが「信用保証委託契約書」であり、信用保証協会が金融機関に対して代位弁済した場合に取得する債務者に対する求償権に関する定めなどが特約されています。

(2)　金融機関と信用保証協会の関係と旧債振替の制限

　信用保証協会と金融機関との約定書によれば、個々の保証については信用保証協会から金融機関に宛てて「信用保証書」が交付されることによって成立し（同約定書1条）、金融機関が当該「信用保証書」に基づき融資を実行した時に保証契約の効力が生じます（同約定書2条）。

　また、金融機関の既存債務を信用保証協会保証付融資で返済することを「旧債振替」といい、原則禁止扱いとなっています（同約定書3条）。金融機関が信用保証協会の承諾を得ないで旧債振替を行った場合は、当該旧債振替部分について免責扱いとなり、悪質な場合は旧債振替部分だけでなく当該信用保証協会保証付融資全部について免責扱いとなります。

　なお、旧債振替によって中小企業の返済負担が軽くなったり、資金繰りが楽になるなどのメリットがある場合に、例外的に旧債振替が認められる場合がありますが、信用保証協会の事前承諾が条件となります。

第5章

保証債権の管理

Q 80 信用保証協会保証付融資先の倒産と債権回収上の留意点

信用保証協会保証付融資先が倒産した場合、融資債権の回収に際して注意すべき点は何でしょうか。

A
NSWER

　信用保証協会保証付融資金がある場合、当該融資債権はもちろん、保証付でない割引手形が不渡りとなった場合も、信用保証協会と事前協議をしたうえで預金相殺や不渡異議申立預託金への仮差押え等の措置をとる必要があります。

◉ **解説** EXPLANATION

1 信用保証協会保証付債権の保全・取立義務

　信用保証協会との保証取引については、一般の保証以上に債権者たる金融機関に重い保全・取立義務を課しています。

　たとえば、①金融機関は、常に被保証債権の保全に必要な注意をなし、債務履行を困難とする事実を予見し、または認知したときは、遅滞なく信用保証協会に通知し、かつ適当な措置を講ずるものとすること（信用保証協会保証契約約定書（以下「約定書」という）9条1項）、②金融機関は、被保証債権について債務者に対して期限の利益を喪失せしめたときは、直ちに信用保証協会に通知するものとすること（同条2項）、③金融機関は、債務者が被保証債権の履行期限に履行しない場合には、信用保証協会の保証していない債権の取立と同じ方法をもって、被保証債権の取立をなすものとすること（同条3項）、としています。

　また、これらの義務違反が金融機関の故意もしくは重大な過失によるも

ので、その結果、被保証債権の全部または一部の履行を受けることができ
なかったときには、信用保証協会は、金融機関に対し保証債務の全部また
は一部を免責されることが定められています（同約定書 11 条 3 項）。

　保全措置としては、担保の保存義務（民法 504 条）、時効の完成猶予・
更新措置、保証条件、保証人等に対する意思確認、および事情変更に対す
る必要な保全措置と信用保証協会への通知などがあげられます（江口浩一
郎「保証協会に対する金融機関の権利と義務」金融法務事情 837 号 22 頁）。

　また、取立措置としては、督促、弁済受領、預金相殺、破産法・民事再
生法・会社更生法等の適用を受けた場合の債権の届出、および不渡手形の
異議申立預託金に対する仮差押えなどがあげられます（同「保証債務の消
滅」金融法務事情 854 号 35 頁）。

　要するに、信用保証協会保証付融資であってもプロパー融資（信用保証
協会が保証していない債権）の場合と同様のレベルでの管理・回収義務が
求められており、金融機関は、この義務履行を前提に最終的な回収不能額
について代位弁済を請求することができます。

② 不渡異議申立預託金への仮差押え

　割引手形が契約不履行等の事由により不渡返却され、不渡異議申立預託
金が預託されていることが判明した場合は、信用保証協会と協議のうえ、
原則として、その返還請求権につき仮差押えの手続をとる必要があります。

③ 割引手形買戻請求権と預金相殺の可否

　不渡異議申立預託金を仮差押えした場合は、債務名義の取得、不渡異議
申立預託金の差押えおよび取立等の手続を踏んで手形金の回収等が終わ
り、回収不能額が確定するまで、預金相殺は原則として留保せざるを得ま
せん。

　なお、預金に対して第三者による差押え・転付等がなされ、当該第三者
により逆相殺されるおそれがあるなど、預金相殺を急がなければならない
場合は、信用保証協会とよく協議して対応すべきでしょう（Q 129 参照）。

第5章

保証債権の管理

信用保証協会保証付融資とプロパー債権等との優劣

Q 81　　金融機関のプロパー融資等を担保する根抵当物件を任意処分して、被担保債権である信用保証協会保証付融資とプロパー債権等を回収する際に、プロパー債権等を優先的に回収できるでしょうか。

信用保証協会との事前協議あるいは事前承諾が必要です。信用保証協会の承諾なしにプロパーの債権等を優先回収した場合は、取立充当義務違反あるいは担保保存義務違反を問われ、免責を主張されるおそれがあります。

◉ **解説** EXPLANATION

1 一律同順位扱いとする方法

　　信用保証協会保証付融資債権（以下「被保証債権」という）の保全・取立に関して信用保証協会との間で締結されている信用保証協会保証約定書9条は、信用保証協会が保証していない（以下「プロパー」という）債権等の取立と同じ方法をもって、被保証債権の取立をしなければならないと規定し、被保証債権につきプロパー債権等と同等の取立義務を金融機関に課しています。

　　この基準に従えば、担保処分による回収の場合も、被保証債権を含む被担保債権すべてについて、一律同順位扱いで処理することになります。

2 預金相殺の取扱いに準じる方法

　　同一店舗における直接取引から生じたプロパー債権と被保証債権があり、これを預金相殺によって回収する場合は、原則としてプロパー債権を

優先的に相殺して、余剰分についてのみ被保証債権と相殺する取扱いが確立されています。

　ただし、間接取引から生じた支払人口債権、あるいは保証債権や僚店債権の場合は、逆に被保証債権を優先的に相殺しなければならないことになっています。

　被保証債権、プロパー債権、個人保証人等に対する保証債権があった場合、この預金相殺の基準に従えば、担保不動産の売却代金を①プロパー債権、②被保証債権、③保証人に対する保証債権の順序で充当することになります。

3 根抵当債務者との同一店舗内における直接取引によって生じたプロパー債権に優先充当する方法

　金融機関と保証人との保証契約によって成立した債権は、直接取引によって生じたプロパー債権です。このような保証債権も、根抵当権の被担保債権であることが判例によって認められており（最判平成5・1・19金融・商事判例918号3頁）、処分代金から優先的に充当されるべきであるという考え方です。

4 実務対応策

　信用保証協会との事前協議あるいは事前承諾なしに、被保証債権よりプロパーの融資債権や保証債権を優先回収した場合は、取立充当義務違反あるいは担保保存義務違反を問われ、免責を主張されるおそれがあるので、信用保証協会との事前協議等において金融機関としての考え方を明確に主張したうえで、個別事情に応じた現実的な解決策を探るほかないと思われます。

第5章

保証債権の管理

163

信用保証協会保証の「3号免責」

　金融機関と信用保証協会との基本約定書である信用保証協会保証契約約定書11条3号は、金融機関の故意もしくは重大な過失により、被保証債権の全部または一部が回収不能になった場合は、保証免責となるとしています。この「3号免責」とはどのような場合でしょうか。

　この規定は、信用保証協会の利益保護を図るため、民法に規定する担保保存義務違反や、催告・検索の懈怠による保証免責を拡張したものとされていますので、特に注意が必要です。具体的には解説に記載のとおりです。

◉ **解説** EXPLANATION

1 保証条件外の担保や保証人の解除ないし免除

　たとえ、信用保証協会の被保証債権が無担保扱いであったとしても、金融機関固有の根抵当権や根保証の被担保（保証）債権でもあるので、信用保証協会の承諾なしに担保抹消等に応じた場合は、担保保存義務違反による免責を主張されるおそれがあります。

　たとえば、倒産した融資先に対する与信と担保が、プロパー債権3,000万円、被保証債権（無担保扱い）2,000万円、根抵当権（極度額5,000万円）となっている場合に、プロパー債権3,000万円のみの返済を条件に信用保証協会の承諾を得ないで根抵当権を抹消すると、被保証債権2,000万円が無担保扱いであっても、担保保存義務違反による免責を主張されるおそれがあります。

② 倒産手続における債権届出

　信用保証協会の保証付融資先が破産、民事再生、会社更生、特別清算等の倒産手続に移行した場合は、原則として債権届出期日までに債権届出をする必要があります。特に、民事再生手続や会社更生手続では、債権届出期日までに届け出ないと失権するので注意が必要です。これに該当した場合は、３号免責を主張されるおそれがあります。

③ 不渡異議申立預託金に対する仮差押え

　割引手形が契約不履行などの事由により不渡返却され、支払金融機関に不渡異議申立預託金が預託されている場合は、支払金融機関が遠隔地である場合や、支払金融機関の反対債権と相殺されてしまうことが明白な場合を除いて、当該不渡異議申立預託金の返還請求権を仮差押えしなければならないことになっています。

　たとえ、この不渡手形を預金相殺で回収できる場合であっても、被保証債権が全部回収できない限り、仮差押えをする必要があります。これを怠った場合は、３号免責を主張されるおそれがあります。

　以上のような３号免責の規定からいえることは、被保証債権の管理回収については、プロパー債権と同様の注意義務をもってあたることが求められているということです。

第５章

保証債権の管理

165

主債務者が反社会的勢力と判明した場合の信用保証協会保証の効力

信用保証協会の保証付融資の債務者が事後的に反社会的勢力と判明した場合、当該保証は錯誤により無効とされるのでしょうか。

最高裁平成 28 年 1 月 12 日判決は、信用保証協会による保証の錯誤無効の主張は認められないと判示しています（金融・商事判例 1483 号 10 頁）。ただし、金融機関には、債務者が反社会的勢力ではないかを調査すべき義務があり、これを怠ると保証契約に違反したことになり、信用保証協会に免責を主張されるおそれがあります。

◉ **解説** EXPLANATION

1 事後的に反社会的勢力と判明した場合の保証の効力

前掲最高裁平成 28 年 1 月 12 日判決は、主債務者が反社会的勢力でないことを前提として保証契約を締結するという動機が表示されても、当事者（金融機関と信用保証協会）の意思解釈上、それが法律行為の内容とされたものと認められない限り、表意者（信用保証協会）の意思表示に要素の錯誤はないものと解すべきであると判示して、錯誤無効の主張を認めませんでした。

そして、信用保証協会保証の錯誤無効が認められない具体的理由について、以下のように説明しています。

(1) 「主債務者が反社会的勢力でないこと」は保証契約の内容となっていない

　保証契約は、主債務者がその債務を履行しない場合に保証人が保証債務を履行することを内容とするものであり、主債務者が誰であるかは同契約の内容である保証債務の一要素となるものであるが、「主債務者が反社会的勢力でないこと」はその主債務者に関する事情の1つであって、これが当然に同契約の内容となっているということはできないとしています。

(2)　主債務者が反社会的勢力であると判明した場合の定めが置かれていない

　金融機関と信用保証協会との信用保証協会保証契約約定書（以下「約定書」という）および各保証契約等（保証書等）に主債務者が事後的に反社会的勢力であると判明した場合の取扱いに関する定めが置かれていないことから、主債務者が事後的に反社会的勢力であると判明した場合に各保証契約の効力を否定することまでを金融機関および信用保証協会の双方が前提としていたとはいえない。そうすると、「主債務者が反社会的勢力でないこと」という信用保証協会の動機は、明示または黙示に表示されていたとしても、当事者の意思解釈上、これが各保証契約の内容となっていたとは認められず、信用保証協会の各保証契約の意思表示に要素の錯誤はないとしています。

②　金融機関の調査義務

　前掲最高裁平成28年1月12日判決は、金融機関および信用保証協会は、「約定書上の付随義務」として、あらかじめ相互に主債務者が反社会的勢力であるか否かについて、その時点において一般的に行われている調査方法等に鑑みて、相当と認められる調査をすべき義務を負うとしています。

　また、金融機関がこの調査義務を怠っていた場合は、約定書の免責約款である「金融機関が保証契約に違反したとき」（同約定書11条2号）に当たるため信用保証協会は保証責任を免責され、信用保証協会も調査義務を怠っていた場合は、その相互の調査義務違反の度合いによって免責の範囲が決定されるべきであるとしています。

主債務者が実体のない会社と判明した場合の信用保証協会保証の効力

Q84

信用保証協会保証付融資の主債務者が実体のない会社と判明した場合、信用保証協会は、錯誤無効または調査義務違反による免責を主張できますか。

最高裁平成28年12月19日判決は、信用保証協会による保証の錯誤無効の主張は認められないと判示しています（金融・商事判例1513号48頁）。ただし、金融機関は、債務者が中小企業者としての実体を有しているかあらかじめ調査すべき義務を怠ると保証契約に違反したことになり、信用保証協会は免責されます。

● **解説** EXPLANATION

① 主債務者が実体のない会社と判明した場合の保証協会保証の効力

前掲最高裁平成28年12月19日判決は、①信用保証協会制度の趣旨・目的、当事者の属性に照らし、主債務者が中小企業者の実体を有しないことが事後的に判明する場合が生じうることを想定して対応を採ることが可能であったが、そのような対応がされていなかったことから、②主債務者A社が中小企業者の実体を有するとの誤認が事後的に判明した場合に、保証契約の効力を一律に否定することまでを当事者双方が前提としていたとはいえず、当事者の意思解釈上、この点についての信用保証協会の動機が保証契約の内容となっていたとはいえないとして、同協会による保証契約の錯誤無効の主張を排斥しました。

② 金融機関における中小企業者の実体調査義務

　前記①の判決は、一般論として、金融機関には、信用保証に関する約定書に基づき、主債務者が中小企業者の実体を有するものであることについて、相当と認められる調査をすべき義務があるとし、信用保証協会は、金融機関がこの義務に違反したために中小企業者の実体を有しない者を主債務者とする融資について保証契約が締結されたことを主張立証して、本件免責条項に基づき、保証債務の全部または一部の責めを免れることができると判示しています。

　なお、前記実体調査義務の程度については、主債務者が反社会的勢力か否かについては高度な調査義務まで課されていないのに対し、中小企業者の実体の有無については、通常の融資審査の過程においても、その兆候を把握できる場合が少なくないと考えられ、金融機関が、通常行うべき審査を懈怠したり、把握すべき兆候を看過したような場合には、信用保証協会との関係で前記の調査義務違反が認められうるものと考えられます。

第**6**章 各種担保取引と管理

担保の目的物と担保物権

担保の目的物にはどのようなものがありますか。また、担保物権にはどのようなものがありますか。

担保の目的物には、土地・建物等の不動産、在庫商品等の動産、手形等の有価証券、預金債権等の各種債権などがあり、担保物権には、抵当権、質権、譲渡担保権などがあります。

◉ **解説** EXPLANATION

1 不動産と抵当権

土地（宅地、農地等）およびその定着物は不動産とされ（民法86条1項）、建物（住宅、事務所、倉庫、店舗等）は土地とは独立の不動産として扱われます。また、立木法上の立木は、登記により土地とは独立の不動産とみなされ、これらは抵当権の目的となります（立木ニ関スル法律2条）。

工場に属する土地および工作物や、機械、器具、電柱、電線、配置諸管、軌条その他の付属物などで組成した工場財団は1個の不動産とみなされ、工場抵当法により抵当権の目的となります。

2 動産と質権・譲渡担保権

不動産以外の物はすべて動産とされ（民法86条2項）、動産に対する担

保権には質権（同法 342 条以下）と譲渡担保権（動産及び債権の譲渡の対抗要件に関する民法の特例等に関する法律（以下「動産債権譲渡特例法」という）等）があります。目的物が在庫商品の場合は、設定者が在庫商品を占有・利用しながら事業活動を行う必要があるため、占有を要しない譲渡担保権を利用することが多くなります。動産の所有者が法人の場合は、動産債権譲渡特例法により担保取得することが可能です。

　なお、動産であっても、工場に属する土地や建物に備え付けられた機械器具その他工場の用に供する物については、工場抵当法により、当該土地や建物に対する抵当権の効力が及びます。また、航空機、船舶、自動車、建設機械などの登記・登録の制度のあるものについては、航空機抵当法等の特別法により抵当権の目的とすることができ、これを動産抵当ともいいます。

3 有価証券と質権・譲渡担保権

　手形、国債、公社債、株式、信託受益証券、指図証券、無記名証券などの有価証券も担保取得ができます。ただし、国債や株式、振替社債などのペーパーレス化された有価証券については、振替制度に基づいて質権または譲渡担保権により担保取得することができます。

4 各種債権その他の権利と質権・譲渡担保権

　担保取得できる債権には、預金債権や融資債権のほか、売掛金債権、請負代金債権、診療報酬債権、賃料債権、共済保険金請求権などがあり、これらを担保取得する場合は、質権または譲渡担保権が利用されます。

　以上のほか、地上権、鉱業権、採石権、温泉権、工業所有権（特許権、実用新案権、意匠権、商標権などがあり、知的財産権ともいう）、著作権・出版権、ゴルフ会員権など特殊な権利も担保取得することができます。また、電子記録債権法に基づく電子記録債権も、質権または譲渡担保権により担保取得することができます。

約定担保物権

約定担保物権にはどのようなものがありますか。また、
法的性質等はどのようなものでしょうか。

約定担保物権とは、当事者の契約によって成立する担保権
であり、質権と抵当権のほか、判例上認められている譲
渡担保があります。これらの法的性質等は、解説に記載のとお
りです。

◉ **解説** EXPLANATION

1 質 権

質権は、目的物を占有し、かつ目的物から優先弁済を受けることができ
る担保権であり（民法 342 条）、譲渡可能な物や財産権であれば、原則と
して目的物とすることができます（同法 343 条・362 条 1 項）。

質権の特色は、質権者が目的物を占有することにあり、当事者の合意の
ほか、原則として目的物の引渡しによって質権の効力が生じます（同法
344 条）。

また、設定者による目的物の代理占有は禁止され（同法 345 条）、質権
者は目的物を留置することができます（同法 347 条）。

ただし、預金債権等の各種債権を目的とする債権質の場合は、目的物の
引渡しを観念できないため、当事者の合意のみで質権の効力が生じます。

質権の第三者対抗要件は、動産の場合は目的物の継続占有であり（同法
352 条）、不動産の場合は登記です（同法 361 条）。預金債権等の債権質の

第三者対抗要件は、第三債務者への確定日付ある証書による通知または承諾ですが（同法364条・467条）、質権設定者が法人の場合は、質権設定登記により第三債務者以外の第三者に対抗することができます（動産債権譲渡特例法4条・14条）。

2 抵当権

　抵当権は、目的物たる不動産の占有を移転しないで優先弁済を受けることができる担保権であり（民法369条）、合意のみで成立する諾成契約です（同法176条）。また、設定者以外の第三者に抵当権の存在を対抗するには、不動産登記法その他の登記に関する法律による当該抵当権の登記・登録が必要です（同法177条）。

3 譲渡担保権

　譲渡担保権は、動産や各種債権などの財産権を債権担保の目的で譲り受け、弁済があった場合にそれを返還する形式の担保権であり、当事者の合意によって成立します。判例法上認められる非典型担保の一種です。

　第三者対抗要件は、動産の場合は引渡しと継続占有であり（民法178条・352条）、占有改定による占有も有効と解されています。設定者（譲渡人）が法人の場合は、譲渡登記による方法があります（動産債権譲渡特例法3条・7条）。

　有価証券の場合は動産と同様ですが、ペーパーレス化された有価証券については、振替制度に従って譲渡担保として担保取得します。

　不動産の場合は、登記原因を売買または譲渡担保とする所有権の移転登記です。

　売掛金債権等の各種債権の場合は、債務者への確定日付ある証書による譲渡通知または承諾ですが（同法467条）、設定者（譲渡人）が法人の場合は譲渡登記による方法があります（動産債権譲渡特例法4条・8条）。

法定担保物権

Q 87

法定担保物権にはどのようなものがありますか。また、その法的性質等はどのようなものでしょうか。

法定担保物権とは、一定の場合に法律上当然に成立する担保権であり、留置権と先取特権があります。法的性質については、解説に記載のとおりです。

◉ **解説** EXPLANATION

1 法定担保物権

法定担保物権とは、当事者の約定によることなく、一定の場合に法律上当然に成立が認められる担保権であり、留置権と先取特権があります。

2 留置権

留置権には、民法上の留置権（民法 295 条以下）と商法上の留置権（商法 521 条）があります。

民事留置権とは、他人の物の占有者は、その物に関して生じた債権を有し、かつ弁済期にあるときは、その債権の弁済を受けるまで、その物を留置することができるというものです（民法 295 条）。

商事留置権とは、商人間においてその双方のために商行為となる行為によって生じた債権が弁済期にあるときは、債権者は、その債権の弁済を受けるまで、その債務者との間における商行為によって自己の占有に属した

債務者の所有する物、または有価証券を留置することができるというものです（商法521条）。この商事留置権は、債権と留置物との個別的な牽連関係を要しないため、その及ぶ範囲が民事留置権より広くなります。

3 先取特権

先取特権（民法303条以下）は、一定の債権を保護するため、債務者の総財産あるいは特定の財産の上に特別の優先弁済権を認めるものです。

先取特権には、一般の先取特権と特別の先取特権があります。一般の先取特権は、共益費用、雇用関係、葬式費用、日用品の供給を原因とするものです。

特別の先取特権には、動産の先取特権と不動産の先取特権があります。前者は、不動産の賃貸、動産の保存・売買等を原因とするものであり、後者は、不動産の保存・工事・売買を原因とするものです。

第6章

各種担保取引と管理

事実上の担保

Q
88

事実上の担保にはどのようなものがありますか。また、
法的性質等はどのようなものでしょうか。

事実上の担保には、代理受領や振込指定などがあり、法律
上の担保権ではないものの、当事者間の契約により、事
実上の優先弁済を確保しようとするものです。ただし、正式担
保ではないため、法律上の第三者対抗要件を備えることができ
ないなどの限界があります。

◎ **解説** EXPLANATION

1 代理受領

代理受領とは、融資先が第三債務者（販売先等）に対して有する売掛金
債権等の債権につき、金融機関が代理人として受領する旨の委任を受け、
その支払期日に取立をして融資債権の弁済に充当する契約です。売掛金債
権や工事代金債権などの債権であれば質権や譲渡担保権等の正式担保とし
て取得できますが、譲渡制限の特約がありかつ第三債務者の承諾が得られ
ない場合に、その代用手段として利用されます。

代理受領契約の方法は、事前に第三債務者に代金取立の委任を受けてい
る旨を伝え、担保目的であることを明示し、債務者や他の第三者に直接支
払わないよう依頼してその承諾を得ます。そして、第三債務者がこの代理
受領を承諾したにもかかわらず、これに反する支払をしたために債権者（金
融機関）がその目的を達成できなかった場合は、債権者は不法行為による
損害賠償を請求できます（最判昭和44・3・4金融・商事判例159号14頁）。

2 振込指定

振込指定とは、融資先が第三債務者（販売先等）に対して有する売掛金債権等の債権の支払方法を金融機関の本支店にある融資先の預金口座への振込に限定し、その振込金を融資金と相殺する契約です。この振込指定も、正式担保として取得できない場合に利用されます。

振込指定契約の方法は、担保目的であることを明示のうえ、目的債権の履行方法を金融機関の本支店にある融資先の預金口座への振込指定に限定することについて第三債務者の承諾を得ます。

そして、第三債務者がこの振込指定を承諾したにもかかわらず、これに反する支払をしたために債権者がその目的を達成できなかった場合は、債権者は、当該第三者に対して不法行為による損害賠償責任を請求できます（福岡高判昭和 59・6・11 金融・商事判例 699 号 30 頁）。

代理受領や振込指定は第三者対抗要件を備えることはないため、目的債権が差押え等を受けた場合には、これに対抗することはできません。

抵当権の設定契約と実務上の留意点

Aに対する融資の担保として、B所有の不動産について抵当権の設定契約手続を行う場合、どのような点に留意すべきでしょうか。

担保提供者Bから納税証明書を徴求して滞納税金がないことを確認するとともに、融資実行前にあらかじめB所有不動産に抵当権の設定登記を行い登記簿で条件どおりに登記されたことを確認する必要があります。

◉ 解説 EXPLANATION

1 抵当権設定契約の成立と対抗要件

抵当権は、抵当権者と抵当権設定者の設定契約によって成立する諾成契約ですが（民法176条）、この抵当権を第三者に対抗するためには登記が必要です（同法177条）。

ただし、登記によって第三者に対抗できるものの、抵当権の被担保債権と租税債権との優劣については、法定納期限等を基準とし、法定納期限等以前に登記されている抵当権の被担保債権は租税債権に優先しますが（つまり、法定納期限等と抵当権の登記日が同日の場合は抵当権が優先する）、法定納期限等の後に登記されている場合は、租税債権に劣後するのが原則です（国税徴収法16条、地方税法14条の10）。

たとえば、担保提供者であるBが抵当権設定契約締結前に税金を滞納し

ていたとすると、後日、滞納処分による差押えがなされ、当該滞納処分による差押えの登記が抵当権設定登記後であったとしても、抵当権の登記日が滞納税金の法定納期限後の場合は、抵当権は当該滞納税金に劣後します。

　このような事態を防ぐためには、Bからあらかじめ納税証明書を徴求して、滞納税金がないことを確認すべきでしょう。

② 被担保債権に対する付従性と緩和

(1)　抵当権の付従性

　担保権は債権を担保することを目的とする権利ですから、被担保債権の存在しないところには担保権は存在しえず、被担保債権が消滅すれば担保権も当然に消滅します。このような担保権の性質を付従性といいますが、抵当権もこの付従性を有します。

(2)　融資実行前の抵当権の登記と付従性の緩和

　書面または電磁的記録による融資契約は、当事者の合意によってその効力が生じますが（民法587条の2）、融資の実行前には融資債権（被担保債権）は存在しないため、付従性を厳格に解釈すると、融資を実行する前に、あらかじめ抵当権の登記を受けることはできません。

　しかしながら、融資実行と同時に抵当権設定登記手続を行うと、他の債権者による仮差押えや滞納処分による差押え等の登記が抵当権設定登記に先んじてなされていたことが、後になって判明することがあります。

　融資実行前の抵当権の登記が有効か否かについては、諾成的（書面による）金銭消費貸借の成立を前提にして、金銭の交付を停止条件とする債権が発生していると見る立場など、近い将来確実に被担保債権が発生するのであれば、融資実行前の抵当権設定登記も有効とするのが通説・判例です（最判昭和33・5・9民集12巻7号989頁）。

　これを付従性の緩和といいますが、この考え方に従って、融資実行前にあらかじめ抵当権の登記を行うことができます。

Q 90 抵当権の効力の及ぶ範囲

抵当権の効力の及ぶ範囲について民法370条は、「その目的である不動産に付加して一体となっている物に及ぶ」と規定していますが、不動産に付加して一体となっている物とは、具体的にはどのようなものですか。

抵当権の効力が及ぶ不動産に付加して一体となっている物について、判例・学説では、付合物のほか従物も含まれるものとしています。

◎ **解説** EXPLANATION

1 付加一体物

抵当権の効力は「不動産に付加してこれと一体となっている物」に及ぶとしていますが（民法370条）、一般的には「付加一体物」と呼んでいます。

不動産に付合した物は、その不動産の構成部分となると考えられるので、抵当権の効力が及ぶと解することができます。つまり、付合物は付加一体物に含まれると解されるので、設定後に付加された物でも、不動産に付合している限りは抵当権の効力が及ぶと解されます。

たとえば、抵当不動産が土地の場合は、土地上の門扉やブロック塀、取り外しの困難な庭石や庭木などであり、建物の場合は、屋根板や壁紙、玄関ドア、床板など建物に付着して一体となっている物です。

2 従 物

土地の庭石や石灯籠、建物の畳・襖・障子や窓のサッシなどの従物に抵

当権の効力が及ばないとすると、当事者の意思ないし期待に反すると考えられます。また、従物（庭石・石灯籠、畳・襖・障子）は主物（土地、建物）の処分（抵当権の設定等）に従うので（民法87条2項）、主物に対して抵当権の設定を行うと、従物にも抵当権の設定がされたことになると考えられます。

この点に関連して最高裁は、宅地に対する抵当権の効力は、特段の事情のない限り、抵当権設定当時宅地の従物であった石灯籠および庭石にも及ぶとし（最判昭和44・3・28金融・商事判例157号9頁）、また、抵当権が設定された借地上のガソリンスタンド（店舗用建物）の場合、その地下タンク、計量機、洗車機などの設備は、店舗用建物の従物として抵当権の効力が及ぶとしています（最判平成2・4・19金融・商事判例884号16頁）。

3 抵当権設定後の従物

抵当権設定後に付加された従物について学説は、抵当権設定後の従物に抵当権が及ばないとすることは、当事者の通常の期待に反することから、特に反対の特約等がない限り、設定後の従物にも抵当権が及ぶとする考え方が大勢となっています。民法370条の解釈として、設定時期を問わず従物は付加一体物に含まれると解されています。

借地上の建物に対する抵当権の効力の及ぶ範囲

借地上の建物に対する抵当権の効力の及ぶ範囲はどのようになっていますか。また、担保取得する場合、その担保価値はどのように把握すればよいのでしょうか。また、担保管理上等の留意点についても教えてください。

借地上建物に抵当権設定の登記を経由すれば、建物についてだけでなく、借地権についても抵当権の効力を第三者に主張できるので、建物の価値とこれに付随した借地権の経済的価値をも担保価値として把握することができます。ただし、借地契約が解除等によって消滅することのないよう注意が必要です。

◉ **解説** EXPLANATION

1 借地権

借地権とは、建物所有を目的とする地上権および賃借権をいいます（借地借家法2条1号）。ただし、実際には地上権はまれで、ほとんどが賃借権であり、しかも、登記賃借権ではなく、大部分が未登記賃借権となっています。賃借権は、これを登記しなければ、借地についての物権取得者などの第三者に対抗できません（民法605条）。

しかし、賃借権の登記がなくても、借地権者が借地上に建築した建物について登記（表示登記または保存登記）をすれば、その後の借地に対する物権取得者などの第三者に借地権を対抗することができます（借地借家法10条1項）。

② 借地上の建物に対する抵当権の効力

　借地上の建物と借地権とは、財産的価値としては一体として把握され、借地権が建物所有権に付随した従たる権利と解されていることから、競落人がその建物の所有権を取得した場合は、従来の建物所有者との関係では、建物の所有に必要な敷地の賃借権も、競落人に移転するものとされています（最判昭和 40・5・4 民集 19 巻 4 号 811 頁）。

　また、借地上建物に抵当権設定の登記を経由すれば、建物についてだけでなく、借地権についても抵当権の効力を第三者に主張できるので、建物の価値とこれに付随した借地権の経済的価値をも担保価値として把握することができます（最判昭和 52・3・11 金融・商事判例 527 号 6 頁）。

　ただし、建物競落人は、借地権は取得しますが、その範囲は建物の存立に必要な範囲に限られ、たとえば、一筆の広大な借地の一部に一棟の建物が建っている場合など、当該建物の敷地全部には及ばないこともありえます。

③ 担保管理上の留意点

　借地契約が消滅して抵当建物が収去されると抵当権も消滅するので、借地契約が契約解除等によって消滅することのないよう担保管理上の注意が必要です。

　なお、地主が借地契約を解除する前に根抵当権者に通知する旨の地主の承諾書を徴求していた場合、判例は、この承諾書には法的拘束力があり、地主は根抵当権者に対して契約解除前に通知する法的義務を負うとしています（最判平成 22・9・9 金融・商事判例 1355 号 26 頁）。

　したがって、借地権の消滅を防止する対策として、借地契約を解除するときは、あらかじめ抵当権者に通知する旨のほか、将来建物を競売や任意処分した場合の新所有者に対する借地権の譲渡をあらかじめ認める旨の念書または承諾書を、地主から徴求しておくことが有効と考えられます（Q 92 参照）。

Q 92 借地上建物担保と地主念書における契約解除前の事前通知条項の効力

借地上の建物に抵当権の設定を受ける場合、地代不払等の借地権消滅事由が生じたときは、借地契約解除前に抵当権者に通知する旨の条項を含む承諾書の差入れを、地主から受けています。承諾書の法的拘束および実務上の留意点について教えてください。

最高裁は、このような承諾書について、地主は抵当権者に対して契約解除前に通知する法的義務を負うとしています。ただし、借地人の地代支払状況の管理は必要です。地代滞納が判明したときは、直ちに代払の申出をし、拒絶されたときは直ちに供託すべきです。

◉ **解説** EXPLANATION

1 借地上建物担保の消滅要因と地主の承諾書

借地上の建物担保は、借地契約の存続にその価値の基盤があり、借地権が期間の満了や当事者の合意解除、もしくは賃料不払、契約違反などによる解除によって消滅すれば、建物所有者は借地上の建物を収去しなければならなくなり、それと同時に抵当権も消滅します。

そこで、地主が借地人の債務不履行を理由として賃貸借契約を解除しようとするときは、あらかじめ抵当権者に通知する旨の事前通知条項が含まれる、いわゆる地主の承諾書の差入れを受けることが必要です。

2 事前通知条項に反する賃貸借契約解除の効力と損害賠償請求の可否

（1）　事前通知条項に反する賃貸借契約解除の効力

　地主が事前通知条項に違反して賃貸借契約を解除しても、契約の解除自体は有効であるというのが裁判例の趨勢となっています（東京地判平成7・5・2金融・商事判例997号17頁、東京地判平成9・11・28判例時報1637号57頁、東京地判平成11・6・29金融法務事情1573号39頁等）。

（2）　損害賠償請求の可否

　事前通知条項に反する賃貸借契約解除によって金融機関が被る損害に対して賠償請求できるか否かについて、最高裁は、事前通知条項は法的義務であり、これに違反して発生した損害について地主は賠償責任を負うとしています。すなわち、事前通知条項を含む念書を金融機関に差し入れるにあたり、地主が金融機関から何らの対価を受けていなかったとしても、地主は契約解除に先立ち根抵当権者に通知する法的義務を負い、通知義務懈怠による損害賠償責任を負うと判示しています（最判平成22・9・9金融・商事判例1355号26頁）。

3 抵当権者による滞納地代の代払

　賃借人の賃料（地代）の不払が判明した場合、抵当権者は、直ちに地代の代払を行い、借地契約が解除されないようにすべきですが、法律上の利害関係人（弁済するにつき正当な利益を有する者）として第三者弁済（民法474条）ができるかどうかが問題になります。この点については、借地上の建物の賃借人による地代の代払については、すでに判例が法律上の利害関係を肯定しているので（最判昭和63・7・1金融・商事判例804号3頁）、転借人、借地上の建物の抵当権者についてもこれを肯定することができ、いずれも第三者弁済が認められるものと考えられます。

　なお、借地上建物の競売手続開始後は、執行裁判所の許可を得て代払をすれば競売配当金により代払賃料を回収できます（民事執行法188条・56条）。

Q 93 借地上建物担保に係る借地契約の内容調査のポイント

借地上の建物に抵当権を取得する場合、借地契約の内容調査のポイントは何ですか。

A NSWER

建物への担保権設定を禁止・制限する条項はないか（禁止条項がある場合は地主の承諾が不可欠）、借地権者と建物所有者が一致しているか、借地契約に適用される法律（旧借地法または借地借家法）と借地期間などです。

◉ **解説** EXPLANATION

1 建物の登記名義人と借地権者の確認

借地上建物の登記名義人について、判例は、「借地権者自身の名義でなければ、旧建物保護法1条（現行の借地借家法10条）による借地権の対抗力は認められない」としていますので（最判昭和41・4・27民集20巻4号870頁ほか多数）、借地上建物の登記名義人が借地権者ではなく、同居の妻あるいは子供名義などの場合は担保価値は認められず、担保取得すべきではありません。したがって、建物の登記名義人と借地権者（賃借人等）が同一人となっているかどうかを確認しなければなりません。

2 借地契約に適用される法律（旧借地法または借地借家法）と借地期間

(1) 借地借家法施行日（平成4年8月1日）前に設定された借地権

借地上の建物の朽廃による借地権の消滅に関する規定（旧借地法2条1

項但書)、借地契約の更新に関する規定（同法4条1項・6条）、建物の再築による借地権の期間の延長に関する規定（同法7条）などは、旧法の廃止にかかわらず、なお従前の例による（従前の法律についての解釈・判例がそのまま適用される）とされています（借地借家法附則5条・6条・7条）。

(2) 借地借家法施行日（平成4年8月1日）以後に設定された借地権

この場合は、現行の借地借家法が適用されます。

① 借地契約に定めがない場合、堅固、非堅固の区別なく借地権の存続期間は一律30年です（借地借家法3条）。また、借地権の更新後の期間は、更新の日から10年（借地権設定後の最初の更新にあたっては20年）です（同法4条）。

② 建物がある場合に限り、借地権者（賃借人等）の請求による更新、使用継続による更新は、借地権設定者（地主）の正当事由を備えた遅滞のない異議がない限り、原則として従前の契約と同一条件で法律上当然に更新されます（同法5条）。

③ 当初の借地権存続期間満了前に建物が滅失（取壊しを含む）した場合に、借地権者が残存期間を超えて存続すべき建物を再築したときは、借地権設定者の承諾を得た場合に限り、借地権は、承諾日または建築日のいずれか早い日から20年間存続します。ただし、残存期間がこれより長い場合は、その期間によります（同法7条）。

なお、築造につき借地権設定者の承諾がなかった場合は、残存期間に限り借地権が存在することになります。存続期間が満了して契約更新がないときは、借地権者は、借地権設定者に対して建物買取請求権を行使できます。この場合、建物に対する抵当権者（金融機関）は、建物買取代金と引換えに担保抹消に応じるか否かを検討することになります。

抵当建物が増築された場合の登記

　抵当建物が増築された場合、増築の変更登記をしてもらえばよいのでしょうか。

　　増築部分が区分建物の要件を備えている場合は、区分建物の表示登記をしたうえで追加担保として抵当権の設定登記を受けるべきです。増築部分に構造上・利用上の独立性がない場合は、抵当権の効力は増築部分に及びますが、実務上は増築登記をしてもらうべきです。

◉ **解説** EXPLANATION

1 増築部分の独立性の有無

　増改築部分が構造上・利用上の独立性を有しないときは、増改築部分は建物の付合物となって建物所有の一内容をなし（民法242条）、あるいは建物の従物（同法87条）となり、抵当権の効力が増改築部分に及びます（同法370条）。

　増改築部分が独立性を有する建物かどうかは、所有者の意思、取引の社会通念によって決せられますが、従前の建物と増改築部分の種類、構造、面積、周囲の建物との接着の程度、四辺の状況等を総合検討することによって決まります。

　判例は、「当該新築部分の構造、利用方法を考察し、右部分が従前の建物に接して築造され、構造上建物としての独立性を欠き、従前の建物と一体となって利用され取引されるべき状態にあるときは、右部分は従前の建物に附合したものと解すべきであって、新築部分が従前の建物とその基

礎、柱、屋根などの部分において構造的に接合していないことから、ただちに附合の成立を否定することは許されない」旨判示しています（最判昭和43・6・13民集22巻6号1183頁）。

　ただし、大規模な増改築が行われた場合など、新旧建物の同一性が認められない場合は、旧建物の登記を滅失登記したうえで、新建物を保存登記をし、新たに抵当権の登記をしてもらう必要があります。

② 区分建物として独立性を認めた事例と認めなかった事例

　増築部分が区分建物と認められるためには、構造上の独立性と利用上の独立性の要件が必要です（建物の区分所有等に関する法律1条）。

(1) 独立性を認めた事例

　親名義の古い建物を一部取り壊し、残存部分に接続して、その子が融資を受けて建物を新築し、接続部分を木製のドアで仕切り、その新築建物について子名義で区分建物の表示登記を申請した事例において、行政は、既存建物と新築建物との接続部分が木製の扉で区分されている場合には、当該新築建物は、構造上の独立性を有する建物として取り扱ってよいとしています（昭和41・12・7民事甲3317号民事局長回答・不動産登記先例集追Ⅳ954）。

(2) 独立性を認めなかった事例

　建物の賃借人Aが、建物の賃貸人兼所有者Bの承諾を得て賃借建物である平家の上に2階部分を増築し、その増築された2階部分につき独立の登記がされ、Aの相続人らであるCら名義の所有権保存登記がされていた事案において、最高裁は、増築された2階部分の構造は、4畳半の部屋と押入れ各1個からなり、2階部分から外部への出入りが賃借建物内の部屋の中にある梯子段を使用するよりほかないときは、既存の平屋の上に増築された2階部分であり、その構造の一部をなすもので、それ自体では取引上の独立性を有せず、2階部分は、区分所有権の対象たる部分には当たらないとしています（最判昭和44・7・25金融・商事判例180号2頁）。

抵当建物の分割・区分・合併

　抵当建物につき分割・区分・合併があった場合、抵当
権はどうなりますか。

　　割・区分・合併とは、建物の物理的形状には変化はあり
　　ません が、登記簿上の1個の建物の範囲を変更する処分
を示す登記手続をいいます。この登記手続により抵当権者の権
利が害されるおそれはありません。

◉ **解説** EXPLANATION

1 建物の登記

　一般的に、建物の個数は、物理的な個数により1個の建物ごとに勘定し
ますが、登記簿上は、同一人の所有する建物であるときは、数個の建物を
1個の建物として扱うことも可能であり、効用上一体として利用される状
態にある数棟の建物は、所有者の意思に反しない限り、1個の建物として
取り扱うものとされています。

　母屋と離れ・納屋・物置などが一体的に利用され相互に効用を高める関
係にあるときは、一登記記録の表題部に、1個の主たる建物（母屋）とそ
れに付属する付属建物（離れ・納屋・物置）として記載されます。

2 建物の分割・区分・合併とは

　不動産登記法上、建物の分割・区分・合併とは、登記簿上の1個の建物
の範囲を変更する処分を示す登記手続ですが、いずれも建物の物理的形状

には変化なく、所有者に登記義務はありません。つまり、所有者の意思によってなされるものです（不動産登記法54条1項）。

3 建物の分割・区分・合併の登記手続

　建物の分割とは、従来、A建物の付属建物として登記されてきた建物を登記簿上分割して、A建物とは別個独立のB建物とする登記手続（不動産登記法54条1項1号）です。

　また、建物の区分とは、従来一個の建物として登記されてきた建物から、構造上・利用上独立する部分を登記簿上区分して、これを別個の建物（区分建物）とする登記手続（同条1項2号）です。

　また、建物の合併とは、それぞれ区分建物であるA建物とB建物とを登記簿上合併して、登記簿上1個の建物としたり、従来別個独立の建物として登記されてきた2個の建物につき、その一方を他方の付属建物とする登記手続（同条1項3号）です。

4 建物の分割・区分・合併と抵当権

　担保権の登記のある建物の分割および区分をなす場合の登記の手続は、担保権の登記のある土地の分筆登記の場合に準じて行われ、分割・区分前の建物の登記記録から、現に有効な抵当権等の権利に関する登記が分割・区分後の建物の登記に転写されますので、これによって担保権者の権利が害されるおそれはありません。

　また、建物の合併の場合は、合併すべき各建物に同一の担保権の登記がある場合のみ合併することができ、一部の建物にのみ担保権の登記がある場合には合併することはできません。

第6章

各種担保取引と管理

抵当建物の分棟・合体

抵当建物につき、分棟や合体などの物理的形状の変更がなされた場合、抵当権はどうなりますか。

棟・合体とは建物につき物理的形状の変更がなされた場合をいい、これにより抵当権が勝手に抹消されることはありませんが、担保価値が下落する場合もあるので注意すべきです。

◉ **解説** EXPLANATION

1 抵当建物の分棟・合体と抵当権

(1) 抵当建物の分棟と抵当権

たとえば、A建物の中間の一部が取り壊され、2棟の建物となった場合、登記実務上は2つの場合に分けて取り扱われます。

分棟後の建物を主たる建物と付属建物とする場合は、A建物の表題部の変更として処理されます。これに対して、分棟により、A建物からB建物が分割されたとして処理する場合は、A建物の一部取壊しを原因としてA建物の床面積を変更し、B建物の登記記録を新たに作成し、表示に関する登記事項を表題部に記録し、さらにA建物について抵当権の登記がある場合は、B建物について相当区を開設し、これを転写します。

(2) 抵当建物の合体と抵当権

建物の合体とは、建物の形状に物理的な変更が加えられた結果、今までは別個独立のものであった複数の建物が、その独立性を失って1個の建物

となることをいいます。たとえば、従来は別個独立のものであった相隣接する2個以上の建物につき、両者の間隙を埋める工事がなされたり、隣接する2個の区分建物（マンションの専有部分など）の隔壁をとり除く工事が行われるなどして、従前の各建物が、現状では全体として1個の建物としかみられない状態に変更された場合は、登記上も複数の各建物を1個の建物として登記し直す必要があります。

　この場合、合体建物の所有者は、合体建物の表示登記の申請手続において、合体前の建物につき抵当権の有無、およびその効力が及ぶ建物の持分割合を記載して申請しなければならず、添付書類として持分についての抵当権者の承諾書が必要となります。そして、合体前の建物につき登記された抵当権は、合体後の建物の登記記録に移記されます。

2 担保管理上の留意点

(1)　担保価値の管理

　建物の分棟の場合は、既設建物が滅失登記されて担保権の対抗要件が失われることのないよう留意する必要があります。

　建物の合体の場合は、抵当権は新建物上に引続き存続しますが、旧建物の持分に相応する部分についてのみ抵当権の効力が及ぶのであり、建物の共有持分を担保にとっている状態になるので、担保価値の大幅な下落は避けられません（最判平成6・1・25金融・商事判例945号3頁）。したがって、合体後の建物のうちの他の持分も全部担保提供するよう要求するなどして、担保割れにならないよう配慮が必要です。

(2)　合体建物の登記についての抵当権者の承諾書

　合体建物の登記申請においては抵当権者の承諾書が必要となりますが、承諾書には「持分についての承諾書」と「抵当権の消滅についての承諾書」とがあり、後者の承諾書を提出すれば抵当権は移記されず消滅してしまうので注意すべきです。また、持分の承諾書についても、持分割合が合理的な計算に基づくものかどうかの確認が必要です。

第6章

各種担保取引と管理

195

抵当権と法定地上権

Q 97　　未登記建物の敷地（建物と敷地は同一所有者）に抵当権の登記を受け、その後未登記建物が登記されて他の金融機関が抵当権を取得した場合、当該敷地に対する抵当権の担保価値はどうなりますか。

地上建物が競売され、敷地と建物の所有者が異なるに至った場合は、建物のために法定地上権が成立します。敷地の担保価値は法定地上権の負担付となり、更地価額から法定地上権価額を控除した残額のみの担保価値となります。

◉ **解説** EXPLANATION

1 法定地上権とは

　　同一所有者に属する土地と地上建物の一方のみに抵当権が設定され、後日抵当権が実行されて土地と建物の所有者が別になった場合、競売後の土地所有者と建物所有者の間で、建物のための土地利用権が設定されるとは、必ずしも期待できません。このような場合、土地の利用権を伴わない建物は収去しなければならなくなりますが、これは国民経済上の不利益となります。

　　そこで、民法は、法律の規定によって建物のために当然に地上権を生ずるものとしました。これが法定地上権の制度です（民法388条）。

2 法定地上権の成立要件と抵当土地の担保価値

(1)　法定地上権の成立要件

　　法定地上権の成立要件は、以下の①～③です。

　　なお、法定地上権は、抵当権実行により目的物の所有権が買受人に移転

したときに成立し（大判昭和10・11・29法律新聞3923号7頁）、存続期間は当事者の協議によりますが（借地借家法3条、旧借地法2条2項）、協議が調わないときは、借地借家法3条または旧借地法2条1項により定まります（経過措置の原則。借地借家法附則4条）。

地代の額は当事者の協議により定まり、協議が成立しない場合は裁判所が定めます（民法388条後段）。

① 抵当権設定時に土地上に建物が存在すること

未登記の建物であっても、法定地上権が成立します（大判昭和7・10・21民集11巻21号2177頁）。

② 抵当権設定当時、土地と建物が同一所有者に属していたこと

土地と建物が別人に帰属していた場合には、建物のためにすでに設定されている約定利用権の内容に従って権利関係が定まるため、法定地上権の生ずる余地はありません。この点、土地と建物の両所有者の間に親子・夫婦の関係があるときに同一人と認められるかどうかについて、判例は、法定地上権は成立しないとしています（最判昭和51・10・8金融・商事判例512号21頁）。

③ 競売の結果、土地と建物が別異の人の所有となったこと

判例は、土地と建物が同時に共同抵当に付された場合（大判明治38・9・22民録11輯1197頁）や、一方のみ競売が行われたとき（大判明治43・3・23民録16輯233頁）も、法定地上権の成立を認めています。

(2) 抵当土地の担保価値

法定地上権の成立する場合の抵当土地の担保価値は、法定地上権の負担付きとして更地価額から法定地上権価額（更地価額×借地権割合（30%～90%））を控除した残額となります。

3 法定地上権の対抗要件と内容

法定地上権の取得も物権変動であり、地上建物の登記（民法177条、借地借家法10条、旧建物保護法1条）が第三者対抗要件となります。

更地担保と一括競売

　抵当土地（更地）上に第三者が建物を建築した場合、土地の抵当権者は当該土地とともに地上建物を競売できるでしょうか。

　地担保上に抵当権者に無断で建物が築造された場合、当該建物が第三者所有であっても抵当土地とともに一括競売に付すことができます（民法389条1項）。

◉ **解説** EXPLANATION

1 民法の一括競売制度

　一括競売制度とは、更地に抵当権が設定され、その後に同地上に建物が築造された場合は、その築造者が抵当権設定者（土地所有者）である場合のほか第三者が築造した場合であっても、土地抵当権者は、土地と地上建物を一括して競売することができるという制度です（民法389条1項）。

　もちろん、土地抵当権者は土地代金については優先弁済を受けますが、建物についての優先権はありません（同項ただし書）。

2 実務上の留意点

(1) 抵当権取得時は更地であったことの確認が必要

　抵当権取得時は更地であることが、一括競売ができる条件となります。建物がすでに建っていた場合は、法定地上権が成立するか否かの問題となります。

⑵　一括競売権行使の選択基準等

① 　地上建物が第三者所有の場合

　土地抵当権者が土地のみを競売すると、土地の売却価額は建付減価等により大幅に減額されるし、土地競落人は地上建物の収去を主張することができるので、建物所有者は自ら取り壊して土地を明け渡さなければならなくなります。

　これに対し、一括競売を行った場合は、一戸建て土地建物として競売されることになりますが、土地および建物は相場の価格で売却され、土地抵当権者には土地の売却代金が配当され、建物所有者には建物の売却代金が配当されるので、土地抵当権者および建物所有者双方にとって最善の結果となります。

② 　建物賃借人がいる場合

　地上建物に賃借人がいる状態で一括競売をした場合は、建物は賃借権の負担付の価額に評価されるおそれがありますが、土地抵当権者はもともと建物については評価外ですから、これによる実損はないといえます。

　一方、土地のみを競売した場合は、抵当地については建付減価を避けることはできないので得策とはいえません。

③ 　地上建物が未登記の場合

　地上建物が未登記の場合は、債権者代位権の行使等により建物の登記をしたうえで一括競売の申立をする必要があります。また、建物の所有者が債務者所有の場合は、一般債権者として同建物の処分代金につき配当要求することはできるので、見込める場合は配当要求も検討すべきです。

④ 　任意売却の場合

　任意売却に際しては、更地価額での処分代金を要求すべきです。この場合、建付減価を求められることがあるかもしれませんが、一括競売ができる権利関係である以上、原則として拒否すべきです。

共同抵当権の一部解除と不当利得の返還請求

甲金融機関の債務者Y所有の共同抵当物件（土地Aと土地B）のうち土地Bについて抹消依頼がありました。保全的に問題ない場合は抹消に応じてもよいのでしょうか。

土地Aのみに後順位抵当権が登記されている場合は、当該抵当権者の承諾がなければ抹消依頼に応じるべきではありません。

◉ **解説** EXPLANATION

1 共同抵当物件の競売と後順位抵当権者の代位権

⑴ 共同抵当物件全部を同時に競売した場合（同時配当）

抵当土地A・Bが同時に競売に付され、土地Aの代価6,000万円、土地Bの代価3,000万円（代価の割合は2：1）で競落されたとします。この場合の競落代金は、第1順位の共同抵当権の被担保債権に2（A）：1（B）の割合で按分充当されます。

土地A・Bには、第1順位甲金融機関の共同抵当権4,500万円（被担保債権、以下同じ）、土地Aの後順位には乙金融機関の抵当権5,000万円、土地Bの後順位には丙金融機関の抵当権3,000万円が登記されていた場合、甲には土地Aの代価6,000万円から3,000万円、土地Bの代価3,000万円から1,500万円が配当され、次に、土地Aの残金から乙に3,000万円、土地Bの残金から丙に1,500万円が配当されます（民法392条1項）。そして、この場合は、後順位抵当権者の代位権は発生しません（図1参照）。

⑵　土地Aだけを競売した場合（異時配当）

　前記⑴の場合、甲は土地Aのみを競売して債権全額4,500万円の配当を受けることもできます（民法392条2項）。すると、乙には1,500万円しか配当されませんが、乙は、土地Bに対する甲の抵当権に代位して1,500万円（同時配当の場合に甲がBの代価から受けるべき配当）に満つるまで抵当権を行う権利が認められます（同項後段）。そして、後日土地Bが3,000万円で競落された場合、まず乙に1,500万円が配当され、次に丙に1,500万円が配当されます（図2参照）。

図1　同時配当⇒民法392条1項を適用		図2　異時配当（Aを先に競売）⇒民法392条2項後段によりBの甲抵当権に乙が代位	
A：6,000万円	B：3,000万円	A：6,000万円	B：3,000万円
甲　3,000万円	甲　1,500万円	甲　4,500万円	甲　乙1,500万円
乙　3,000万円	丙　1,500万円	乙　1,500万円	丙　1,500万円

土地A・B…債務者Y所有、甲…土地A・Bの共同抵当権者、
乙…土地Aの後順位抵当権者、丙…土地Bの後順位抵当権者

　なお、土地A・Bが同一または異なる物上保証人所有の場合も、同様の権利関係となります（最判平成4・11・6金融・商事判例917号3頁、学説）。

2 甲が土地Bの抵当権を放棄した場合と土地Aの後順位抵当権者乙による不当利得返還請求

　甲が、乙の承諾を得ないで土地B上の抵当権を放棄すると、乙は代位権を行使できなくなり、甲の放棄がなかったならば乙が代位できた限度（1,500万円）で、甲は乙に優先できなくなるため、土地Aの代価6,000万円の配当は、甲に3,000万円、乙に3,000万円となります（大判昭和11・7・14民集15巻17号1409頁）。

　なお、執行裁判所によって甲4,500万円、乙1,500万円と配当された場合、乙は、甲が受けた1,500万円を不当利得として返還請求することができます（最判平成3・3・22金融・商事判例868号3頁）。

共同抵当不動産（一部が物上保証人の所有）の異時配当

Q 100

第1順位共同抵当権者甲金融機関の申立により共同抵当物件（物上保証人Ⅹ所有の土地Aと債務者Ⅹ所有の土地B）のうち土地Aが先に競売された場合、土地Aの後順位抵当権者乙金融機関にはどのような権利がありますか。また、土地Bが先に競売された場合、Bの後順位抵当権者丙金融機関にはどのような権利がありますか。

土地Aが先に競売されて甲の被担保債権全部が弁済された場合、ⅩはⅩに対して求償権を取得し、法定代位により土地Bにおける甲の抵当権を取得します。この場合、乙は、Ⅹに移転した甲の抵当権から優先して弁済を受けることができます。また、土地Bが先に競売された場合、丙は土地A上の甲の抵当権に代位することはできません。

◉ **解説** EXPLANATION

共同抵当物件の一部が物上保証人所有の場合に、異時配当される場合について判例・通説は、民法392条2項後段の適用はないとしています。

1 土地Aが先に競売された場合

質問のケースにおいて、第1順位共同抵当権者甲の抵当物件は土地A（代価6,000万円）、土地B（代価3,000万円）であり、甲の被担保債権は4,500万円、土地Aの後順位には乙の抵当権5,000万円、土地Bの後順位には丙金融機関の抵当権3,000万円が登記されていたとします。

物上保証人Ⅹ所有の土地Aが先に競売されると、競落代金6,000万円は甲に4,500万円、乙に1,500万円が配当されます。この場合Ⅹは、Ⅹに対し

て求償権を取得するとともに法定代位によりY所有の土地Bに対する甲の抵当権を取得します（民法499条・501条）。

このXの代位権は土地Bの後順位抵当権者丙より優先します（最判昭和44・7・3金融・商事判例178号2頁）。そして、土地Aの後順位抵当権者乙は、Xに移転した土地B上の甲の抵当権から、丙およびXに優先して配当を受けることができます（最判昭和53・7・4金融・商事判例557号3頁）。したがって、土地Bの競落代金3,000万円は、乙に全額が配当され、丙の配当は0となります（図3参照）。

2 土地Bが先に競売された場合

最高裁昭和44年7月3日判決は、土地B（債務者Y所有）の後順位抵当権者丙のする代位と物上保証人Xのする代位とが衝突する場合には、Xが保護されるのであり、土地Bについて競売がされたときは、もともと第2順位の丙はX所有の土地Aについて民法392条2項後段の代位をすることができない旨を判示しています（金融・商事判例178号2頁）。

したがって、土地Bが先に競売された場合、その代価3,000万円は全額甲に配当されますが、丙は、土地A上の甲の抵当権に代位をすることはできず、その後の土地Aの競売による代価6,000万円は、甲に1,500万円が配当され、残金4,500万円は乙に配当されます（図4参照）。

図3　異時配当（土地Aを先に競売）⇒Xに移転した土地Bの甲抵当権から乙に優先配当		図4　異時配当（土地Bを先に競売）⇒丙はX所有の土地Aに代位できない	
A：6,000万円	B：3,000万円	A：6,000万円	B：3000万円
甲 4,500万円	甲 乙3,000万円	甲 1,500万円	甲 3,000万円
乙 1,500万円	丙 0円	乙 4,500万円	丙 0円

土地A…物上保証人X所有、土地B…債務者Y所有、
甲・乙・丙…図1・2（Q99）と同じ

共同抵当不動産（一部が物上保証人の所有）の同時配当

Q 101

　第1順位共同抵当権者甲金融機関（被担保債権 4,500
万円）の申立により共同抵当物件土地A（物上保証人X
所有・後順位抵当権者乙金融機関）と土地B（債務者Y
所有・後順位抵当権者丙金融機関）について同時に競売
され、土地A 6,000 万円、土地B 3,000 万円で競落さ
れた場合、どのように配当されるべきでしょうか。

質問の場合に、民法 392 条 1 項が適用されるか否か判例は
確定していません。適用されない場合の配当は、土地A
（甲 1,500 万円、乙 4,500 万円）、土地B （甲 3,000 万円、丙 0 円）
となり（図 5 参照）、適用された場合の配当は土地A （甲 3,000
万円、乙 1,500 万円）、土地B （甲 1,500 万円、丙 1,500 万円）
となります（図 6 参照）。

◉ **解説** EXPLANATION

１ 同時配当と民法 392 条 1 項の適用の可否

⑴　適用を否定する裁判例

　大阪地裁平成 22 年 6 月 30 日判決は、「債権者が債務者所有の不動産と
物上保証人所有の不動産を共同抵当の目的とする場合において、両不動産
について抵当権が実行されて、同時配当が実施されるときには、民法 392
条 1 項は適用されず、まず債務者所有不動産の代価から先に共同抵当権の
被担保債権に配当し、不足が生じる場合に物上保証人所有不動産から配当
をすべきである」旨を判示しています（判例タイムズ 1333 号 186 頁）。

(2) 適用を肯定する裁判例

東京地裁平成25年6月6日判決は、債務者所有不動産と物上保証人所有不動産とに共同抵当権が設定されている場合においても、同時に配当が実施されるときは民法392条1項が適用され、各不動産の価額に応じて被担保債権の負担を割り付けるべき旨判示しています（判例タイムズ1395号351頁）。

図5　同時配当（土地AはX、土地BはY所有）⇒民法392条1項を適用せず		図6　同時配当（土地の所有は図5と同様）⇒民法392条1項を適用	
A：6,000万円	B：3,000万円	A：6,000万円	B：3,000万円
甲 1,500万円	甲 3,000万円	甲 3,000万円	甲 1,500万円
乙 4,500万円	丙 0円	乙 3,000万円	丙 1,500万円

土地A・Bの所有…図3・4（Q100）と同じ、甲・乙・丙…図1・2（Q99）と同じ

2 異時配当の事案に関する判例と同時配当

最高裁昭和61年4月18日判決は、前記と同様の事案において、土地A・Bが同時に競売されたが、甲が土地Aの売却代金の交付により弁済を受けたときは、Xは、丙に優先して土地Bに対する甲の抵当権を取得する旨最高裁昭和44年7月3日判決（Q100参照）を引用して判示するとともに、同時配当の場合にもXが丙に優先する（図5の配当となる）としています（裁判集民事147号575頁）。

抵当権の侵害と対応

Q 102

抵当建物が担保提供者やその他の者によって勝手に取り壊されたり建て替えられたりすると、抵当権者の権利はどうなりますか。また、事後対応策をどのようにすればよいでしょうか。

抵当建物が取壊しや罹災などにより消滅すれば、抵当権は当然に消滅します。なお、抵当権設定者兼債務者が勝手に抵当建物を取り壊したり建て替えた場合は、期限の利益喪失（民法 137 条）に伴う融資金等の一括返済請求や建替建物の一括競売のほか、追加担保の差入請求などを検討すべきです。

◉ 解説 EXPLANATION

1 無断で取り壊された場合

(1) 債務者による無断取り壊しの場合

抵当権設定者兼債務者が抵当権者の承諾を得ることなく勝手に取り壊した場合、債務者は、借入債務の期限の利益を喪失するので（民法 137 条)、融資金の一括返済を求めることができます。

(2) 第三者による無断取壊しの場合

第三者による違法な取壊しにより、抵当権設定者が当該第三者に対して損害賠償請求権を取得した場合には、抵当権者は設定者が第三者に対して有する損害賠償請求権に物上代位することができます。

2　抵当地上の建物が建て替えられた場合

⑴　自己所有地上の建物の再築

① 抵当建物の再築と新建物に対する抵当権の設定登記

抵当権の目的建物が取り壊されれば、当該抵当権は当然に消滅します。また、旧建物の取壊し後、同一敷地上に同一所有者が、旧建物とほとんど同一構造の建物を新築したとしても、旧建物と新築建物は別個の物件ですから、旧建物に設定された抵当権が新築建物の上に存続することはできません。また、抵当権の登記の流用も原則として認められません（最判昭和40・5・4民集19巻4号797頁）。

このような場合は、まず、旧建物の登記簿を滅失登記したうえで、新築建物につき新たに保存登記を行い、新築建物について新たに抵当権の設定契約を締結する必要があります。

② 法定地上権の成否と一括競売の可否

同一人が所有する土地・建物に共同抵当権が設定された後、建物が土地所有者によって無断で取り壊され新しく建物が建てられた場合、判例は、新建物のために法定地上権は成立しないとしています（最判平成9・2・14金融・商事判例1017号3頁、最判平成10・7・3金融・商事判例1055号33頁）。

この場合、地上の抵当建物が無断で取り壊された時点で更地に対する抵当権となり、その後に建物が築造されたことになるので、土地抵当権者は、新築された地上建物を抵当土地とともに一括競売することが可能となります（民法389条）。

⑵　借地上建物の再築と抵当権

借地上の抵当建物が地主の承諾を得るなど適法に再築された場合は、新建物に新たに抵当権を設定することによって抵当権者の権利は保全されます。しかし、地主の承諾がないなど不適法な再築の場合は、たとえ建物に抵当権を設定しても建物が収去され、抵当権も消滅するおそれがあります。

第6章

各種担保取引と管理

Q 103 抵当権消滅請求

抵当権を実行しようとしていたところ、抵当不動産の第三取得者から抵当権の消滅請求がなされました。どのように対応すればよいでしょうか。

ANSWER

抵当権消滅請求を承諾できない場合は、抵当権消滅請求通知の送付を受けた後2か月以内に競売の申立をしなければなりません。

◉ **解説** EXPLANATION

1 抵当権消滅請求

抵当権消滅請求とは、抵当不動産の第三取得者が一定の代価等を登記したすべての抵当権者に提示して抵当権の消滅を請求するという制度です。この請求に対して当該すべての抵当権者がこれを承諾した場合、第三取得者が申出の代価を弁済または供託することにより、すべての抵当権が消滅します（民法379条～386条）。

この抵当権消滅請求ができるのは、抵当不動産の第三取得者ですが、当該抵当権の被担保債権の主債務者や保証人およびその承継人は当該消滅請求を行うことはできません（同法379条・380条）。主債務者や保証人は、債務の全額を弁済する義務を負うので、これらの者が抵当不動産の第三取得者となったとしても、被担保債権全額の弁済をせずに抵当権の消滅請求を認めるべきではないためです。

2 抵当権消滅請求を受けた場合の対応

　抵当権消滅請求を受けた抵当権者は、抵当権消滅請求通知の送付を受けた後2か月以内に抵当権を実行して競売の申立をしないときは、抵当権消滅請求の通知書面に記載された代価での抵当権消滅を承諾したものとみなされます（民法384条1号）。

　抵当権消滅請求を承諾できない場合は、通知の送付を受けた後2か月以内に競売の申立をしなければなりません。この場合、抵当不動産の第三取得者に抵当権の実行通知をする必要はありませんが、債務者および抵当不動産の譲渡人にその旨の通知をしなければなりません（同法385条）。

　また、当該競売手続において買受人が現れなくても、自己落札する義務（買受義務）はありません。当該競売手続が剰余を生ずる見込みがないとか売却の見込みがないなどの事由で取り消されたとしても、抵当権消滅の効果は生じません（同法384条4号、民事執行法188条・63条3項・68条の3第3項）。

　ただし、競売の申立を行ったものの、その後に取り下げると、抵当権消滅請求を承諾したものとみなされ、抵当権消滅請求者が申出の代価を弁済または供託すると、抵当権は消滅するので注意すべきです（民法384条2号・386条）。

3 抵当権消滅請求ができなくなる時期

　抵当不動産の第三取得者は、抵当権者による抵当権の実行としての競売による差押えの効力が発生してしまうと、民法383条の定めによる抵当権の消滅請求をすることはできなくなります（同法379条・382条）。

　なお、抵当権者は、抵当権消滅請求がされる前であれば、抵当不動産の第三取得者に何ら通知することなく競売の申立をすることができます。

工場抵当制度と留意点

担保取得している土地・建物に印刷機械等が設置され、工場として利用されるようになった場合、留意すべき点は何でしょうか。

機械・器具に対する抵当権の優先権を確保するためには、工場抵当法に基づく追加登記手続（機械器具目録の提出等）が必要です。

◉ **解説** EXPLANATION

1 工場抵当制度と工場

　財団を組成しない工場に属する土地または建物を目的として抵当権を設定した場合は、土地または建物の付加物だけでなく、土地または建物に備え付けられた機械・器具その他工場の用に供する物（以下「供用物件」という）にも抵当権の効力が及びます（工場抵当法2条〜7条）。

（注）　工場とは、営業のために次に掲げる目的に使用する場所をいいます（同法1条）。①物品の製造または加工の目的に使用する場所、②印刷または撮影の目的に使用する場所、③電気もしくはガスの供給または電気通信役務の提供の目的に使用する場所、④放送法にいう放送または有線テレビジョン放送法にいう有線テレビジョン放送の目的に使用する場所。

2 機械・器具に対する抵当権の対抗要件

（1）　機械・器具は登記事項

工場に備え付けられている機械、器具等の供用物件も抵当権の目的とす

るためには、設定登記の時に機械器具目録情報を添付して登記しなければなりません（工場抵当法3条1項・3項）。判例も、目録の提出を対抗要件と解しています（最判平成6・7・14金融・商事判例957号12頁）。

　登記簿には、土地または建物の乙区事項欄に抵当権の内容（抵当権者、抵当債務者、被担保債権の範囲など）がまず記載され、乙区抵当権の「権利者その他の事項」欄の「共同担保目録番号」の下に「工場抵当法第3条第2項目録作成」と記載されます。

(2)　具体例

　たとえば、順位1番の根抵当権（根抵当権者甲金融機関、債務者A社、極度額5,000万円）が登記されているA社所有の土地・建物について、建物が一部改築されて印刷機械が設置され工場として利用されることになりました。ところが、後順位に根抵当権（根抵当権者乙金融機関、債務者A社、極度額3,000万円）が登記され、印刷機械の設置に伴い工場抵当法にいう3条目録が法務局に提出されましたが、甲の根抵当権についてはこのような手続はしていません。

　前記事例において土地・建物等が競売され、土地・建物の代価3,000万円、機械・器具類の代価2,000万円で競落された場合、その配当は、機械・器具類全部が土地・建物の従物であったとしても、甲の根抵当権には同目録が登記されていないので、土地・建物の代価3,000万円しか優先配当されません。乙の根抵当権には機械・器具類が登記されているため、代価2,000万円は乙に優先配当されます。

③　実務上の留意点

　抵当権の目的となる土地または建物が、抵当権設定当時は工場ではなかったとしても、その後の改築等により工場となっていることが判明した場合は、追加設置された機械・器具を追加登記すべきでしょう。なお、当該機械・器具等について第三者の権利（所有権・先取特権等）が存在していないことの調査、確認も必要です。

第6章

各種担保取引と管理

工場抵当権の追及効

Q 105

　工場に設置されている工場抵当権の目的動産（機械・器具）が、抵当権者に無断で第三者に売却され工場から搬出されてしまった場合、抵当権の効力はどうなりますか。

A ANSWER

　第三者について動産（機械・器具）の即時取得[注]が認められなかった場合は、工場抵当権の追及力が認められ、第三者に対し当該動産の原状回復を求めることができます。

◎ 解説 EXPLANATION

1 供用物件の搬出と工場抵当権の効力

　工場抵当権は、民法上の抵当権と異なり、付加物または供用物件が抵当権者の同意なくして分離または第三者に譲渡されても抵当権の効力は消滅せず、しかも、すでに第三者に引き渡された場合であっても、抵当権を行使することができます（工場抵当法5条1項）。これは、第三者は、抵当権の負担付きの所有権を取得したにすぎないためです（大判昭和15・10・11民集19巻1789頁）。

　ただし、第三者（譲受人）が、工場所有者から譲渡を受けた際に、抵当権者の同意のない分離であることを過失なくして知らなかった場合には、抵当権の負担のない完全な所有権を即時取得します（同条2項、福岡高判昭和28・7・22高民集6巻7号388頁）。

　なお、第三者が、工場抵当の目的建物の備付動産であることを知っていた場合には、その分離につき抵当権者の同意を得ているとの所有者（抵当権設

定者）の言を軽信することなく、これを確認するために、さらに抵当権者に問い合わせるとか、所有者にこれを証するに足る書面の提示を求めるなどの方法をとらなければ過失があるとされます（前掲福岡高判昭和28・7・22）。

② 工場抵当権の目的動産が無断搬出され争いとなった事案

　事案の概要は、Aの工場である本件建物と本件機械にXのために根抵当権（工場抵当権）が設定されたが、Aの代表者BがXに無断で本件機械を自己の所有物として古物商を営むYに売却し、Yは本件物件を本件建物から持ち去ったというものであり、Xは、Yに対して本件物件を本件建物に搬入せよ（予備的請求として、YはXに対し本件物件を引き渡せ）との訴えを提起したものです。この事案について、最高裁は次のように判示しました（最判昭和57・3・12金融・商事判例645号3頁）。

　「工場抵当法二条の規定により工場に属する土地又は建物とともに抵当権の目的とされた動産が、抵当権者の同意を得ないで、備え付けられた工場から搬出された場合には、第三者において即時取得をしない限りは、抵当権者は搬出された目的動産をもとの備付場所である工場に戻すことを求めることができるものと解するのが相当である。」

　なお、Yとしては、Aの工場に設置されていた本件機械がB個人の所有であることに当然疑問をもつべきであったのにもかかわらず、漫然と信じたことに過失があり、また、簡単な調査によりBの所有でないことは容易に判明したはずであることから、Bの所有と信じた点で過失があり、Yの即時取得は認められないと考えられます（前掲最高裁の控訴審・仙台高裁秋田支判昭和56・5・25金融・商事判例645号8頁）。

　（注）　民法192条の規定する動産の「即時取得」とは、動産を占有している無権利者から所有権ないし質権を取得して動産を占有した者が、無権利者を真の権利者と過失なく誤信したのであれば、その者に契約どおりの権利を取得させようとする制度であり、工場備付動産についても原則として適用されます。

区分所有建物担保

Q 106
　区分所有建物の担保取得に際しては、どのような点に注意すべきでしょうか。

　　　分所有建物に敷地権の表示の登記があり、敷地である土地に「敷地権である旨の登記」がある場合は、専有部分の登記簿への登記のみで敷地利用権の共有部分にも抵当権の効力が及びます。

◉**解説** EXPLANATION

1 区分所有建物

(1) 構造上・利用上の独立性と専有部分

　マンション等の区分所有建物は、構造上・利用上の独立性を有する専有部分と共用部分で成り立っており、専有部分の所有権を区分所有権、区分所有権を有する者を区分所有者といいます（建物の区分所有等に関する法律（以下「区分所有法」という）2条）。区分所有権の対象は専有部分のみであり、共用部分は、区分所有権の目的とすることはできません（同法2条1項・4条1項）。

(2) 区分所有建物の共用部分

　共用部分は、法定共用部分（廊下、階段、玄関・ロビー、エレベータ室などがあり、独立した登記の対象外）と、規約共用部分（管理人室、集会室、倉庫などがあり、規約共用部分である旨の登記が必要）があります。

　共用部分の各共有者は、共有部分に対して共有持分権を有しており、共有持分権は専有部分の処分に従うものとされています（区分所有法15条1項）。したがって、専有部分に対して抵当権が設定されると、共用部分

の共有持分権にも当然に抵当権の効力が及びます。

2　敷地利用権

⑴　敷地の権利関係

　区分所有建物の敷地には、法律上当然に敷地となる法定敷地（建物が建っている一筆または数筆の土地）と、規約敷地（区分所有者が規約で建物の敷地と定めた土地）があります（区分所有法2条5項・5条1項）。

　敷地利用権には、①土地所有権の共有、②借地権（地上権または賃借権）の準共有、③土地所有権または借地権の分有（テラスハウスのように、1棟の建物を縦割りで区分所有する場合）などがあります。

⑵　分離処分の禁止（専有部分と敷地利用権の一体化）と登記

　昭和58年に区分所有法が改正（昭和59年1月1日施行）され、区分所有者はその専有部分と敷地利用権を分離して別々に処分することは、原則としてできないことになりました（区分所有法22条）。

　なお、改正法施行前の区分所有建物について一体化登記がされた場合は、その表題部の登記の日付欄に「昭和58年法務省令第34号附則第3条第2項の規定により移記昭和○年○月○日」との記載がされています。ただし、一体化登記をしていない場合は、敷地権の登記はありません。

3　抵当権の設定方法と留意点

⑴　分離処分禁止の区分所有建物の場合

　抵当権の設定は、物件の表示として「一棟の建物の表示」「専有部分の建物の表示」を記載した次に、「敷地権の表示」として、土地の所在、地番、地目、地積、敷地権の種類、敷地権の割合を記載します。この登記は専有部分の登記簿の乙区欄にのみなされますが、これにより敷地権についても同様の効力を生じます。

⑵　一体化登記されていない区分所有建物の場合

　敷地が所有権または地上権の共有持分であれば、専有部分と敷地の共有持分に共同抵当権を設定して登記しなければなりません。

元本確定前の根抵当権

根抵当権とはどのような担保権ですか。また、普通抵当権との違いについて教えてください。

根抵当権とは、被担保債権が特定されている普通抵当権と異なり、一定の範囲に属する不特定の債権を極度額まで担保する抵当権です。また、元本確定前の根抵当権には、担保物権に共通する性質である付従性・随伴性がありません。

◉ **解説** EXPLANATION

1 根抵当権と普通抵当権の根本的な違い

　普通抵当権と根抵当権の根本的な相違は、普通抵当権ではその担保すべき債権が抵当権設定時から特定されているのに対して、根抵当権では、設定時には担保すべき債権が特定されていないという点にあり、これを元本確定前の根抵当権といいます。この元本確定前の根抵当権は、現在ないし将来において増減変動する債権を担保することを目的としています。

2 元本確定前の根抵当権と付従性・随伴性

　根抵当権は、現在ないし将来において増減変動する債権を担保する担保権ですから、具体的に被担保債権が発生する以前においても成立します。また、一度発生した被担保債権が弁済などにより消滅しても根抵当権は

消滅せず、後に発生する債権のために被担保債権がゼロのまま存続する担保権です。つまり、根抵当権は、設定時においては付従性のない担保権です。

また、元本確定前の根抵当権は、被担保債権となるべき債権に対する随伴性（債権が譲渡などによって他に移転すると、その債権を担保する抵当権もまた移転するという性質）を有しません（民法 398 条の 7）。

また、元本確定前の根抵当権を引当にして行った融資債権は、将来元本確定時に被担保債権となりうる資格のある債権にすぎません。この根抵当権で担保される資格のある債権とは、根抵当権として登記されている①被担保債権の範囲、②債務者、③根抵当権者（債権者）、④確定期日の定めのある場合は確定期日前、の 4 つの範囲を充足する債権をいいます。

3 元本確定前の根抵当権の処分

元本確定前の根抵当権は、極度額の範囲内でその目的物件の換価価値を完全に把握する権利を認められ、極度額の変更がなければ、後順位抵当権者等の承諾なしに、①債務者の変更、被担保債権の範囲の変更、確定期日の変更（民法 398 条の 4・398 条の 6）、②根抵当権の全部譲渡、分割譲渡、一部譲渡などの処分をすることができます（同法 398 条の 12・398 条の 13）。

4 根抵当権の元本確定と付従性・随伴性

根抵当権の元本の確定とは、増減変動する不特定の被担保債権のうちの元本を、ある一定時期の到来または一定事由の発生を原因として特定させ、それ以降、当該特定された元本債権とこれに付随して発生する利息・遅延損害金等のほかは担保されなくなることをいいます。

なお、元本確定後の根抵当権は、付従性・随伴性を有します。

根抵当権の被担保債権の定め方

根抵当権の被担保債権の定め方について教えてください。

抵当権の設定時に、①一定の範囲に属する不特定の被担保債権、②極度額、③債務者などを定めて登記します。

◉ **解説** EXPLANATION

　根抵当権を設定する場合、①一定の範囲に属する担保すべき不特定の債権、②極度額、③債務者、を定めなければなりません（民法398条の2）。

　不特定の債権の範囲については、債務者との特定の継続的取引契約によって生ずるものその他債務者との一定の種類の取引によって生ずるものに限定して、定めなければなりません（同条2項）。たとえば、「債務者との特定の継続的取引契約によって生じるもの」（「○年○月○日付商品供給契約に基づく債権」など）あるいは「債務者との一定の種類の取引によって生じるもの」（「銀行取引による債権」など）に限定して定めなければなりません。

　ただし、「農業協同組合取引による債権」は、銀行取引に比べその範囲が広すぎるため認められておらず、「消費貸借取引」、「当座貸越取引」、「手形割引取引」、「保証委託取引」などとして債権の範囲を定めなければなりません。

　なお、「手形上・小切手上の債権」も被担保債権とすることができます

が（同条3項）、これにより、いわゆる「回り手形」債権も担保されることになります。たとえば、金融機関がAの依頼によりB振出の約束手形を割引取得した場合、金融機関のBに対する手形債権はBとの直接取引により取得したものではありません。しかし、債務者をBとする根抵当権の被担保債権が「手形上・小切手上の債権」となっていれば、この割引依頼人Aから取得した手形上の債務者Bに対する手形債権も担保されます。

Q 109 根抵当権の元本確定事由（民法 398 条の 20）

民法 398 条の 20 による元本確定事由と実務上の留意点について教えてください。

民法 398 条の 20 には、根抵当権者による競売等の申立、第三者の申立による競売や強制競売の開始決定、滞納処分による差押え等の元本確定事由が定められていますが、確定の効力が覆滅する場合と覆滅しない場合があるので注意が必要です。

◉ **解説** EXPLANATION

1 根抵当権者による競売申立等

　根抵当権者が根抵当不動産の競売や担保不動産収益執行の申立、物上代位による差押えの申立をした場合は、その申立をした時に元本が確定します（民法 398 条の 20 第 1 項 1 号本文）。ただし、競売手続もしくは担保不動産収益執行手続の開始または差押えがあったときに限られます（同号ただし書）。

　なお、競売手続等の開始決定や開始決定に伴う差押えがあった後は、申立を取り下げたりしても、いったん生じた確定の効力は覆滅しません。

　また、根抵当権者が滞納処分による差押えをしたときも元本が確定します（同項 2 号）。

2 第三者による競売申立等

　根抵当不動産に対して第三者の申立による競売や強制競売の開始決定が

あったり、滞納処分による差押えがあったりした場合は、根抵当権者がこの競売開始決定や差押えがあったことを知った時から2週間を経過したときに元本が確定します（民法398条の20第1項3号）。

　ただし、この場合は、競売の申立が取り下げられたり、滞納処分による差押えが取消または解除されたりした場合は、いったん生じた確定の効力が覆滅します（同条2項本文）。

　しかし、申立の取下げ前に、すでに根抵当権は確定したものとして、被担保債権の譲受や代位弁済によって根抵当権を取得したり、民法376条1項によって根抵当権の譲渡、放棄等の処分を受けた人などがいるときは、いったん生じた確定の効力はくつがえりません（同条2項ただし書）。

3 債務者または根抵当権設定者の破産手続開始決定

　債務者または根抵当権設定者について破産手続開始決定があった場合は、開始決定の時点で元本が確定します（民法398条の20第1項4号）。

　ただし、破産手続開始決定が異議抗告等によって取り消された場合には、いったん生じた確定の効力が覆滅します（同条2項本文）。

　しかし、取り消される前に、すでに根抵当権は確定したものとして、その根抵当権やそれを目的とする権利を取得した者がいるときは、いったん生じた確定の効力はくつがえりません（同項ただし書）。

根抵当権の元本確定事由（民法398条の20以外）

民法398条の20に規定されている元本の確定事由以外に、どのような確定事由がありますか。

元本確定期日の到来のほか、債務者の相続開始、根抵当権者または債務者の合併・分割の場合において一定の事由が発生した場合や、根抵当権設定者または根抵当権者による確定請求などがあります。

◉ 解説 EXPLANATION

1 元本確定期日の到来

　根抵当権の設定契約時に元本確定期日を定めていた場合は、その確定期日の午前0時に元本が確定します（民法398条の6第4項）。ただし、確定期日到来前に確定期日の変更登記（ただし、変更した日から5年以内）をすれば、変更後の確定期日までは確定しません。

2 根抵当債務者の相続開始

　根抵当債務者の相続開始後6か月以内に相続人の合意の登記をしなかった場合は、債務者の相続開始の時にさかのぼって元本が確定します（民法398条の8第4項）。

3 根抵当権者または債務者の合併・分割

　根抵当権者または債務者の合併を理由に根抵当権設定者から元本確定請

求があった場合は、合併（登記）の時にさかのぼって確定します（民法
398条の9第4項）。ただし、債務者の合併の場合には、根抵当権設定者
が債務者以外の第三者（つまり物上保証人）のみが元本確定請求をするこ
とができ、根抵当権設定者が債務者の場合はできません。

　また、合併（登記）があったことを根抵当権設定者が知った日から2週
間を経過したとき、または知らなかったとしても合併（登記）の日から1
か月を経過したときは、元本の確定請求ができなくなります。

　根抵当権者または債務者である会社が分割されたときも、合併と同様
に、根抵当権設定者は分割の日から1か月以内または分割があったことを
知った日から2週間以内に根抵当権の元本確定を請求することができ、そ
の請求があると、根抵当権は分割の時にさかのぼって確定したものとされ
ます（同法398条の10第3項）。

4 根抵当権設定者による元本確定請求

　根抵当権設定の時から3年経過後に、根抵当権設定者から元本確定請求
があった場合は、確定期日の定めのない根抵当権にあっては、債務者本人
の提供か物上保証人の提供かにかかわらず、当該請求の時から2週間を経
過することによって確定します（民法398条の19第1項）。

　この請求を受けた根抵当権者としては、根抵当権設定者がなぜこの請求
をしたか理由を確かめたうえで、債務者との融資取引の対応方針（取引の
継続または解消、代わり担保の徴求等）を再検討しなければなりません。

5 根抵当権者による元本確定請求

　根抵当権者は、元本確定期日の定めのない根抵当権にあっては、いつで
も担保すべき元本の確定を請求することができ、その請求の時に確定しま
す（民法398条の19第2項・3項）。

第6章　各種担保取引と管理

根抵当債務者の相続開始

根抵当権設定者兼債務者（個人事業主）が死亡し、相続人のうち1人から個人事業と根抵当取引を引き継ぎたいとの申出があります。どのような点に留意すればよいでしょうか。

抵当権の新債務者を特定の相続人とする合意の登記を相続開始後6か月以内にしないと、根抵当権は相続開始の時点において確定したものとみなされます。

◉ **解説** EXPLANATION

1 債務者の相続開始と根抵当権の被担保債権

根抵当権の元本確定前にその債務者につき相続が開始したときは、当該根抵当権は、相続開始の時に存する債務を担保します（民法398条の8第2項）。相続開始の時に存する債務とは、たとえば、債務者Aが死亡した時点で、共同相続人B・C・Dが相続分に応じて分割承継した債務です（同法899条・900条）。

2 相続開始後の合意による債務者の登記と新規融資

(1) 根抵当権設定者との合意による債務者との新規融資

債務者Aの相続開始後に、根抵当権者と根抵当権設定者（根抵当物件の相続人）との合意により、根抵当債務者たる地位を承継する新債務者として相続人の中からCを選定することによって、相続開始後にCが債権者に対して新たに負担する債務も、この根抵当権で担保させることができます

（民法 398 条の 8 第 2 項後半）。

(2)　合意により定めた債務者の登記

前記(1)の合意は、相続開始後 6 か月以内に登記しないと、根抵当権は相続開始の時点において確定したものとみなされるので、A 死亡後の C に対する融資等は、この根抵当権では担保されません（民法 398 条の 8 第 4 項）。

この合意の登記は、相続債務がゼロであっても、まず、相続による債務者の変更登記（債務者 A をその相続人 B・C・D に変更する登記）をした後でなければ、債務者を相続人 C とする合意の登記はできないので注意すべきです（不動産登記法 92 条）。

また、相続による債務者の変更登記および債務者を相続人 C とする合意の登記は、単に根抵当権の今後の債務者を決定するにとどまらず、引き続き確定前の根抵当権として継続させるものですから、相続人が 1 人（単独相続）の場合でも必要です。たとえば、債務者 E の相続人が F のみの場合でも、まず、相続による債務者の変更登記（債務者 E をその相続人 F に変更する登記）をした後に、債務者を相続人 F とする合意の登記をしなければなりません。

3　元本確定前の相続債務の承継手続等

C を債務者とする合意の登記を経たうえで、相続人 B・C・D が分割承継した債務を債務引受等により C に一本化し、C の引受債務等を元本確定前の根抵当権で担保させる手続は、以下のとおりです。

(1)　債務引受

B・D が相続した各債務を C が免責的または併存的に引き受けた場合、当該 C の引受債務を元本確定前の根抵当権で担保させるためには、これを特定債務として根抵当権の被担保債務の範囲に追加する変更登記をしなければなりません（民法 398 条の 7 第 2 項）。

(2)　新規融資回収方式

C を債務者とする合意の登記を経たうえで、C に新規融資をして B・C・D の相続債務全額を回収する方法です。

根抵当権設定者の意思能力喪失・相続開始

　　根抵当権設定者Ａが意思能力を喪失し成年後見人が選任された場合、根抵当権者甲の債務者Ｂ社に対する新規融資は根抵当権で担保されますか。また、Ａが死亡した場合はどうでしょうか。

について、意思能力喪失や死亡による相続開始があっても、根抵当権の元本確定事由ではないので、Ｂ社に対する既存融資や新規融資は当該根抵当権で担保されます。

◉ **解説** EXPLANATION

１ 根抵当権設定者の意思能力喪失・死亡と根抵当権の効力

　根抵当権設定者の意思能力の喪失や死亡は、根抵当権の元本確定事由とはなっていません。したがって、根抵当権設定者の意思能力喪失や相続後も、既存の融資や今後の新たな融資を担保します。

２ 根抵当権設定者による確定請求

　根抵当権が根抵当権設定の時より３年経過している場合、設定者の成年後見人により根抵当権の元本確定を請求されるかもしれません（民法398条の19第1項）。また、Ａの相続開始による根抵当物件の相続人が、自己のために元本の確定を請求することも考えられます。この場合、根抵当権は、その請求の時から２週間を経過することによって確定します（同項）。

根抵当権の元本の確定登記

Q 113

根抵当権の元本が確定した場合、元本の確定登記はどのように行えばよいのですか。

ANSWER

根抵当権の元本の確定登記は、原則として根抵当権者と根抵当権設定者との共同申請で行います。ただし、根抵当権者が元本確定請求をした場合など一定の場合は、根抵当権者による単独申請で元本の確定登記をすることができます。

◉ **解説** EXPLANATION

1 共同申請による元本確定登記

元本の確定の登記は、一種の根抵当権の変更登記ですが、第三者対抗要件としての意味はほとんどなく、登記簿に根抵当権の内容に変更があったことを忠実に反映させ、法律関係を明確に公示するためのものだとされています。

原則として、根抵当権者を登記義務者、根抵当権設定者を登記権利者とする共同申請により行い、申請書に登記原因およびその日付として、元本が確定した旨および元本確定の日を記載します。

2 単独申請による元本確定登記

共同申請の原則にかかわらず、根抵当権者が例外的に単独で元本の確定登記申請ができる場合があります（不動産登記法93条）。

①根抵当権者が元本の確定請求をした時（民法398条の19第2項）、②

根抵当権者が抵当不動産に対する競売手続の開始または滞納処分による差押えがあったことを知った時から2週間を経過したとき（同法398条の20第1項3号）、③債務者または根抵当権設定者が破産手続開始の決定を受けたとき（同項4号）、などです。

ただし、②③の場合は、根抵当権確定後の被担保債権の譲渡や代位弁済によって元本確定効が覆滅しないことが確定した場合に、代位弁済等に伴う権利取得（根抵当権の移転など）の登記申請とあわせて元本確定の登記申請をしなければなりません。

3 元本確定を前提とする登記申請

元本確定を前提とする登記申請は、元本確定登記がなければ原則として登記所で受理しない取扱いとなっています（昭和46・12・27民事三発960号民事局第三課長依命通知第7項参照）。

ただし、元本確定の登記がされていないときでも、申請できることがあります。たとえば、①登記簿上の確定期日がすでに到来しているとき、②根抵当権者または債務者について相続による移転または変更の登記がなされた後、民法398条の8第1項または第2項の合意の登記がなされないまま6か月を経過しているとき、③民法398条の20第1項1号・2号または4号の規定により、元本が確定していることが登記簿上明らかなとき、などです。

元本確定後の根抵当権

元本確定後の根抵当権とはどのようなものですか。

元本確定後の根抵当権は付従性が生じて普通抵当権のようになりますが、普通抵当権そのものになるということではありません。なお、元本確定後の根抵当権の留意点は、解説に記載のとおりです。

◉ **解説** EXPLANATION

1 付従性・随伴性の発生

根抵当権の元本が確定すると、その被担保債権が弁済などによって消滅すれば根抵当権も消滅し（付従性）、債権譲渡により被担保債権が第三者に移転すれば根抵当権も新債権者へ移転します（随伴性）。

2 抵当権の処分

根抵当権の元本が確定すると、普通抵当権と同じように、転抵当と相対的処分である根抵当権の譲渡・放棄、順位の譲渡・放棄が可能になります。

3 被担保債権の範囲

被担保債権の範囲については、極度額の範囲内でその被担保債権を担保するものである点は確定後も変わりはありません。

たとえば、融資債権元本100万円を担保する普通抵当権では、利息・損

害金等が 30 万円となっていたとしても、その優先弁済権は元本 100 万円と最後の 2 年分の利息・損害金等についてしか認められず、その 2 年分が 20 万円の場合は 120 万円が限度となります（民法 375 条）。しかし、根抵当権の場合は極度額が 130 万円となっているのであれば、元利合計 130 万円について優先弁済権が認められます（同法 398 条の 3）。

　要するに、根抵当権はたとえ元本確定後でも極度額の範囲内についてのみ配当を受けられるという性格には変わりなく、その点では普通抵当権とは相違するものといえます。

4 減額請求権

　根抵当権の場合は元利を含めて極度額まで担保されるので、たとえ確定後の元本がいくら減少しても、その後発生する利息、損害金は極度額まで担保されるため、必ずしも後順位担保権者の担保余力は生じません。

　そこで、元本確定後の根抵当権でその被担保債権が極度額以下のときは、根抵当権設定者は、現在残高（元本のほか、利息・損害金を含む）に、今後 2 年間に生じる利息・損害金を加算した額まで極度額を減額するよう請求する権利が認められています（民法 398 条の 21）。

5 消滅請求権

　たとえば、極度額 5,000 万円の元本確定後の根抵当権の被担保債権が 8,000 万円となっている場合、5,000 万円を弁済しても被担保債権が 3,000 万円残るため、根抵当権は原則として消滅しません。ただし、根抵当権設定者が第三者（物上保証人）または当該根抵当物件の第三取得者の場合に限り、たとえ被担保債権が極度額以上であっても、当該物上保証人等は、極度額だけ支払うことにより、根抵当権の消滅を請求することができます（同法 398 条の 22）。

Q 115 滞納処分による差押えと根抵当権の優劣

根抵当不動産について、国税等の滞納処分による差押えの通知があった場合、注意すべき点は何ですか。

根抵当権が国税等に優先する場合でも、原則として、滞納処分による差押えまたは交付要求の通知を受けた時の債権額が優先する限度となります（国税徴収法 18 条 1 項）。差押通知後の追加融資は、原則として国税等に劣後します。

◉ **解説** EXPLANATION

1 国税等と根抵当権との優劣

根抵当権の被担保債権と租税債権との優劣は、法定納期限等を基準とし、法定納期限等以前に登記されている根抵当権の被担保債権は租税債権に優先しますが（法定納期限と根抵当権の登記が同日の場合は根抵当権が優先する）、根抵当権の登記日が法定納期限等の後であれば、租税債権に劣後するのが原則です（国税徴収法 16 条、地方税法 14 条の 10）。

2 滞納処分による差押え後の融資と根抵当権の優先限度額

(1) 滞納処分による差押え後の融資と後順位権者に対する優先権

滞納処分による差押えを知った時から 2 週間経過前の融資であれば、元本確定前の根抵当権で担保されるため、後順位担保権者に対しては優先権

を主張できます（民法398条の20第1項3号）。

(2) 滞納処分による差押え後の融資と国税等に対する優先限度額

国税徴収法18条1項は、「国税に先立つ抵当権により担保される債権の元本の金額は、その抵当権者がその国税に係る差押え又は交付要求の通知を受けた時における債権額を限度とする」と規定しており、追加融資は、原則として国税等に劣後することになります。

ただし、滞納処分による差押えの通知を受けた時点での融資に係る元本金額に対する利息・損害金等は、当該通知後に新たに発生するものについても、極度額の範囲内であれば国税等に優先します。

3 元本確定前に追加融資を行った場合

(1) 第1順位は国税等に優先し、第2順位は国税等に劣後する場合

たとえば、担保不動産の時価6,000万円、滞納税額2,000万円、第1順位根抵当権者甲金融機関（極度額5,000万円・登記日は法定納期限以前）、第2順位根抵当権者乙金融機関（極度額2,000万円・登記日は法定納期限後）であり、滞納通知があった時の甲の融資残高が3,000万円であったとします。

この場合、甲が追加融資をしなければ、抵当不動産の売却代金6,000万円の配当は、①甲3,000万円、②国税等2,000万円、③乙1,000万円となります。

しかし、甲が元本確定前に追加融資2,000万円を実行した場合は、国税徴収法18条1項本文により国税等に劣後するので、配当は①甲3,000万円、②国税等2,000万円、③甲1,000万円となり乙は配当なし、となります。

(2) 第1順位も第2順位も国税に優先する場合

甲だけでなく乙の根抵当権も国税等に優先する場合、甲が追加融資を行わない場合の担保不動産売却代金6,000万円の配当は、①甲3,000万円、②乙2,000万円、③国税等1,000万円となります。

　甲が元本確定前に追加融資 2,000 万円を行った場合、国税等には劣後するものの、乙には優先するので、配当は①甲 3,000 万円、②国税等 2,000 万円、③甲 1,000 万円となり乙は配当なし、となります。しかし、これでは、国税等に優先するはずの乙の権利を害するので、国税徴収法 18 条 1 項ただし書により、同条同項本文は適用されません。したがって、配当は、結局①甲 5,000 万円、②乙 1,000 万円、③国税等 0 円となります。

預金担保と確定日付

　自行預金担保の場合は質権設定契約書にも確定日付を徴求しないのはなぜですか。

116

差押債権者等の第三者への対抗について、自行預金担保の場合は、質権よりも預金相殺による方法のほうが、より確実に対抗できるためです。

◉ **解説** EXPLANATION

1 預金担保の成立と対抗要件

　質権設定契約は要物契約ですが、債権質の場合は債権者と質権設定者との合意によって成立し、確定日付ある証書による第三債務者への通知または承諾をもって、第三債務者その他の第三者に対抗できます（民法 362 条・364 条・467 条）。ただし、預金債権の場合は譲渡質入禁止特約が付されているので、第三債務者の承諾が不可欠です（同法 466 条の 5）。

2 自行預金担保の対抗要件

　自行預金を担保取得する場合、当該預金の債務者（他行預金担保の場合の第三債務者に当たる）である金融機関が預金者と質権設定契約を締結すると、質権設定を承諾したことになり、質権設定契約が有効に成立します。

したがって、この質権設定契約書に確定日付を徴求すれば、第三者対抗要件が備わることになります（民法362条・364条）。

3 自行預金担保に確定日付を徴求しない理由

(1) 預金に差押えがあった場合の相殺による対抗

融資先の預金に差押えがあった場合、融資債権等が差押え前の融資債権等でありさえすれば、預金債権と融資債権の弁済期の前後を問わず、差押債権者に相殺で対抗できるため（民法511条、最大判昭和45・6・24金融・商事判例215号2頁）、実務では、確定日付を徴求しない扱いになっています。

ただし、債務者以外の者が担保提供者の場合は、当該者に連帯保証人となってもらい、差押債権者等の第三者に対しては、当該者に対する保証債権と預金債権との相殺により対抗できるようにしておく必要があります。

したがって、被担保債権が事業資金融資であり、かつ質権設定者が個人で経営に関与しない第三者などの理由により、連帯保証人とならない場合は、第三者対抗要件としての確定日付が必要です。

(2) 預金に差押えがあった場合の質権による対抗

滞納処分による差押えの場合、質権をもって国税等に対抗するためには、確定日付が滞納処分に係る税金の法定納期限以前でなければなりません。

これに対して相殺であれば、融資債権等が差押え後に取得したものでない限り、国税等に対抗することができます。

たとえば、10月1日になされた滞納処分による差押えに係る滞納税金の法定納期限が3月31日の場合、質権の確定日付は3月31日以前でなければ質権によって国税等には対抗できませんが、質権の確定日付が3月31日後であっても、相殺で対抗するのであれば、融資債権等が10月1日の差押え後に取得したものでない限り、被差押預金との相殺により対抗できることになります（民法511条）。

つまり、質権では対抗できないのに相殺権であれば対抗できることになり、費用をかけて質権設定契約書に確定日付を徴求する意味がなくなったわけです。

Q / 117 総合口座の担保定期預金に対する差押え

総合口座に設定されている定期預金が差し押さえられました。どのような点に注意すべきでしょうか。

当座貸越が発生している場合、差押債権者に対しては相殺で対抗します。

◉ **解説** EXPLANATION

1 担保権の内容は質権

総合口座の普通預金について、その残高を超えて払戻請求されたり各種公共料金等の自動支払請求がされた場合には、当該口座に設定されている定期預金を担保に、不足額を当座貸越として自動的に貸し出すことになっています。

また、当該貸越の限度額は、担保定期預金の90％の範囲内でかつ一定の上限金額（たとえば、300万円）などとなっており、質権を設定するものとしています（総合口座取引規定ひな型6条・7条）。

2 担保定期預金に対して差押えがあった場合

担保定期預金に差押命令が発送されても、即時支払事由とはなっていないので、これだけでは相殺適状となることはありません。しかし、差押命令があった場合は、当該差押命令に係る定期預金全額を当座貸越金の担保

から除外して、残りの定期預金を貸越金の担保とすることになっています（総合口座取引規定ひな型7条3項）。この取扱いにより、貸越金が新極度額を超える場合は、当該超える部分について即時支払義務が発生し、支払がされるまで差押えに係る担保権は存続します（同条同項3号）。

たとえば、定期預金が100万円で90万円の貸越が発生していたところ、定期預金全額について差押えがあった場合は、担保定期預金がゼロとなるため、新極度額はゼロとなり貸越残高90万円全額について即時支払義務が発生し、90万円の支払があるまでは差し押さえられた定期預金に対する質権は存続します。

3 差押債権者に対する対応

前記2の場合の相殺適状の時点は、差押命令の送達後となりますが、貸越金債権90万円は差押命令送達時にすでに発生している債権ですから、これを自働債権とし被差押定期預金100万円を受働債権とする相殺をもって差押債権者に対抗することができます（民法511条1項後半、最判昭和45・6・24金融・商事判例215号2頁）。

また、相殺通知は預金者に対して行えばよいのですが（同法506条）、実務上は差押債権者に対しても事後通知しておいたほうがよいでしょう。

差押債権者が差押転付権者である場合には、差押転付権者に対して相殺通知をします（最判昭和32・7・19金融・商事判例529号39頁）。

なお、差押命令等の送達後に発生した当座貸越債権については、相殺をもって差押債権者に対抗することができないので（同法511条1項前半）、差押命令等の送達を受けた場合には、被差押定期預金の支払禁止手続をとるだけでなく、直ちに貸越極度額の減額・廃止の手続をとることが必要です。

総合口座名義人の死亡と当座貸越の回収

すでに当座貸越が発生している総合口座の口座名義人が死亡して相続が開始しました。どのようにすべきでしょうか。

直ちに担保預金を解約して、当座貸越金に充当する等の対応をします。

◉ **解説** EXPLANATION

1 総合口座取引先の死亡と貸越元利金の即時支払義務

総合口座取引規定ひな型12条は、貸越元利金の即時支払事由を定めています。同条1項は、金融機関からの請求がなくても当然に貸越元利金を直ちに弁済義務を負う場合として、①支払停止または破産、民事再生手続開始の申立があったとき、②相続の開始があったとき、③貸越金利息の元本組入れにより極度額を超えたまま6か月を経過したとき、④所在不明となったとき、を規定しています。このうち、②の「相続の開始があったとき」は、消費者ローン契約書等にはない規定です。

したがって、口座名義人が死亡したとき（相続の開始があったとき）は、その相続人が当然に貸越元利金の即時支払義務を負担します。

2 総合口座取引先の死亡と貸越取引の中止・解約

⑴ 総合口座取引先の死亡と貸越義務

　総合口座は、口座名義人の死亡によって当然に貸越契約が終了するわけではなく、その相続人は、すでに発生している貸越元利金の即時支払義務は負うものの、貸越極度額の範囲内で貸越を受ける権利も相続しているため、貸越極度額まで貸越請求をすることができ、金融機関は貸越義務を負うことになります。

　ただし、相続人が1人のみの場合は、当該相続人による貸越、共同相続の場合は共同相続人全員の同意による貸越でなければ有効な貸越とは認められません。

⑵ 総合口座取引先の死亡と貸越取引の中止・解約

　総合口座取引規定ひな型13条2項は、同ひな型12条各項の事由があるときは、金融機関はいつでも貸越を中止または貸越契約を解約できるものと定めています。そこで、口座名義人につき相続が開始した場合に、新たな貸越の発生を防ぐ必要がある場合は、貸越取引を中止または解約する旨を相続人に通知して、金融機関の貸越義務を免れることができます。

3 貸越元利金の回収と残余担保定期預金等の相続処理

　すでに発生している貸越元利金については、口座名義人が死亡したときに支払期限が当然に到来しているため、担保定期預金の質権実行、差引計算（相殺または払戻充当）、解約充当などの方法により回収することができます（総合口座取引規定ひな型12条1項2号・14条1項1号）。

　これを回収しないで放置すると、多額の遅延損害金の支払を余儀なくされトラブルを招くおそれもあるので、相続開始を知った時点で直ちに払戻充当等の方法で担保定期預金を解約し、貸越元利金に充当（利息損害金の計算は、その期間を計算実行の日までとする。同ひな型14条2項）することが望ましいといえます。

将来発生する診療報酬債権担保

　将来発生する診療報酬債権を譲渡担保として取得することを検討していますが、担保取得に際しての留意点はどのようなものですか。

担保取得に際しては、第三者対抗要件の具備が不可欠です。

◉ **解説** EXPLANATION

1 将来発生する診療報酬債権の担保取得の可否

　債権の譲渡は、その意思表示の時点で債権が発生していないときでも譲渡が可能です（民法466条の6第1項）。この場合、契約締結時において債権発生の可能性が低いことは、契約の効力を左右するものではないと解されています（同法466条の2、最判平成11・1・29金融・商事判例1062号4頁）。

　したがって、将来発生する診療報酬債権も、譲渡担保として取得することができます。

2 担保取得に際しての留意点と動産債権譲渡特例法

(1) 担保取得に際しての調査すべき事項等と譲渡担保設定契約の締結

担保取得にあたっては、①債権発生の法律関係（契約書等の確認）の有

無、②譲渡制限特約の有無、③債権発生の可能性、④金額はどの程度か、⑤始期と終期を明確に定められるかなどについて、調査し担保取得の可否を検討したうえで譲渡担保設定契約を締結します。

(2)　債権譲渡担保設定契約についての第三者対抗要件の具備

診療報酬債権について譲渡担保設定契約を締結しても、差押債権者等の第三者に対抗するための手続が必要です。

①　民法に基づく債務者および第三者に対する対抗要件

民法に基づく対抗要件は、譲渡人から債務者（基金）への通知または基金の承諾により基金に対する対抗要件が生じ（民法467条1項）、さらにこの通知または承諾が確定日付ある証書でなされることにより、基金以外の第三者に対する対抗要件が生じます（同条2項）。

②　動産債権譲渡特例法に基づく債務者および第三者に対する対抗要件

動産債権譲渡特例法は、譲渡人が法人の場合に限り適用され、譲渡人が個人の場合は利用できません（同法1条）。診療報酬債権譲渡担保設定契約を締結し、その旨を債権譲渡登記ファイルへ譲渡登記すれば、債権譲渡の第三者対抗要件が備わります（同法4条）。

ただし、担保取得した診療報酬債権が基金から譲渡人に支払われることを阻止するには、金融機関または譲渡人から基金に対して、登記事項証明書を交付して債権譲渡の通知をしなければなりません（動産債権譲渡特例法4条2項）。

③ 譲渡制限特約の有無

診療報酬債権については、譲渡制限特約は付されていないので、この点に留意する必要はありません（譲渡制限特約が付されている場合については、Q 121参照）。

特定の販売先に対する将来債権の担保取得

Q 120

融資先（法人）がその販売先（売掛金債権の債務者）に対して現在および将来取得する売掛金債権について、金融機関が、動産債権譲渡特例法に基づき譲渡担保として取得する手続と担保権実行について教えてください。

債権譲渡登記は、譲渡人（融資先）および譲受人（金融機関）の申請により、債権譲渡登記ファイルに譲渡に係る債権の特定に必要な事項等を記録して行います。これにより、第三者対抗要件が備わります。融資先が破綻した場合は、販売先に対する債権譲渡の通知により販売先に対する対抗要件を備えることによって、優先的に債権回収することができます。

◎**解説** EXPLANATION

1 債権譲渡登記（第三者対抗要件）の方法

融資先との間で、融資先の販売先に対する現在ならびに将来発生する売掛金債権について債権譲渡担保設定契約を締結し、その旨を債権譲渡登記ファイルへ譲渡登記をすれば、第三者対抗要件が備わります（動産債権譲渡特例法4条）。また、債権譲渡登記は、譲渡人（融資先）および譲受人（金融機関）の申請により、債権譲渡登記ファイルに、次に掲げる事項を記録して行います（同法8条2項）。

①譲渡人の商号等、譲受人の氏名等（法人の場合は商号等）、②債権譲渡登記の登記原因およびその日付、③譲渡に係る債権（すでに発生した債権のみを譲渡する場合に限る）の総額、④譲渡に係る債権を特定するために必要な事項で法務省令（動産債権譲渡登記規則9条1項）で定めるもの、⑤債権譲渡登記の存続期間。

　ただし、⑤の存続期間は、特別の事由がある場合を除き、譲渡に係る債権の債務者のすべてが特定している場合は50年、これ以外の場合は10年を超えることはできませんが（動産債権譲渡特例法8条3項）、「特別の事由」とは、被担保債権の最終弁済期が10年（50年）を超えているような場合と考えられます。なお、存続期間の延長登記（同法9条）も認められています。

　これにより、金融機関は、融資先と販売先との継続的な商品販売契約に基づき恒常的に発生する売掛金債権残高について、売掛金債権担保として取得し続けることが可能となります。

② 販売先に対する対抗要件を具備しない理由

　売掛金債権譲渡担保については、販売先（譲渡債権の債務者）に対する対抗要件（販売先に対する通知または承諾）を備えることは通常はしません。販売先に通知または承諾手続をとると、融資先の信用不安を招くおそれもあるためです。このため、支払期日が到来した売掛金債権は、事情を知らない販売先から融資先に支払われますが、継続的に発生する売掛金債権が新たな担保となるので、金融機関には一定の金額の売掛金債権が担保残高として恒常的に残ります。

　なお、最高裁は、譲渡人が譲受人に対する金銭債務の担保として、発生原因となる取引の種類、発生期間等で特定される現在ならびに将来生ずべき集合債権を一括して譲渡し、取立権限を譲渡人に留保する集合債権譲渡担保の有効性を認め、既存の債権および将来債権は、債権譲渡担保契約締結の時点で、譲渡人から譲受人に確定的に譲渡されるものとしています（最判平成13・11・22金融・商事判例1136号7頁）。

③ 将来債権が譲渡担保権者に移転する時期と第三者対抗要件

　将来債権が譲渡担保権者に移転する時期がいつかが争われた事案があります。事案の内容は、担保取得していた譲渡担保債権につき滞納処分によ

る差押えがされ、将来債権譲渡担保の第三者対抗要件を備えた日が法定納期限以前であったものの、差し押さえられた将来債権の発生日が法定納期限後であったため、譲渡担保財産となったのは法定納期限後であり国税が優先するとして争われたものです。最高裁は、「譲渡担保の目的とされた債権は譲渡担保契約によって譲渡担保設定者から譲渡担保権者に確定的に譲渡されているのであり、……譲渡担保の目的とされた債権が将来発生したときには、譲渡担保権者は、譲渡担保設定者の特段の行為をすることなく当然に、当該債権を担保の目的で取得することができる」とし、国税の法定納期限後に発生したとしても、当該債権を法定納期限等以前に譲渡担保財産となっているとして、譲渡担保権者が優先するものとしています（最判平成19・2・15金融・商事判例1266号22頁）。

この点民法は、債権が譲渡された場合において、その意思表示の時に債権が現に発生していないときは、譲受人は、発生した債権を当然に取得するものとしています（同法466条の6第2項、前掲最判平成13・11・22、前掲最判平成19・2・15）。

また、債権の譲渡（現に発生していない債権の譲渡を含む）は、確定日付ある証書による譲渡人の債務者に対する通知または債務者の承諾によって、債務者その他の第三者に対抗することができるものとしています（同法467条）。つまり、将来債権が発生する前に将来債権譲渡の第三者対抗要件を備えることができます。

4 販売先に対する対抗要件の具備と担保権の実行

将来、融資先の経営が破綻した場合、金融機関は、販売先に対して登記事項証明書を交付して債権譲渡の通知をすれば、販売先に対する対抗要件を備えることができます（動産債権譲渡特例法4条2項）。つまり、販売先（債務者）に通知した時点で残存する売掛金債権は、債務者その他の第三者に対抗できる譲渡担保債権ですから、金融機関は、他の債権者に優先して回収することができます。

不特定の販売先に対する将来債権の担保取得

　融資先の不特定の販売先に対する将来債権を担保取得する場合の、留意点と担保管理等について教えてください。

　　売掛金債権に譲渡制限特約があっても有効に担保取得できますが、担保権実行に際して支払を拒否される可能性も念頭に置いておく必要があります。また、担保取得した売掛金債権の残高を定期的に把握することが、融資先の業績推移の把握や担保管理上重要です。

ANSWER

◉ **解説** EXPLANATION

1 不特定の販売先に対する将来債権の担保取得と債権譲渡登記の方法

　融資先の不特定の販売先に対する現在ならびに将来発生する売掛金債権等についても、債権譲渡担保設定契約を締結し、債権譲渡登記ファイルへ債権を特定するために必要な事項を記録することにより、第三者対抗要件を備えることができます。

　具体的には、①債権が数個あるときは、一で始まる債権の連続番号、②債務者が特定しているときは、債務者および債権の発生の時における債務者の数、氏名および住所（法人の場合は照合等）、③債務者が不特定のときは、債権の発生原因および債権の発生の時における債権者の数、氏名等（法人の場合は、商号等）、④融資債権、売掛債権その他の債権の種別、⑤債権の発生年月日（債務者が不特定の場合は発生期間）、⑥債権の発生の時および譲渡または質権設定の時における債権額（すでに発生した債権の

みを譲渡し、または目的として質権を設定する場合に限る）を債権譲渡登記ファイルに記録すれば、当該登記の日付をもって第三者対抗要件が付与されます（動産債権譲渡特例法4条、動産債権譲渡登記規則9条1項）。

　また、担保取得した売掛金債権の残高については、販売先別売掛金残高明細書の提出を定期的に求め、現存する担保金額を恒常的に把握することが重要です。

2 譲渡債権に譲渡制限が付されていた場合

(1)　譲渡制限特約付きの債権譲渡の有効性

　売掛金債権等について譲渡制限特約が付されており、譲受人（金融機関）が悪意・重過失でなされた債権譲渡であっても、債権譲渡の効力は妨げられず有効であり（民法466条2項）、譲受人が債権者となります。

　ただし、債務者（融資先の販売先）は、譲渡制限特約について悪意・重過失の譲受人からの請求に対しては、譲渡制限特約を主張して債務の履行を拒むことができますが（同条3項）、譲渡人（融資先）に対しても、もはや譲渡債権の債権者ではないことを理由に履行を拒むこともできてしまうので、結果として債務の弁済を免れることになります。

(2)　悪意・重過失の譲受人の保護

　譲受人（金融機関）は、債務者が債務を履行しない場合には、債務者に対し、相当の期間を定めて、譲渡人への債務の履行をするよう催告することができ、その期間内に履行がないときは、債務者は、譲受人に対して履行しなければならなくなります（民法466条4項）。

(3)　譲渡制限特約付の譲渡債権の債務者による供託

　譲渡制限特約付の債権が譲渡された場合、その債権の債務者は、その譲渡債権の全額を債務の履行地の供託所に供託することができます（民法466条の2第1項）。供託した債務者は、遅滞なく、譲渡人および譲受人（金融機関）に供託の通知をしなければなりませんが（同条2項）、当該供託金の還付請求は、譲受人のみができます（同条3項）。

⑷　譲渡人が破産した場合

　譲渡制限特約付の債権が譲渡された後に、譲渡人について破産手続開始の決定があったときは、債権の全額を譲り受け、第三者対抗要件を具備した譲受人は、譲渡制限特約について悪意または重過失によって知らなかった場合であっても、債務者に債権の全額を供託するよう請求することができます（民法466条の3）。この請求後に、債務者が譲渡人へ弁済しても、これをもって譲受人に対抗できません（同法468条2項）。また、供託をした債務者は、遅滞なく、譲渡人および譲受人に供託の通知をしなければなりませんが、供託金の還付請求は、譲受人のみがすることができます（同法466条の3、同法466条の2第2項・3項）。

3 債務者対抗要件具備後に譲渡制限特約が付された場合

　債権譲渡について、債務者に対する対抗要件（譲渡人から債務者に対する通知または承諾）を備えた後に、譲渡人と債務者との間で譲渡制限特約が付された場合は、譲受人（金融機関）が悪意・重過失であったか否かを問わず、債務者は譲受人に対抗することはできません（民法466条の6第3項）。

所有権留保動産に対する集合動産譲渡担保の効力

Q 122

　融資先Ａが倒産したため、譲渡担保取得していた集合動産を処分しようとしたところ、ＡがＢから所有権留保特約に基づき仕入れていた担保動産（金属スクラップ）が、Ｂにより引き揚げられました。所有権留保特約がある動産について、譲渡担保の効力を主張できないのでしょうか。

譲渡担保取得している当該金属スクラップについて、Ａがその代金を完済していないものについては、Ｂに対して譲渡担保権を主張することはできません。

◉ **解説** EXPLANATION

1 集合動産譲渡担保の有効性と対抗要件

(1) 集合動産譲渡担保の有効性

　特定の工場・倉庫のなかにある在庫品、製品、原材料など変動する多数の動産を一括して担保にとる方法として、「集合動産譲渡担保」がありますが、このような変動する多数の動産を一括して担保にとる集合動産譲渡担保について、最高裁昭和54年2月15日判決（金融・商事判例569号3頁）は、「構成部分の変動する集合動産についても、その種類、所在場所および量的範囲を特定するなどの方法により目的物の範囲が特定される場合には、一個の集合物として譲渡担保（注1）の目的となりうる」旨を判示し、その有効性を認めています。

(2) 対抗要件

　集合物譲渡担保権の対抗要件について、最高裁昭和62年11月10日判

決（金融・商事判例 791 号 3 頁）は、譲渡担保権設定者が現実に動産の占有を取得したときは、譲渡担保権者は占有改定 （注2） により占有権を取得するという合意に基づき、対抗要件を具備すると判示しています。

　また、法人が行う動産の譲渡については、動産譲渡登記ファイルへの譲渡の登記によって、民法 178 条の引渡しがあったものとみなされ、第三者対抗要件が具備されます（動産債権譲渡特例法 3 条 1 項）。譲渡の目的（担保目的譲渡か、または真正譲渡か）については特に制限はなく、個別動産、集合動産のいずれの譲渡も登記することができます。また、代理人（倉庫業者等）が動産を占有する場合も、登記することができます。

（注1）　譲渡担保とは、融資の担保として債務者の動産等を債権者に譲渡し、債務が完済されたときは動産等の所有権が債務者に戻るという手法です。ただし、債務が完済されないときは動産等の所有権が確定的に債権者に帰属します。

（注2）　占有改定とは、たとえば、A が B にある物を譲渡する場合、A が引き続き B のために物を占有するという方法をいいます。譲渡担保はこの占有改定によって行われます。

2 所有権留保動産に対する譲渡担保の効力

　所有権留保特約とは、売買による目的物の買主への引渡し後、売買代金が完済されるまで目的物の所有権を売主に留保する特約のことをいいますが、質問の事例について最高裁は、売主 B が融資先 A に金属スクラップを反復継続して売却し、その売買代金の支払を確保するため、「一定期間に納付された金属スクラップの所有権は、その代金の完済までは B に留保する」旨を定めている場合、当該金属スクラップにつき譲渡担保の設定を受けた金融機関は、A がその代金を完済しない限り、当該金属スクラップにつき B に対して譲渡担保権を主張することはできないとしています（最判平成 30・12・7 金融・商事判例 1575 号 8 頁）。

3 実務上の留意点

　前掲最判平成 30・12・7 を踏まえると、融資先の工場や倉庫に収納され

ている原材料や製品などを一括して集合動産譲渡担保を取得する場合、所有権留保の特約が付いているのに、融資先が代金の支払をしていないときは、譲渡担保権の効力が発生しないことになります。

　したがって、融資先が仕入先から買い入れて収納した原材料などについては、①仕入先の所有権留保の特約が付いていないか、②融資先が代金を支払っているか、などについて把握しておく必要があります。

代理受領の担保としての機能と限界

　融資先Ａ社の販売先Ｂ社に対する工事代金債権が譲渡・質入れ禁止となっているため担保取得できない場合の、事実上の担保としての代理受領とはどのようなものですか。

　　理受領とは、Ａ社がＢ社に対して有する工事代金債権について、金融機関がＡ社の代理人として取り立てて融資金を回収するものです。金融機関のみに取立権限がありますが、第三者に対する優先権は確保できません。

◉ **解説** EXPLANATION

1 代理受領の方法

　代理受領の方法は、まず、債務者Ａ社が第三債務者Ｂ社に対して有する債権の取立・弁済受領について、債権者（金融機関）に委任する旨を記載した代理受領契約書を作成します。そして、金融機関・債務者の連名で、第三債務者にその代理受領契約の承認を請求し、第三債務者は承認の奥書をするという形をとります。

　また、この契約書には、①債権担保のためになされるものであること、②弁済の請求・受領権は金融機関のみにあり、債務者は、第三債務者に直接請求、弁済受領をしないこと、③金融機関・債務者の双方の同意がなければ同代理受領契約の解除はできないこと、④債務者は、当該金融機関以外の者に重ねて委任しないことなどを明記します。

2 代理受領の担保としての機能と限界

(1) 代理受領の事実上の担保としての機能

金融機関は、債務者（融資先）の第三債務者（販売先）に対する債権について、債務者の代理人として取立権を有するにすぎません。

ただし、融資先が、金融機関の債権保全を目的とする代理受領契約であることを知って承認したにもかかわらず、正当な理由なく当該金融機関以外の者に支払ったために金融機関に損害が発生した場合、販売先に対し不法行為に基づく損害賠償請求ができます（最判昭和44・3・4金融・商事判例159号14頁、最判昭和61・11・20金融・商事判例762号3頁）。

(2) 第三債務者による相殺等の抗弁と担保力の限界

第三債務者が代理受領について承諾したとしても、当該金融機関に対してのみ支払うという支払方法の承諾にすぎません。したがって、販売先の融資先に対する反対債権との相殺の抗弁や瑕疵担保責任に基づく代金減額請求の抗弁、債務者の債務不履行等による販売先の契約解除権の行使等がされた場合、当該金融機関はまったく支払を受けられなくなるおそれがあります（仙台高判平成21・10・28判例時報2077号58頁）。

(3) 第三者に対する優先関係と担保機能の限界

金融機関の権限は、代理受領契約に基づく代理権限にすぎないため、工事代金債権に対する差押債権者等の第三者に対する優先権はありません。

また、その債権につき、万一、質権が設定され、または譲渡がなされて対抗要件が具備されると、当該質権者等が優先権をもつことになります。

3 実務上の留意点

代理受領を取り扱う場合は、概ね次の点を工事請負契約書等によりチェックすることが必要です。①目的債権の内容（発生原因、金額、支払時期、支払方法等）、②第三債務者（工事請負代金の債務者）の信用力、③第三債務者の反対債権による相殺抗弁等の有無、④二重譲渡等（他の債務者への譲渡担保設定等）の有無。

Q 124 振込指定の担保としての機能と限界

　融資先Ａ社のＢ社に対する建築請負代金債権は譲渡・質入禁止となっているため、振込指定の方法を利用する場合がありますが、その方法と留意点について教えてください。

A **NSWER**

　振込指定は、Ｂ社がＡ社に対して負担する建築請負代金債務の支払方法について、Ａ社が金融機関に開設している預金口座に振り込む方法に限定し、金融機関のＡ社に対する融資債権について、Ｂ社からの振込入金によるＡ社の預金債権と相殺して回収できるようにするものです。ただし、振込指定は事実上の担保としての効力はあるものの、第三者に対する優先権を確保することはできません。

◉ **解説** EXPLANATION

1 振込指定の方法

　振込指定の方法は、金融機関・Ａ社連名の振込指定依頼書に、振込指定の対象となるＢ社のＡ社に対する債務については当該金融機関にあるＡ社の預金口座に振り込むことを明記し、①この振込指定は債権担保のためになされるものであること、②振込指定は金融機関・Ａ社の両者の合意がなければ解除・変更しないこと、③Ｂ社は指定された振込以外の方法で支払を行わないこと、の３要件を明記します。そして、この依頼書をＢ社に提出し、Ｂ社の承認を受けることにより振込指定の手続が完了します。

2 振込指定の担保としての機能と限界

　振込指定は、Ａ社・Ｂ社間における債務の履行方法の特約にすぎないと

いう点で、代理受領の委任とは法律的性格は異なりますが、その設定時の注意点や効力については、代理受領とほぼ同じです。

(1) 事実上の担保としての機能

振込指定に反して、第三債務者Ｂ社が直接債務者Ａ社に支払ったために金融機関に損害が発生した場合、債務不履行に基づく損害賠償責任を追及するには、振込指定の合意において、前記**1**①〜③の合意を行うことが必要です（福岡高判昭和57・5・31金融・商事判例648号19頁）。

(2) Ｂ社による相殺等の抗弁と担保機能の限界

振込指定は、金融機関にあるＡ社の預金口座に振り込むという支払方法の承諾にすぎないため、Ｂ社のＡ社に対する反対債権との相殺の抗弁、Ｂ社のＡ社に対する瑕疵担保責任に基づく代金減額請求の抗弁、Ａ社の債務不履行等による契約解除権の行使等については、Ｂ社は何ら制限を受けることはなく、このような抗弁等が付着していた場合は、回収不能となるおそれがあります。

(3) 第三者に対する優先関係と担保機能と限界

振込指定は、代理受領の場合と同様に、差押債権者等の第三者に対する優先権を確保できないなど、種々の点において質権・譲渡担保といった担保権に劣るものです。万一、差押えのほか質権が設定され、または譲渡されて対抗要件を具備されると、金融機関は優先権を主張できなくなります。

3 実務上の留意点

振込指定を行う場合の留意点は、代理受領の場合と同様です（Ｑ123参照）。

第**7**章 債権管理回収

弁済と充当

「債務の弁済」と「弁済の充当」とは、どのようなことをいうのですか。

弁済のため提供された給付がその債務全部を消滅させるに足りないときは、どの債務の弁済に優先充当すべきかを決める必要があり、これを弁済の充当といいます。充当の方法には、「指定充当」と「法定充当」があります。

◉ **解説** EXPLANATION

1 金銭債務の弁済の提供と弁済の時期

(1) 弁済の提供

弁済の提供は債務の本旨に従って現実にしなければならず（民法493条）、その弁済の提供の場所は、債権者の現在の住所です（同法484条1項後段）。融資取引の場合、融資先が弁済期日に金融機関の取引店舗に現金や当店券を持参し、金融機関がこれを受領すれば弁済は完了します。

(2) 弁済の時期

金銭債務について弁済期の定めがある場合は、債務者は弁済期まで弁済しなくてもよいという期限の利益を有しますが（民法136条）、民法および銀行取引約定書において期限の利益の喪失事由が定められています。

2　弁済の充当

(1)　弁済の充当

　弁済のため提供された給付がその債務全部を消滅させるに足りない場合、どの債務の弁済に優先充当すべきかを決める必要がありますが、これを「弁済の充当」といいます。充当の方法は、当事者の合意により自由に行うことができます（民法490条）。

　合意がない場合は当事者の一方の指定による充当（指定充当。同法488条1項～3項）によりますが、同法489条（元本、利息および費用を支払うべき場合の充当）に反することはできません。

　当事者が充当の指定をせず、または、債権者に対して遅滞なく異議を述べたときは「法定充当」となり、その順序は①弁済期にあるもの、②債務者のために利益の多いもの、③弁済期が先に到来したものまたは先に到来すべきものであり、以上の基準で先後が決まらない場合は、各債務の額に応じて充当します（同法488条4項・491条）。

(2)　銀行取引約定書の特約による充当

　銀行取引約定書の弁済充当に関する特約においては、金融機関が相殺または払戻充当をするときは、金融機関が適当と認める順序方法により充当し、これを債務者に通知するが、債務者はその充当に対して異議を述べることができないものとしています。

　金融機関が充当する場合は、債務者の期限未到来の債務については期限が到来したものとして、また満期前の割引手形および支払期日前の割引電子記録債権については買戻債務を、支払承諾（債務保証）については事前の求償債務を債務者が負担したものとして、金融機関はその順序・方法を指定することができるものとしています。

Q 連帯保証人の代位弁済と債権者の義務
126

　融資先が突然行方不明となり、連帯保証人に保証債務の履行を請求することになりました。債務者所有の不動産に根抵当権を有していますが、連帯保証人から代位弁済を受ける場合の留意点はどのようなものですか。

連帯保証人に保証債務の履行を請求するに際しては、求償権や代位権などについて十分に説明したうえで、代位弁済を受けるようにすべきです。また、その留意点は解説に記載のとおりです。

◉ **解説** EXPLANATION

1 保証人が弁済により取得する求償権と代位権

　主債務者の委託を受けた保証人が主債務を消滅させるべき行為をすると、その保証人は主債務者に対して求償権を取得し（民法459条1項）、その求償権の範囲は弁済日以降の法定利息等を含みます（同条2項・442条2項）。

　債務者のために弁済をした保証人は、債権者に代位し、債権の効力および担保としてその債権者が有していたいっさいの権利を行使することができます（同法499条・501条1項）。ただし、この代位権の行使は、保証人が代位弁済により取得した求償権の範囲内に限り、することができます（同条2項）。

　この弁済による代位制度は、弁済によって消滅した債権と従たる権利（担保権など）を弁済者に対する関係においてはなお存続するものとして、弁済者に移転させるものです。

また、代位の結果、弁済者は求償権と債権者の有していた債権その他の権利とを併有しますが、代位権の行使は求償権の範囲内でのみ認められます（代位権は求償権を担保する位置付けのもの）。

2 保証人による法定代位弁済と債権者の義務

(1) 代位弁済と債権者の義務

① 全部弁済の場合

保証人が債権の全部を弁済した場合は、金融機関は保証人に対し、代位行使のために必要な債権証書等の引渡義務を負います（民法503条1項）。なお、担保物が不動産の場合、保証人は、代位の付記登記がなくても債権者に代位して担保権を実行することができます。

② 一部弁済の場合

保証人が債務の一部を弁済した場合は、金融機関は債権証書等を代位者である保証人に引き渡す義務はありませんが、債権証書等にその代位を記入し、かつ、自己の占有する担保物の保存を代位者に監督させなければなりません（同法503条2項）。

なお、代位者は、弁済額に応じて金融機関とその権利を共有しますが、単独で代位権を行使できないと解されており、金融機関の同意がなければ、金融機関とともにその権利を行使することはできません（同法502条1項、名古屋高判昭和51・5・24金融法務事情804号36頁参照）。

また、銀行取引約定書では、代位権行使は金融機関の承諾を要するものとしています。

(2) 根抵当権の元本確定登記手続

根抵当権の場合、保証人は、元本確定後に代位弁済をしなければ、当該根抵当権に代位することはできません（同法398条の7第1項、最判昭和37・9・18民集16巻9号1970頁）。

第7章

債権管理回収

259

第三者弁済

　延滞融資先Ａ（行方不明）の父親Ｂから、Ａに代わって弁済したい旨の申出がありました。Ｂ自身は、Ａの保証人でも物上保証人でもありません。このままＢに弁済してもらってもよいでしょうか。

　　弁済をするについて正当な利益を有しない第三者は、債務者の意思に反しては弁済できないので、債務者の同意が不可欠です。Ａの同意が得られない場合は、Ｂに委託を受けない保証人として弁済を受けるか、併存的債務引受人として弁済をしてもらう方法等があります。

◎ **解説** EXPLANATION

1 第三者による弁済

　債務の弁済は、第三者もすることができますが（民法474条1項）、弁済をするについて正当な利益を有しない第三者は、債務者の意思に反して弁済することはできず（同条2項）、この場合の弁済は無効となります。

2 弁済をするについて正当な利益の意味

　弁済をするについて正当な利益について判例は、法律上の利害関係としています。すなわち、①物上保証人、②担保不動産の第三取得者、③同一不動産の後順位抵当権者など（大判大正9・6・2民録26輯839頁、最判昭和39・4・21民集18巻4号565頁）、④借地上の建物賃借人などです（最判昭和63・7・1金融・商事判例804号3頁）。

　したがって、親子兄弟、親戚知人など事実上の利害関係者（弁済をするについて正当な利益を有しない者）が債務者の意思に反して弁済した場合、

当該弁済は無効となります。

　判例は、債務者の妻と第三者の妻が姉妹であるという関係だけの者（大判昭和 14・10・13 民集 18 巻 18 号 1165 頁）、他人の印章を不正に使用し、抵当不動産の所有名義人となった者（大判昭和 17・5・29 法学 12 巻 138 頁）、債務者会社の第二会社的立場にあるという関係だけの者（前掲最判昭和 39・4・21）、などは法律上の利害関係（弁済をするについて正当な利益）を有する第三者とはいえないとしています。

３ 債務者が行方不明の場合の対応

(1) 第三者Ｂに保証人となってもらう方法

　この場合、Ｂは委託を受けない保証人となるため、その求償権の範囲は現にＡが利益を受けている限度に限られます（民法 462 条 2 項）。

(2) 第三者Ｂに併存的債務引受人となってもらう方法

　併存的債務引受契約は、金融機関と引受人Ｂとの契約によってすることができるので（民法 470 条 2 項）、結果的に債務者Ａの意思に反しても有効に締結できることになります。

(3) 第三者Ｂへの債権譲渡による方法

　この場合、第三者Ｂへの債権譲渡を債務者Ａに対抗するには、Ａに対する通知またはＡの承諾が必要であり（民法 467 条 1 項）、Ａ以外の第三者に対抗するには、その通知または承諾は、確定日付ある証書（内容証明郵便など）によらねばなりません（同条 2 項）。

　なお、質問の場合はＡが行方不明であるため、Ａに対する通知は公示送達（同法 98 条）によることになります。

(4) 金融機関が善意の場合

　Ｂによる弁済が、債務者Ａの意思に反することを金融機関が知らなかった場合には、当該弁済は有効となります（民法 474 条 2 項ただし書）。そこで、Ａが行方不明であり、Ａの意思に反することを金融機関が知らなかったことを客観的に証明できるようにしておく方法が考えられます。

相殺の意義・要件等と担保的機能

　相殺の意義・要件とはどのようなものですか。また、相殺の担保的機能とは何ですか。

　相殺には債務弁済の不便・不効率を排除する機能があります。また、相殺のためには、互いに同種の目的を有する債務（金銭債務等）を負担していること、両債務が弁済期にあることが必要です。また、相殺は弁済を確保する手段として利用され、結果的に優先弁済を得られることから、これを相殺の担保的機能といいます。

◉ **解説** EXPLANATION

1 相殺の要件・効果・効力

(1) 相殺の要件

　相殺の要件は、まず第1に、2人互いに同種の目的を有する債務（金銭債務等）を負担していることが必要です（民法505条1項本文）。

　第2に、両債務が弁済期にあることが必要です（同項本文）。銀行取引約定書は、取引先が一定の事態に陥ると自動的にあるいは請求によって融資債権等の期限の利益を失い弁済期が到来することとし、預金については期限の利益を放棄することによって（同法136条2項）、融資債権等と預金債権とを相殺できる旨を約定しています。

(2)　相殺の効果・効力と方法

　相殺の効果は、各債務者がその対当額につき、その債務を免れることであり、相殺の効力は、双方の債務が互いに相殺に適するようになった時（双方の債務の弁済期が到来した時、つまり相殺適状時）にさかのぼって生じます（民法506条2項）。

　相殺は意思表示によって行いますが（同条1項）、実務上は、配達証明付内容証明郵便による相殺通知によって行います。この場合、相殺通知書が相手方に到達した時に（同法97条1項）、相殺適状時にさかのぼって相殺の効力が生じます。

　ただし、銀行取引約定書は、相殺した場合の債権債務の利息、割引料、清算金、違約金、損害金等の計算については、その期間を金融機関の計算実行の日までとし、利率、料率等について当事者間に別の定めがない場合には金融機関の定めによるものとし、外国為替相場については金融機関の計算実行時の相場を適用するものと定めています。

　なお、相殺の意思表示は省略できないとされており、事後の通知であっても意思表示は不可欠の要件です。

② 相殺の担保的機能

　相殺は、簡便な決済手段であるほか、弁済を確保する手段としても利用されています。たとえば、取引先A（手形貸付500万円・預金500万円）が他の複数の債権者から多額の債務を負担して経営破綻した場合、債権者平等の原則からすると、融資額全額の回収はできません。

　しかし、Aの預金500万円を担保取得していなくても、手形貸付500万円との相殺によって全額を優先的に回収できる結果になります。これを相殺の担保的機能といいます。

　この場合、相殺する側の債権（手形貸付500万円）を自働債権といい、相殺される側の債権（預金500万円）を受働債権といいます。

みなし到達による預金相殺と相殺通知の相手方

　行方不明となっている融資先Aの預金が第三者Bに
よって差し押さえられた場合、当該預金の相殺はどのよう
に行えばよいでしょうか。

Q 129

　差し押さえられた行方不明者Aの預金を相殺する場合は、
取立権を有する差押債権者Bに対して相殺通知を行うべ
きです。

ANSWER

◉ **解説** EXPLANATION

1 差押えや転付がなされた預金との相殺

⑴　差し押さえられた預金を受働債権とする相殺の可否

　金融機関の預金に対して、第三者の差押えや仮差押えなどがなされた場
合でも、金融機関の融資債権等が差押え後に取得されたものでない限り、
当該融資債権等および被差押預金等の弁済期の前後を問わず、両者が相殺
適状に達しさえすれば相殺することができます（民法511条1項。最判昭
和45・6・24金融・商事判例215号2頁）。

⑵　相殺通知の相手方

　差し押さえられた預金の相殺通知の相手方は、以下のとおりです。

　①　仮差押えの場合

　仮差押えは処分禁止の効力しかなく、預金の帰属者に変更もないので、
相殺通知は預金者宛てにしなければなりません。預金者が行方不明の場合
は、公示の方法（民法98条）による通知により相殺します。

②　民事執行法による差押えまたは滞納処分による差押えの場合

預金者または取立権を有する差押債権者（一般債権者、国・地方公共団体等）のいずれに対する通知でも相殺をすることができます（最判昭和39・10・27金融・商事判例529号188頁、最判昭和40・7・20金融法務事情417号12頁）。

③　転付命令の場合

転付命令が確定すると、被転付預金は転付命令が金融機関に送達された時にさかのぼって券面金額だけ転付債権者に移転するため、転付債権者に対して相殺通知を発して相殺をすべきです（最判昭和32・7・19金融・商事判例529号39頁）。

2 みなし到達の効力と相殺手続上の留意点

(1)　「みなし到達」とは

「みなし到達」の規定とは、相手方が住所移転届出の提出を怠る等により、金融機関からの通知等が延着し、または到達されなかった場合には、通常到達すべき時に到達したものとみなす旨の規定であり、銀行取引約定書等で約定されています。この規定は、当事者間では有効とされるものの、差押債権者等の第三者には対抗できないものとされています（東京高判昭和58・1・25金融・商事判例681号6頁）。

(2)　差し押えられた預金を相殺する場合

質問のような行方不明の融資先Aに対する相殺通知が不到達の場合、前記のとおり、当該相殺をもって差押債権者Bには対抗できません。このような場合には、Bに対する相殺通知で有効に相殺することができます。

ただし、転付命令があった場合、転付命令確定後は、転付債権者に移転した転付預金と金融機関の転付債権者に対する融資債権とを相殺されるおそれがあります。転付債権者によって先に相殺されると、その時点で転付預金が確定的に消滅するため、金融機関は融資先に対する融資債権を自働債権とし転付預金を受働債権とする相殺がもはやできなくなります（最判昭和54・7・10金融・商事判例582号3頁）。

第7章

債権管理回収

預金への滞納処分による差押えと相殺

Q130

　Aに対する融資金1,000万円を保全するため、Bの定期預金1,000万円に対する質権設定契約書には確定日付を得ています。当該担保預金が国税の滞納処分により差し押えられた場合、国税に対抗できるでしょうか。また、相殺で対抗できますか。

　質権実行で対抗するためには、質権設定契約書の確定日付が滞納税金の法定納期限以前でなければなりません。Bが連帯保証人であれば、相殺で対抗することができます。

◉ **解説** EXPLANATION

1 質権の確定日付と滞納税金の法定納期限

　Bの預金に対する国税の滞納処分による差押えに係る滞納税金の法定納期限が、質権の確定日付より前の場合は、当該質権では国税に対抗できません（国税徴収法15条）。たとえば、確定日付が令和○年3月1日となっているBの担保定期預金に対して国税の滞納処分による差押えがなされた場合、滞納税金の法定納期限が令和○年3月1日以後であれば質権が優先します。しかし、法定納期限が令和○年2月28日の場合は、当該質権では国税に対抗できません。

2 Bが連帯保証人となっていた場合

　Bが差押え前に連帯保証人となっていた場合は、質権の確定日付が法定納期限後であったとしてもBに対する保証債権（反対債権）を自働債権と

し、Bの定期預金債権を受働債権とする相殺によって国税に対抗できます（民法 511 条、最判昭和 45・6・24 金融・商事判例 215 号 2 頁）。

Q 131　預金への差押え等と割引手形買戻請求権との相殺

手形割引取引先の預金が差し押さえられた場合、手形買戻請求権を自働債権とする相殺で差押債権者に対抗することができますか。

銀行取引約定書は、預金等に差押命令等が発送されたときに、割引依頼人は、割引手形全部について当然に買戻請求権を負担すると定めているので、金融機関は預金が差し押さえられる前に買戻請求権を取得し、被差押預金と相殺できます。

◉ **解説** EXPLANATION

1 差押え後の手形買戻請求権等との相殺禁止

　預金の差押えを受けた金融機関は、その後に取得した債権（手形買戻請求権等）による相殺をもって差押債権者に対抗することはできません。しかし、差押え前に取得した債権による相殺をもって対抗することができます（民法 511 条 1 項）。

　なお、最高裁は、自働債権（手形買戻請求権等）が差押え後に取得されたものでない限り、自働債権と受働債権（被差押預金）の弁済期の前後を問わず、差押え後でも、相殺適状になりさえすれば相殺できるとしています（最大判昭和 45・6・24 民集 24 巻 6 号 587 頁・金融・商事判例 215 号2 頁参照）。

　また、差押え後に取得した債権が差押え前の原因に基づいて生じたものであるときは、金融機関は、その債権による相殺をもって差押債権者に対抗することができます（同条 2 項本文）。たとえば、差押え前に主債務者

（預金者）の委託に基づいて支払承諾（債務保証）をしていたところ、預金の差押え後に代位弁済による事後求償権が発生した場合、金融機関は、差押え後の事後求償権を自働債権とし、被差押預金を受働債権とする相殺ができることになります。

2 手形買戻請求権が差押え前に発生するための特約

手形買戻請求権が差押え前に発生しさえすれば、当該買戻請求権と被差押預金の弁済期の前後を問わず相殺ができ、これにより差押債権者に対抗できます。

そこで、銀行取引約定書は、まず、取引先またはその保証人の預金その他の債権について仮差押え、保全差押えまたは差押えの命令、通知が発送されたときは、通知催告等がなくても当然に期限の利益を喪失するものと定めています。また、取引先について期限の利益当然喪失事由が生じた場合は、取引先は、割引手形全部について当然に手形買戻請求権を負担するものと定めています。

つまり、取引先は、差押命令等が発送されたとき（差押え前）に、期限の利益を当然に喪失し、当然喪失と同時（差押え前）に割引手形全部について当然に手形買戻債務を負担する（手形買戻請求権が発生する）ことになります。

また、このような銀行取引約定書の期限の利益喪失約款や手形割引約款について、判例は、預金等の差押債権者や転付債権者に対抗できるものとしています（最判昭和45・8・20金融・商事判例227号13頁、最判昭和51・11・25金融・商事判例512号7頁）。

年金受入口座となっている普通預金との相殺

Q 132

延滞融資債権等を自働債権とし、年金受入口座となっている普通預金を受働債権とする相殺は許されるでしょうか。

ANSWER

年金等の受入預金口座への振込に係る預金債権は、原則として差押禁止債権としての属性を承継するものではないため、相殺は可能ですが、年金受給者の生活保持の見地から、相殺の可否については慎重に判断すべきです。

◉**解説** EXPLANATION

　年金等受入口座との相殺の可否につき、最高裁は、国民年金および労災保険金の預金口座への振込に係る預金債権は、原則として差押禁止債権としての属性を承継するものではなく、金融機関が有する融資債権と当該預金債権とを相殺することが許されないとはいえないとしています（最判平成10・2・10 金融・商事判例 1056 号 6 頁）。

　その理由は、普通預金口座には年金等の振込以外のものも存在し、年金等は普通預金口座に振り込まれると受給者の一般財産に混入し、年金等としては識別できなくなり、このようなものまで差押えを禁止すると、取引秩序に大きな混乱を招くおそれがあるというものです。

　年金を原資とする預金であっても有効に相殺できますが、受給者の生活保持の見地から、その生活実態を踏まえた分割弁済をめざすべきであり、突然の相殺は避けるべきです。また、年金受入口座以外の預金や有価証券等、処分が容易な担保等があれば、そちらからの回収を優先すべきです。

消滅時効の起算点・期間・計算方法

　債権等の消滅時効の起算点や時効期間はどのようになっていますか。

　　融機関の融資債権等の消滅時効は、権利を行使することができることを知った時から進行し、5年間行使しないときは、時効によって消滅します。

◉ **解説** EXPLANATION

　融資取引で問題となる消滅時効とは、一定期間、融資債権の行使をしないことにより、融資債権につき消滅の効果が生ずることをいいます。

1 一般的な債権の消滅時効の起算点と時効期間

　融資債権等の一般的な債権は、「債権者が権利を行使することができることを知った時から5年間行使しないとき」、または、「権利を行使することができる時から10年間行使しないとき」は、時効によって消滅します（民法166条1項1号・2号）。

　権利を行使することができることを知った時とは、債権の発生およびその履行期の到来その他権利行使の障害がなくなったことを債権者が知った時を意味しますが、金融機関の場合、履行期限の到来や期限の利益当然喪失事由の発生等を知った時であり、その時を起算点として5年間権利行使

しないときは、当該債権は時効によって消滅します。

　たとえば、融資金の期限が到来した時、あるいは期限到来前に期限の利益を喪失した場合は、当該喪失時から消滅時効が進行し、5年間行使しないときは時効によって消滅することになります。

　なお、融資債権等の債権について権利行使ができることを知らなかった場合でも、権利を行使することができる時から10年間行使しないときは、時効によって消滅します。

② その他の消滅時効の期間

　その他の消滅時効期間は次のとおりです。

　不法行為による損害賠償請求権は、「被害者またはその法定代理人が損害および加害者を知った時から3年間行使しないとき」または、「不法行為の時から20年間行使しないとき」は、時効によって消滅します（民法724条）。

　人の生命または身体の侵害による損害賠償請求権は、「債権者が権利を行使することができることを知った時から5年間行使しないとき」、または、「権利を行使することができる時から20年間行使しないとき」は、時効によって消滅します（同法167条）。

　定期金債権（年金債権、地代債権等）は、「債権者が定期金債権から生ずる金銭その他の物の給付を目的とする各債権を行使することができることを知った時から10年間行使しないとき」、または、「当該各債権を行使することができる時から20年間行使しないとき」は、時効によって消滅します（同法168条1項）。

　短期消滅時効（10年より短い時効期間）の対象となる債権であっても、確定判決または確定判決と同一の効力を有するもの（裁判上の和解、調停等）により確定したときは、その時効期間は10年となります（同法169条1項）。

　債権または所有権以外の財産権は、権利を行使することができる時から20年間行使しないときは、時効によって消滅します（同法166条2項）。

　また、手形・小切手債権については、手形法・小切手法にそれぞれ時効期間について定めがありますから、これによります（手形法77条1項8号・70条、小切手法51条）。

　なお、手形貸付の場合、金融機関は手形債権と融資債権を併有します。手形債権は手形法上の債権として満期の翌日から3年で時効にかかりますが（手形法70条・77条1項8号）、融資債権は民法587条による債権であるため、手形債権の時効消滅と同時に消滅することはありません。

時効の完成猶予・更新事由（裁判上の請求等・強制執行等）

　　裁判上の請求等または強制執行等による時効の完成猶予・更新事由はどのようになっていますか。

　　　訴えの提起（裁判上の請求）等の事由が生ずると、その事由が終了するまで時効の完成が猶予されます。その事由が取り下げ等により終了した場合は、終了時から6か月を経過するまでの間は完成が猶予されます。また、終了事由が判決の確定等の場合は、終了時に時効は更新され、その時から新たに時効の進行が始まります。

　　強制執行等の場合も、強制執行等の事由により、事由が終了するまで時効の完成が猶予されます。その終了事由が取り下げ等の場合は、終了時から6か月経過するまで時効の完成が猶予されます。また、終了事由が強制執行等の完了等の場合は、終了時に時効が更新され、その時から新たな時効が進行します。

◉ **解説** EXPLANATION

1 裁判上の請求等による時効の完成猶予・更新

(1) 裁判上の請求等による「時効の完成猶予」

　裁判上の請求等（①裁判上の請求、②支払督促の申立、③裁判上の和解・民事調停・家事調停の申立、④破産手続参加・再生手続参加・更生手続参加）の事由が生じた場合、その事由が終了するまでの間は時効の完成が猶予されます（民法147条1項）。たとえば、訴えの提起（裁判上の請求）がされると時効の完成が猶予され、その後判決の確定等により完成猶予事由が

終了するまでの間は時効の完成が猶予されます。

　ただし、確定判決または確定判決と同一の効力を有するものによって権利が確定することなくその事由が終了（訴えの取消や取下げ等により終了）した場合は、時効の更新は生じませんが、取り下げ等による終了の時から6か月を経過するまでの間は、時効の完成は猶予されます（同項括弧書）。

(2)　裁判上の請求等による「時効の更新」

　裁判上の請求等の事由が確定判決または確定判決と同一の効力を有するものによって権利が確定したときは、時効は更新され、その終了した時（①裁判が確定した時、②支払督促が確定した時、③和解・調停が成立した時、④破産手続参加等による権利が確定し手続が終了した時）から新たに時効の進行が始まります（民法147条2項）。

2 強制執行等による時効の完成猶予・更新

(1)　強制執行等による「時効の完成猶予」

　強制執行等（①強制執行、②担保権の実行、③形式的競売、④財産開示手続）の事由が生じた場合、その事由が終了するまでの間は時効の完成が猶予されます（民法148条1項）。

　ただし、申立の取下げまたは法律の規定に従わないことによる取消によってその事由が終了した場合は、時効の更新は生じませんが、取消等による終了の時から6か月を経過するまでの間は、時効の完成は猶予されます（同項括弧書）。

(2)　強制執行等による「時効の更新」

　強制執行等の申立等の事由が生ずれば、その事由の終了まで時効の完成が猶予されますが、強制執行手続の完了等により完成猶予事由が終了すると、時効は更新されます。また、その終了した時（①強制執行手続が完了した時、②担保権の実行手続が終了した時、③形式的競売手続が終了した時、④財産開示手続が終了した時）から新たに時効の進行が始まります（民法148条2項）。

Q 135　時効の完成猶予・更新事由（仮差押え等、催告、承認）

仮差押え等、催告、承認の時効の完成猶予・更新事由はどのようになっていますか。

　　差押え等や催告があれば、その事由が終了した時から6か月を経過するまでの間は、時効の完成が猶予されます。また、協議を行う旨の合意がされた場合には、時効の完成が猶予されます。権利の承認があったときは、その時から時効が更新されます。

◉ **解説** EXPLANATION

1 仮差押え・仮処分

　仮差押えまたは仮処分の事由があれば、その事由が終了した時から6か月を経過するまでの間は、時効の完成が猶予されますが（民法149条）、時効の更新の効力は認められていません。

2 催　告

　催告があったときは、その時から6か月を経過するまでの間は、時効の完成が猶予されます（民法150条1項）。

　実務的には、配達証明付内容証明郵便による催告がこれに当たりますが、催告によって時効の完成が猶予されている間に、再度催告を行っても、当該催告は時効の完成猶予の効力を有しません（同条2項）。また、協議を行う旨の合意によって時効の完成が猶予されている間に催告がされても、その催告は完成猶予の効力を有しません（同法151条3項後段）。

3 協議を行う旨の合意

当事者間において権利についての協議を行う旨の合意が書面または電磁的記録によりされた場合には、時効の完成が猶予されます（民法 151 条）。

完成猶予期間は、①合意時から 1 年経過時まで、② 1 年未満の協議期間を定めた場合はその期間の経過時まで、③①または②の期間中に当事者の一方から協議の続行を拒絶する旨の書面または電磁的記録による通知がされたときは、その通知時から 6 か月経過時（ただし、①または②の経過時が先の場合はその時点）までとなっています（同条 1 項）。

協議を行う旨の合意によって時効の完成が猶予されている間に、再度書面または電磁的記録で協議を行う旨の合意がされた場合は、その合意の時点から前記①②③に従って時効の完成がさらに猶予されます（同条 2 項本文）。

ただし、その効力は、時効の完成が猶予されなかったとすれば時効が完成すべき時（本来の時効が完成すべき時）から通算して 5 年を超えることはできません（同項ただし書）。

なお、催告によって時効の完成が猶予されている間に協議を行う旨の合意がされても、時効の完成猶予の効力を有しません（同条 3 項前段）。また、協議を行う旨の合意によって時効の完成が猶猶予されている間に催告がされても、その催告は完成猶予の効力を有しません（同項後段）。

4 承　認

権利の承認があったときは、時効は更新され、その時から新たにその進行を始めます（民法 152 条）。なお、承認とは、時効の利益を受ける者（債務者等）が、権利（融資債権等）の存在を権利者に対して表示する観念の通知とされ、特別の方式を要しません（Q 140 参照）。

Q 136

不動産の競売手続と時効の完成猶予・更新

担保不動産の競売手続による時効の完成猶予・更新事由と留意点はどのようなものですか。

ANSWER

担保不動産の競売による時効の完成猶予・更新の効力の発生時期等は、担保不動産の所有者が債務者の場合と物上保証人の場合とで異なることに注意が必要です。

◉ **解説** EXPLANATION

1 担保不動産の競売による時効の完成猶予・更新

担保権の実行としての不動産競売は、被担保債権についての強力な権利実行手段であり、担保権者が自ら競売を申し立てた場合には、競売開始決定が債務者に送達され、その権利主張が債務者に到達することが予定されているため、被担保債権について時効の完成猶予・更新の効力を生じます（民法148条1項2号・2項）。

2 担保不動産の競売による時効の完成猶予・更新の時期

時効の完成猶予・更新の効力の発生時期等については以下のとおりですが、担保不動産の所有者が債務者の場合と物上保証人の場合とで異なることに注意が必要です。

(1)　債務者所有不動産の場合

大審院判決は、時効中断（完成猶予・更新）の効力は、債権者が競売申立書を管轄裁判所に提出した時に発生するとしています。その理由は、債権者が不動産競売の申立をすれば、後の執行手続は裁判所が職権で行うのであるし、訴訟提起による時効中断（完成猶予・更新）の効力の生ずる時期も訴状を裁判所に提出したときであるからとしています（大判昭和13・6・27民集17巻14号1324頁）。

(2)　物上保証人所有不動産の場合

最高裁は、物上保証人に対する抵当権の実行により、裁判所が競売開始決定をし、これを債務者に告知した場合には、被担保債権の時効は中断（完成猶予・更新）するとしています（最判昭和50・11・21金融・商事判例488号13頁）。

また、時効中断（完成猶予・更新）の効力発生時期は、競売開始決定正本が債務者に送達された時としています（最判平成8・7・12金融・商事判例1004号3頁）。

なお、公示送達による開始決定通知の場合は、掲示開始日から2週間を経過した時（民事訴訟法111条・112条1項）に、時効中断（完成猶予・更新）の効力が生じます（最判平成14・10・25金融・商事判例1167号51頁）。

(3)　時効の完成猶予事由の終了と時効の更新

競売申立手続による時効の完成猶予の効力は、競落人による競落代金の納付により差押登記等が抹消され、競売手続が終了するまで継続し、競売手続が終了した時に時効が更新され、新たな時効が進行します（民法148条2項本文）。

(4)　競売の申立手続を取り下げた場合

競売の申立を取下げまたは法律の規定に従わないことによる取消によって、時効完成猶予事由が終了した場合は、その終了の時から6か月を経過するまでの間は、時効の完成が猶予されます。

第7章

債権管理回収

Q 137

他の債権者による競売手続への参加と時効の完成猶予・更新の効力

債務者所有の抵当不動産につき、他の債権者の申立によって競売に付された場合、債権届出書の提出によって時効の完成猶予・更新の効力が発生するのでしょうか。また、配当を受領した場合はどうでしょうか。

債権届出書を提出しただけでは時効は完成猶予・更新しません。また、配当を受領しても時効の完成猶予・更新は認められません。

◉ **解説** EXPLANATION

1 不動産競売手続における債権届出

第三者の申立に係る競売手続上の債権届出は、執行裁判所に対して不動産の権利関係または売却の可否に関する資料を提供することを目的とするものであり、届出債権の確定を求めるものではありません。

また、登記を経た抵当権者は、債権届出をしなくても、不動産競売手続において配当等を受けるべき債権者として処遇され（民事執行法 87 条 1 項 4 号）、当該不動産の売却代金から配当等を受けることができます。

さらに、執行裁判所は配当期日には債務者を呼び出しますが（同法 85 条 3 項・188 条）、債務者に配当異議の申出をする機会を与えるためのものであり（同法 89 条・188 条）、抵当権者が債務者に向けて権利を主張して債務の履行を求めたことにはなりません。

以上のようなことから、最高裁は、他の債権者が申し立てた不動産競売

手続において、債権届出を提出したとしても、時効中断（完成猶予・更新）の効力は認められないとしています（最判平成元・10・13金融・商事判例833号3頁）。

2 債権計算書の提出

前掲最高裁平成元年10月13日判決の判示からすれば、債権計算書の提出にも時効の完成猶予・更新の効力は認められないものと考えられます。なぜなら、債権計算書の提出は、執行裁判所が配当表等の作成をするための資料として提出されるものであり、債権計算書に記載された債権の確定を求めるものではなく、登記を経た抵当権者は、債権計算書の提出をしない場合にも配当を受けることができ、債権計算書の提出についても、債務者に対してその旨の通知をすることが予定されていないためです。

3 競売手続による配当受領

執行裁判所による配当表の作成（民事執行法85条）や配当の実施（同法84条）の手続においては、抵当権者の届出債権の存否およびその額の確定のための手続は予定されていません。

このようなことから、最高裁は、届出債権の一部に対する配当を受けたとしても時効の中断（完成猶予・更新）事由に該当せず、これに準ずる時効中断（完成猶予・更新）の効力も有しないとしています（最判平成8・3・28金融・商事判例999号3頁）。

第7章

債権管理回収

内容証明郵便による督促と時効の完成猶予

配達証明付の内容証明郵便による督促は、それだけで時効の完成猶予事由となりますか。

　　配達証明付の内容証明郵便による督促は、裁判外での履行請求として「催告」に当たります。催告をした場合、その時から6か月を経過するまでの間は、時効の完成は猶予されます（民法150条1項）。

◉ **解説** EXPLANATION

　裁判外において履行請求を行うことを催告といいます。催告は口頭でも書面によってもその効力に変わりはありませんが、実務上は、後日の立証のため、配達証明付内容証明郵便で行います。

　時効の完成猶予事由としての催告は、相手方に到達した時から6か月を経過するまでの間は、時効の完成は猶予されます（民法150条1項）。

　ただし、催告によって時効の完成が猶予されている間にされた再度の催告は、時効の完成猶予の効力を有しません（同条2項）。

　また、協議を行う旨の合意によって時効の完成が猶予されている間にされた催告も、再度の催告と同様に、時効の完成猶予の効力を有しません（同法151条3項後段）。

　これに対し、この6か月間の完成猶予期間内に裁判上の請求や和解の呼び出しなどを行えば、その事由が終了するまでの間は、時効は完成しません（同法147条1項）。

　さらに、確定判決または確定判決と同一の効力を有するものによって権

利を確定させることができれば時効は更新され、裁判上の請求等による完成猶予事由が終了した時から再進行することになります（同条2項）。

Q 139 不動産の仮差押えと時効の完成猶予

不動産の仮差押えにより、被保全債権の時効はどのようになりますか。

不動産の仮差押えの登記がある限り時効の完成猶予事由は継続し、被保全債権の時効の完成は猶予される余地があります。また、仮差押え登記が抹消された時に完成猶予事由が終了し、終了した時から6か月を経過するまでの間は、時効は完成しません（民法149条）。

◉ **解説** EXPLANATION

1 不動産の仮差押えによる時効の完成猶予

民法は、仮差押えを時効の完成猶予事由とし、その事由が終了した時から6か月を経過するまでの間は、時効は完成しないとしていますが（民法149条）、当該事由がいつ終了するのかが問題となります。

この点につき、改正前民法下の最高裁は、不動産の仮差押えよる時効中断（完成猶予・更新）事由がいつ終了するのかについて、「仮差押えによる時効中断の効力は、仮差押えの執行保全の効力が存続する間は継続すると解するのが相当である」としています（最判平成10・11・24金融・商事判例1058号13頁）。

その理由について同判決は「民法147条（改正前）が仮差押えを時効中断（完成猶予・更新）事由としているのは、それにより債権者が、権利の行使をしたといえるからであるところ、仮差押えの執行保全の効力が存続する間は仮差押債権者による権利の行使が継続するものと解すべきだか

らであり、このように解したとしても、債務者は、本案の起訴命令や事情変更による仮差押命令の取消を求めることができるのであって、債務者にとって酷な結果になるともいえないからである」としています。

　この判決によれば、不動産の仮差押えの登記により仮差押えの執行保全の効力が存続する間は時効の完成猶予事由は継続し、被保全債権の時効の完成は猶予されると解される余地があります。

② 被保全債権の勝訴判決の確定と仮差押えによる時効中断（完成猶予・更新）の効力

　改正前民法下の大審院は、仮差押えによる時効中断（完成猶予・更新）の効力について、仮差押債権者が債務名義を取得したとしても、仮差押えが存続する限り仮差押えによる時効中断（完成猶予・更新）の効力は存続するとしており（大判昭和3・7・21民集7巻8号569頁）、また、前掲最高裁平成10年11月24日判決は、「民法147条（改正前）が、仮差押えと裁判上の請求を別個の時効中断事由と規定しているところからすれば、仮差押えの被保全債権につき本案の勝訴判決が確定したとしても、仮差押えによる時効中断の効力がこれに吸収されて消滅するものとは解し得ない」としています。

　これらの判決によれば、被保全債権につき本案の勝訴判決が確定して、時効が更新され、新たに進行を始めた時効が10年の経過により完成したとしても、不動産の仮差押えの登記によって執行保全の効力が存続する間は、時効の完成猶予事由は終了しないものと解する余地があり、時効は、完成猶予されたまま進行せず、時効消滅しないことになります。

　また、仮差押え登記の抹消等により完成猶予事由が終了した場合は、終了した時から6か月を経過するまでの間は、時効は完成しません（民法149条）。

　なお、不動産の仮差押え登記の時に完成猶予事由が終了すると解されるおそれもあるので、実務上は、仮差押えの登記後6か月経過前に、被保全債権につき訴えの提起等を行うこととし、勝訴判決を得た場合は、時効が更新され、新たな時効が進行するものとして債権管理を行うべきでしょう。

承認と時効の更新

承認による時効の更新と留意事項は何ですか。

　　認とは、債務者が債権者に対して融資債権等の権利があ
　　ることを表示することをいい、承認の時から時効が更新
され再進行します。主債務者の承認により時効が更新されると、
保証債務の時効も更新されます。連帯保証人が保証債務を承認
しても、主債務者の時効は更新されません。

● **解説** EXPLANATION

1 承認による時効の更新と再進行

　承認とは、時効の利益を受けるべき者が、時効によって権利を失うべき
者に対して、その権利が存在することを知っている旨を表示することであ
り、その性質は、いわゆる観念の通知としています。また、特別の方式を
要せず、権利の存在を認識して、その認識を示したと認めることのできる
行為は、明示または黙示を問わず、承認に当たりうるとされており、承認
の時から時効が更新され再進行します（民法152条1項）。

　利息の支払は元本の承認となり、元本の一部弁済は債務残額の承認とな
り、債務者が金融機関に対して弁済猶予の申出をしてきた場合は、債務を
承認したことになります。この点、実務上は、後日の立証のため、「債務
承認書」や「返済方法変更契約書」等を提出してもらいます。

　また、承認は、融資債権等が存在することを表示するだけの観念の通知
であるため、その権利を処分する際に行為能力が制限されていなくても、
また権限がなくてもよいとされています（同条2項）。なお、成年被後見

人や未成年者が単独でした承認は取り消すことができるとされ（大判昭和13・2・4民集17巻87頁参照）、取り消されると時効は更新しません。一方、承認は観念の通知であり、被保佐人が単独でなしうるとするものがあります（大判大正7・10・9民録24輯1886頁）。

2 承認による時効更新の効力の及ぶ範囲

(1)　承認による時効更新の効力が及ぶ者の範囲

承認による時効更新の効力が及ぶ者の範囲については、その更新事由が生じた当事者およびその承継人（相続人や合併後の会社等）の間においてのみ、効力が生じます（民法153条3項）。

(2)　主債務者による承認の場合

主債務者が承認することによって主債務の時効が更新されると、民法153条の規定にかかわらず、時効更新の効力は保証人にも及び、保証債務の時効も更新されます（同法457条1項）。

(3)　連帯債務者の1人による承認

連帯債務者がAとBの2人いる場合において、Bが分割弁済に応じて債務を承認し、B自身の債務の時効が更新されても、その効力はAには及びません（民法153条3項・441条）。

(4)　連帯保証人による承認

連帯保証人が分割弁済に応じて保証債務を承認し、保証債務の時効が更新されても、その効力は主債務者には及びません（民法153条3項・458条）。

3 時効完成後の承認と時効の援用

時効完成後に債務者が時効の完成を知って時効の利益を放棄すれば、その後は時効の援用はできなくなります（民法145条・146条）。

また、時効完成後に、債務者が債権者の求めに応じて一部弁済するなど、債務承認をしたときは、債務者が時効完成の事実を知らないで一部弁済をした場合であっても、その後に時効の援用をすることは信義則上許されません（最判昭和41・4・20金融・商事判例7号12頁）。

連帯保証人による分割弁済と時効の更新

　主債務者が行方不明となっているため、その連帯保証人が分割弁済に応じている場合、主債務の時効は更新されるのでしょうか。

　時効の完成猶予・更新の効力の及ぶ範囲は、その当事者およびその承継人のみとされ（民法153条）、連帯保証人が債務承認（保証債務の承認）をしても、主債務の時効は更新されません（同法458条・441条）。

◉ **解説** EXPLANATION

1 連帯保証人による債務承認と主債務の時効

　連帯保証人が保証債務の分割弁済に応じると、保証債務を承認したことになり、保証債務の時効は更新されますが、主債務の時効は更新されません（民法153条3項）。したがって、この場合は、別途主債務の時効の完成猶予または更新手続が行わない限り時効が完成します。

　なお、連帯保証人に対して履行請求しても、主債務者に対する履行請求の効力は認められないので、保証債務の時効は更新されますが、主債務の時効は更新されません（同法458条・441条・153条1項）。ただし、たとえば、債権者A、主債務者B、連帯保証人Cの場合に、AB間で「AがCに対して履行の請求をしたときは、Bに対しても履行の請求をしたものとする」との合意をした場合は、Cに対する履行の請求によりBに対しても時効の完成猶予・更新の効力が生じます（同法441条ただし書）。

2　保証人による主債務の時効の援用

(1)　主債務の時効完成と保証人の時効援用権

　主債務について時効が完成したときは、連帯保証人は、主債務についての時効を援用して、保証債務の消滅を主張することができます（民法145条、大判昭和8・10・13民集12巻23号2520頁）。

(2)　主債務の時効完成を知らずに保証人が債務承認した場合

　保証人が主債務の時効の完成後に時効完成を知らずに保証債務を承認した場合（時効完成後も分割弁済を継続していた場合など）、改めて主債務の時効を援用して保証債務を免れることができるかどうかですが、判例は、保証人の弁済が主債務の時効消滅にかかわらず保証債務を弁済する意思を表明したものである場合は主債務の時効利益の放棄に当たるが、主債務者が破産していてこれに対して求償できないことを知っていたというだけでは時効利益の放棄とはいえず、保証人は、主債務の時効援用権を失わないとしています（最判平成7・9・8金融法務事情1441号29頁）。

3　保証人の時効援用と弁済金返還請求の可否

　保証人が債務を認めて分割払をしている間に、主債務について時効が完成し、保証人が主債務について時効を援用した場合、時効消滅の効果は時効起算日まで及ぶため、保証人が分割払してきた効果が覆滅し、不当利得が成立するのではないかという問題があります（塚原朋一「主債務者の時効援用は絶対効か」金融・商事判例826号2頁）。

　しかしながら、民法144条は、「時効の効力は、その起算日にさかのぼる」と規定していますが、これは時効にかかった権利（つまり残存債権）が時効期間の起算日に消滅したものとして取り扱うべきであるというにすぎません。この点、保証人が保証債務を分割払していた後に主債務の時効を援用した場合、時効の効果が分割払した債務についてまで及ぶということはなく、時効によって消滅する債務は分割払後の現存する債務であるとされています（塩崎勤「金融判例研究会報告」金融法務事情1247号16頁）。

連帯債務者の1人による分割弁済と時効の更新

ＡおよびＢを連帯債務者とする融資を行っていたところ、Ａが行方不明となり、期限の利益喪失後はＢのみが分割弁済に応じています。この状況が継続した場合、Ａについて消滅時効が完成するおそれはありますか。

連帯債務者Ｂの債務承認によってＢの連帯債務について時効が更新されても、連帯債務者Ａにその効力は及ばないため（民法153条3項）、Ａの連帯債務について時効が完成するおそれがあります。

◉ **解説** EXPLANATION

　時効の完成猶予・更新の効力の及ぶ範囲は、その当事者およびその承継人のみとされ（民法153条）、連帯債務者の1人の債務承認によって時効が更新（同法152条）されても、他の連帯債務者にその効力は及びません（同法153条3項）。

　したがって、Ｂの分割弁済により、Ｂ自身の債務は時効が更新されますが、Ａの債務については時効更新されないため、Ａの債務について時効が完成するおそれがあります。

　なお、連帯債務者の1人について時効が完成しても、その連帯債務者の負担部分について、他の連帯債務者がその義務を免れることはありません（相対的効力の原則。民法441条）。

　したがって、連帯債務者Ａの連帯債務について時効が完成した場合でも、連帯債務者Ｂは、原則として、Ａの連帯債務の時効を援用して、その負担部分について債務の弁済を免れることはできません。

Q 143 時効完成前の主債務者の破産免責と保証人による時効援用の可否

主債務の時効完成前に、主債務者が破産者となり免責決定が確定した場合、保証人は、その後の時効期間経過により主債務の時効の完成を主張できるでしょうか。

時効の完成前に主債務者が破産して免責決定が確定した場合、民法 166 条 1 項に定める時効の進行を観念できなくなり、免責された主債務の連帯保証人は、その主債務の時効を援用することはできません。

◎**解説** EXPLANATION

1 破産免責と免責債務の性質

破産者は、免責許可の決定が確定したときは、破産手続による配当を除き、破産債権（ただし、租税債権等の非免責債権を除く）について、その責任を免れます（破産法 253 条 1 項）。ただし、免責された債務の性質については、責任を免除されるにとどまり、いわゆる自然債務として存続すると解するのが通説・判例です（最判平成 9・2・25 金融・商事判例 1024 号 12 頁）。

2 主債務者の破産免責と保証人の時効援用の可否

連帯保証人の保証債務は破産免責の影響を受けないため（破産法 253 条 2 項）、主債務者の免責決定が確定した場合に、保証人は、主債務についての時効が主債務者の免責決定確定後に完成したことを主張して、時効を援用できるか否かが問題となります。

(1)　主な学説の考え方

主な学説としては、以下のような考え方があります。

① 時効進行説

破産免責の対象となった主債務も自然債務としてなお存続していることを前提としたうえで、これについて時効の進行を観念する余地があるとして、主債務につき時効の中断（完成猶予・更新）を図る必要があるとする立場（小澤征行ほか「主債務者が法的整理に入った場合の保証債務の消滅時効」金融法務事情996号22頁）

② 時効否定説

破産免責の効力を受けて自然債務化した主債務についてはもはや時効の進行を観念する余地がなくなったとして、主債務についての時効中断（完成猶予・更新）措置を講ずる必要はなく、保証債務について独自に時効を考えるだけで足りるとする立場（酒井廣幸「主債務破産免責後の保証債務の時効管理」銀行法務21・547号47頁、高橋眞「連帯保証人に対する確定判決と時効中断のための主債務者への訴えの利益」銀行法務21・549号8頁）

(2)　最高裁の考え方

この問題につき最高裁は、免責決定の効力を受ける債権は、債権者において訴えをもって履行を請求し、その強制的実現を図ることができなくなり、時効の進行を観念することができないとして、免責決定の効力の及ぶ債務の保証人は、その債権についての時効を援用することはできないとしています（最判平成11・11・9金融・商事判例1081号57頁）。

たとえば、主債務の時効完成の2年前に主債務者が自己破産（同時廃止）し、免責決定を受け同決定が確定したとすると、その免責決定確定の時点で主債務の時効を観念できなくなり、その連帯保証人は、その後2年が経過したとしても、その債権についての時効を援用することはできなくなります。

時効完成前に主債務者（法人）が破産終結決定により消滅した場合

主債務者の法人格が破産終結決定により消滅した場合、保証人は、その後の時効期間経過により主債務の時効が完成したと主張できるでしょうか。

主債務者の法人格が破産終結決定により消滅した場合、主債務も消滅するため、その時効による消滅を観念する余地はなく、その保証人は、主債務の時効を援用することはできません。

◉ **解説** EXPLANATION

　主債務者会社が破産終結決定によりその法人格が消滅した場合、その保証人は時効を援用することができるかについて最高裁は、破産終結決定がされて会社の法人格が消滅した場合には、これにより会社の債務も消滅し、もはや存在しない債務について時効による消滅を観念する余地はなく、破産終結決定がされて消滅した会社を主債務者とする保証人は、主債務についての時効が会社の法人格の消滅後に完成したことを主張して時効の援用をすることはできないとしています（最判平成15・3・15金融・商事判例1170号20頁）。

　たとえば、主債務の時効完成の2年前に主債務者（法人）が破産終結決定によりその法人格が消滅した場合、法人の債務（主債務）も消滅し、もはや存在しない主債務について時効を観念する余地はなく、その後2年が経過したとしても、その連帯保証人は、その債権についての時効を援用することはできません。

主債務を相続した保証人による弁済と主債務の時効

　主債務を相続した連帯保証人が、主債務者としてではなく連帯保証人として弁済した場合、主債務の時効は更新しないのでしょうか。

　　連帯保証人が主債務を相続した後、相続したことを知りながら保証債務の弁済をした場合、当該弁済は、特段の事情のない限り、主債務者による承認としての効力があり、当該主債務の時効は更新します。

◉**解説** EXPLANATION

１ 主債務を相続した保証人による弁済と主債務の時効の更新

　主債務を相続した連帯保証人が、保証人として分割弁済を継続していたところ、主債務が時効消滅したとして保証履行を拒否した事案があります。

　事案の概要は、甲金融機関のA（個人・商人）に対する融資債権につき保証していたX信用保証協会が、甲に対して代位弁済を行いAに対して求償金債権を取得した後、Xは、求償金債権の連帯保証人Y（個人）から保証債務の分割弁済を継続的に受けていました。

　その後、主債務者Aは、X信用保証協会の代位弁済後に死亡し、YがAの単独の相続人となったのですが、Xは、Yに対して引き続き保証債務の履行を請求し、Yはこれに応じて保証債務の分割弁済を継続していました。

　ところが、Yは、主債務（求償金債務）につき５年の時効期間が経過し、時効が完成したとして保証債務の履行を拒否したものです。

　争点は、Aの求償金債務の連帯保証人Yが、Aの死亡に伴い当該求償金債務を相続した後、Yは求償金債権者Xに対して保証債務の弁済をした場合に、当該弁済が主債務の時効を更新する効力を有するか否かという点です。

2 判例の考え方

　当該事案について最高裁は、主債務を相続した保証人は、従前の保証人としての地位に併せて、主債務者としての地位をも兼ねるものであるから、相続した主債務について債務者としてその承認をしうる立場にあるから、主債務者兼保証人の地位にある者が主債務を相続したことを知りながらした弁済は、保証債務の弁済であっても債権者に対して負担している主債務の承認を表示することを包含するものであり、その弁済は、特段の事情のない限り、主債務の時効を中断（更新）する効力を有するとしています（最判平成25・9・13金融・商事判例1426号14頁）。

3 実務上の留意点

　質問のような事案の場合、債権者である金融機関は、債務者兼連帯保証人に対して保証債務ではなく主債務の弁済を請求すべきであり、債務者兼連帯保証人からの弁済金も融資金債務の弁済として受領すべきです。

第7章

債権管理回収

数口の債務の一部弁済と時効の管理

経営破綻し休業状態に陥っている融資先 A 社に対する数口の融資債権について、連帯保証人 B（A 社代表取締役）から保証人として分割弁済を受けていましたが、主債務の時効が完成したので、これを援用すると主張されました。

数口の融資債権について充当指定されずに一部弁済を受けた場合、数口の融資債権全部について債務承認があったことになるのでしょうか。

また、B が代表取締役としてではなく保証人として弁済したのであれば、主債務の承認に当たるのでしょうか。

数口の融資債権がある場合に、充当指定されずに一部弁済を受けた場合、債権全部について債務承認があったとする最高裁判例があります。しかしながら、B による弁済は、代表取締役としての主債務の承認に当たると解することはできないとする裁判例もあるので、実務上は、B からの弁済は会社代表取締役としての弁済として受けるべきでしょう。

◉ 解説 EXPLANATION

1 数口の融資債権への充当指定のない一部弁済

数口の融資債権が存在する場合の債務者による充当指定のない一部弁済に関して、最高裁令和 2 年 12 月 15 日判決は、当該弁済は、特段の事情のない限り、債務の承認として時効更新の効力を有するとしています（金融・商事判例 1618 号 17 頁）。

ただし、質問のように、B が連帯保証人として一部弁済をした場合、A 社の主債務の承認としての効力があるかどうかが問題となります。

② 会社の主債務につき会社の代表取締役かつ連帯保証人による一部弁済と主債務の承認

質問のような事案につき、大阪地裁平成 27 年 6 月 24 日判決は、Ｂの弁済が「主債務の承認」に当たるというためには、Ｂが会社代表取締役として弁済したことが必要であるとして、時効更新の効力を否定しました。

③ 実務対応の仕方

数口の融資債権が存在する場合に、債務者から充当指定のない一部弁済を受けた場合は、たとえば、弁済証書にすべての融資債権の現在残高と当日の弁済額を記載したものを作成し、当該弁済証書の内容を相違ないものと確認した旨の債務者の確認書を提出してもらうなどにより、債務者が融資債権全部を承認したことを証明できるようにしておくべきでしょう。

また、会社の代表取締役かつ連帯保証人から一部弁済を受ける場合は、保証債務の弁済ではなく、会社の代表取締役として会社の主債務を一部弁済したことを書面上で明確にしておくべきでしょう。

第7章

債権管理回収

抵当権と物上代位

抵当権に基づく物上代位とはどのようなものですか。

147

融 資債権の抵当物件が賃貸アパート等の収益物件におい
て、被担保債権が延滞した場合、債権者（抵当権者）は、
賃料に対して抵当権に基づく物上代位権を行使して賃料を取り
立て、延滞債権を回収をすることができます。

◉ **解説** EXPLANATION

1 抵当権に基づく物上代位

抵当権は、その目的物の売却、賃貸、滅失または損傷によって債務者が
受けるべき金銭その他の物に対しても、行使することができます（民法
372 条・304 条）。これを物上代位権といい、抵当権の場合、保険金、損害
賠償金、土地収用の補償金・清算金などに物上代位できることについては
ほぼ異論はなく、特に土地収用のように法律によって目的物が奪われる場
合については、抵当権者の物上代位を認める規定が特別法に置かれていま
す（土地収用法 104 条等）。

2 賃料債権に対する物上代位

賃料債権に対する抵当権の物上代位について、最高裁は、民法 372 条・

304 条の規定の趣旨に従い、賃料債権についても抵当権を行使することができるとして、賃料債権に対する物上代位を肯定しています（最判平成元・10・27 金融・商事判例 838 号 3 頁）。

3 物上代位の目的物の「払渡し又は引渡し」前の差押え

物上代位権を行使するためには、その目的物（賃料債権等）の「払渡し又は引渡し」前の差押えが必要です（民法 372 条・304 条 1 項ただし書）。

そこで、物上代位による差押えを第三者に対抗するためには、①賃料の家主への弁済前の差押えが必要なのか、②賃料債権が第三者に債権譲渡される前の差押えが必要なのか、③一般債権者の賃料債権に対する差押え前の差押えが必要なのか、④賃料債権の差押え・転付命令前の差押えが必要なのかという問題があります。

①については、明文の規定上、弁済前の差押えは当然必要です。

②については、将来発生する賃料債権について、第三者に債権譲渡され第三者対抗要件が備えられた後であっても、賃借人（第三債務者）から債権譲受人への賃料の弁済前に差押えすれば、その後に発生する賃料債権について債権譲受人に対抗できるとされています（最判平成 10・1・30 金融・商事判例 1037 号 3 頁）。

③については、最高裁は、「債権について一般債権者の差押えと抵当権者の物上代位権に基づく差押えが競合した場合には、両者の優劣は、一般債権者の申立による差押命令の第三債務者（賃料債権の場合は賃貸人）への送達と抵当権設定登記の先後によって決すべきである」としています（最判平成 10・3・26 金融・商事判例 1044 号 3 頁）。

④については、最高裁は、転付命令が第三債務者（賃料債権の場合は賃貸人）に送達される時までに抵当権者が被転付債権（賃料債権）の差押えをしなかったときは、転付命令の効力を妨げることはできないとしています（最判平成 14・3・12 金融・商事判例 1148 号 3 頁）。

Q 148 抵当不動産の賃料債権の譲渡と物上代位

抵当不動産の将来発生する賃料債権が譲渡がされて第三者対抗要件が付された場合に、当該賃料債権について物上代位権を行使できますか。

A 抵当権者は、物上代位の目的債権が譲渡され第三者対抗要件が備えられた後においても、自ら目的債権を差し押さえて物上代位権を行使することができます。

◉ **解説** EXPLANATION

1 目的物への差押えを必要とした趣旨

民法は、抵当権者が物上代位権を行使するためには、その目的物の「払渡し又は引渡し」前に差押えが必要であるとしています（民法372条・304条1項）。

この差押えの趣旨について最高裁は、第三債務者（収益物件の賃借人等）の保護が主要な趣旨目的であり、競合債権者の保護や特定性の維持は第三債務者を保護することによる反射的利益にすぎないことを明らかにしています（最判平成10・1・30金融・商事判例1037号3頁）。

2 債権譲渡と「払渡し又は引渡し」

債権譲渡が民法304条1項の「払渡し又は引渡し」に当たるとすれば、目的物である賃料債権が第三者に譲渡される前に物上代位による差押えを行う必要があります。

　この点について前掲最高裁判決は、民法304条1項の「払渡し又は引渡し」には債権譲渡は含まれず、抵当権者は、物上代位の目的債権が譲渡され第三者に対する対抗要件が備えられた後においても、物上代位権を行使することができるとしています。その論拠の要点は以下のとおりです。

①　民法304条1項の「払渡し又は引渡し」という言葉は当然には債権譲渡を含むものとは解されないし、債権譲渡により必然的に抵当権の効力が右目的債権に及ばなくなるとする理由もない。

②　第三債務者は、物上代位による差押命令送達前には債権譲受人に弁済すればその消滅を抵当権者に対抗することができ、差押命令送達後には供託すれば免責されるから、債権譲渡後の物上代位権の行使を認めても第三債務者の利益は害されない。

③　抵当権設定登記により代位の目的となる債権に抵当権の効力が及ぶことは公示されている。

④　対抗要件を備えた債権譲渡を物上代位に優先させると、抵当権設定者は、抵当権者からの差押えの前に債権譲渡をすることによって容易に物上代位権の行使を免れることができ、抵当権者の利益を不当に害する。

　以上のことから、融資先の有する賃料債権が他に譲渡された後においても、賃料債権譲渡の確定日付が抵当権の登記日より後であれば、譲渡された賃料債権について、抵当権者はこれを差し押さえて物上代位権を行使することができます。

第7章

債権管理回収

Q 149 抵当建物の火災保険金請求権への質権設定と物上代位

抵当建物の火災保険金請求権に質権が設定されて第三者対抗要件が備えられた場合、当該火災保険金請求権について物上代位権を行使して優先権を確保できますか。

火災保険金請求権に対する質権の確定日付が抵当権の登記日より後れる場合は、抵当権者による物上代位が優先するものと解されます。

◉ **解説** EXPLANATION

1 火災保険金請求権への物上代位

集合動産を目的とする集合物譲渡担保権の効力は、譲渡担保の目的である集合動産を構成するに至った動産が滅失した場合に、その損害をてん補するために譲渡担保権設定者に対して支払われる損害保険金（共済金）に係る請求権に及ぶと判示した最高裁決定があります（最決平成22・12・2金融・商事判例1362号25頁）。

この最高裁決定によれば、抵当権の目的である建物が滅失した場合に、その損害をてん補するために抵当権設定者に支払われる損害保険金（共済金）に係る請求権についても、抵当権の効力が及ぶものと考えられます。

2 火災保険金請求権への質権設定と物上代位の優劣

最高裁は、賃料債権の譲渡と抵当権の物上代位の事案において、民法

304条1項の「払渡し又は引渡し」には債権譲渡は含まれないため、抵当権者は、物上代位の目的債権が譲渡され第三者に対する対抗要件が備えられた後でも物上代位権を行使することができると判示していることから（最判平成10・1・30金融・商事判例1037号3頁）、火災保険金請求権に対する質権設定も「払渡し又は引渡し」には当たらず、抵当権者は、火災保険金請求権につき質権が設定され第三者に対する対抗要件が備えられた後においても、火災保険金請求権に物上代位権を行使できるものと考えられます。

したがって、火災保険金請求権についての質権設定と物上代位による差押えの優先関係については、質権設定の確定日付と物上代位権に基づく差押時との先後による（福岡高宮崎支判昭和32・8・30下民集8巻8号1619頁）のではなく、質権設定の確定日付と抵当権設定の登記日の先後により優先関係が決せられるものと解されます。

3 具体例

たとえば、甲金融機関が取引先Aに対する融資金の担保として建物に第2順位（第1順位は乙金融機関）の抵当権の設定登記を受け、同建物の火災保険金請求権に質権設定を受け確定日付を得ていたとします。

その後、保険事故が発生して保険金が支払われることになった場合に、乙が、保険金の「払渡又は引渡」前に抵当権に基づく物上代位権を行使して当該保険金請求権を差し押さえると、甲の質権の確定日付は乙の抵当権の登記日より後れるので、火災保険金は乙に優先弁済されることになります。

担保不動産収益執行の概要と効果

Q
150

担保不動産収益執行とはどのような手続ですか、また、どのような効果がありますか。

賃貸不動産について担保不動産収益執行の開始決定がされて選任された管理人は、賃料の取立のほか賃料未払による賃貸借契約の解除や解除に基づく明渡請求、賃借人の新規募集、担保不動産の価格減少の防止等の措置を行うことができます。

◎ **解説** EXPLANATION

⬛1 担保不動産収益執行の手続の概要

担保不動産収益執行手続の概要は次のとおりですが、原則として、民事執行法の強制管理に関する規定が準用されます（民事執行法 188 条）。

(1) 担保不動産収益執行の申立と管理人の選任

不動産担保権者は、執行裁判所に抵当権等担保権の登記がされている登記事項証明書等を提出して、担保不動産収益執行の申立をします（民事執行法 181 条 1 項）。

執行裁判所は、抵当権者等の申立によって担保不動産収益執行の開始決定をし（同法 93 条）、同時に管理人（信託会社、銀行その他の法人）を選任します（同法 94 条）。

(2) 管理人の権限

選任された管理人は、その不動産を直接占有することができ（民事執行法 96 条）、すでに弁済期が到来し、または開始決定後に弁済期が到来すべ

き賃料等を収取することができます（同法 93 条・95 条）。

　また、不動産を管理し占有する権能の一環として賃貸借契約に関する解除・解約申入・更新・更新拒絶・終了通知などに係る事務を処理し（同法 95 条・96 条）、空き室等について、たとえば、民法 602 条にいう短期賃貸借などの新たな賃貸契約を締結することができます（民事執行法 95 条 2 項）。

　さらに、管理する不動産から生じる収益から不動産に対する租税公課、管理人の報酬その他必要な費用を差し引いた残りを、裁判所の定める期間ごとに、権利の優先順位に従って配当受領権者に配分します（同法 106 条・107 条・111 条で準用される同法 85 条）。

2 担保不動産収益執行の効果

　裁判所が選任した管理人は、賃借人との間の賃貸借契約の解除や不法占有者に対する明渡請求を行うことによって、担保不動産の価格減少を防止することができ、また、管理人は空き室について新たに賃貸借契約を締結することにより、担保不動産の収益維持を図ることもできます。

　たとえば、賃借人が担保不動産について用法違反をしていて、担保不動産の価格が減少するおそれがあるときには、その管理権に基づいて、当該賃借人との間の賃貸借契約を解除できます。また、賃借人が賃料を未払にしている場合には、賃料支払の催告や賃料支払の訴訟を提起することもでき、賃料未払による賃貸借契約の解除ができます。

　第三者が担保不動産を不法占有しているため担保不動産の価格が減少するおそれがあるときには、その管理権に基づいて明渡しの請求ができ、これに応じない場合には、訴訟を提起して明渡しの強制執行を行うことができます。

　以上のような管理人による管理権の行使等により、担保不動産の価格減少を防止できることや、不動産の収益維持が可能となり、融資債権の安定的な回収等が期待できます。

Q 担保不動産収益執行と物上代位のメリット・デメリット
151

担保不動産収益執行と物上代位を選択する際のメリットやデメリットはどのようになっていますか。

物上代位は、簡易で迅速に賃料を押さえることができますが、建物の荒廃等による賃借人の減少等により回収金額が減少するリスクがあります。担保不動産収益執行は、管理人が選任されることにより建物の荒廃を防止できるなどのメリットがあるので長期的かつ安定的に債権を回収できますが、管理人の報酬などのコストがかかります。

◉ **解説** EXPLANATION

① 担保不動産収益執行と物上代位のメリット・デメリット

(1) 物上代位のメリット・デメリット

メリットは、簡易で迅速、かつ賃料を全部押さえることができることです。

デメリットは、申立に際して第三債務者（賃借人）の特定が必要であることと、不動産管理費用まで回収してしまうので、家主（債務者）が目的不動産の管理を怠り、建物等が荒廃するため賃借人が減少することによって回収金額が減少してしまうことです。

(2) 担保不動産収益執行手続のメリット・デメリット

メリットは、適切な管理や賃借人の新規募集などができるので、目的不動産の荒廃・賃借人の減少等が防止でき、長期間にわたって安定的に得られる収益から継続的に債権を回収できることです。

　また、賃借人が一部不明でも申立が可能であり、管理人に抵当不動産を管理・占有させることにより、抵当権設定者等（家主等）による担保価値減少行為や第三者による不法占有を防止・排除する、などの副次的効果も期待できます。

　デメリットは、管理人の報酬などの管理費用分だけ回収金額が少なくなることです。

② 担保不動産収益執行における管理人の役割と債権管理

⑴　管理人による抵当不動産の管理占有と収益の収取・換価

　選任された管理人は、すでに弁済期が到来し、または開始決定後に弁済期が到来すべき法定果実（賃貸料等）を収益として収取します。

⑵　管理人による収益の配分

　管理人は、管理する不動産から生じる収益から不動産に対する租税公課、管理人の報酬その他必要な費用を差し引いた残りを、裁判所の定める期間ごとに、権利の優先順位に従って、収益執行申立人（金融機関）等の配当受領権者に配分します。

　また、管理人は、管理業務遂行のために代理人を選任し、第三者を補助者として使用することができますが、補助者の選任については、裁判所の要許可事項となっています。

⑶　具体例

　アパートローン（融資残高 9,000 万円）が延滞し期限の利益を喪失したとします。当該アパートの担保価値は 9,000 万円程度、競売すると競落価格は 7,000 万円以下となるおそれがある場合、まず、担保不動産収益執行の手続を行い、少なくとも融資残高が担保不動産の競売による回収が見込める金額 7,000 万円以下になるまで継続し、その後は収益執行手続を継続したまま担保不動産の競売も並行して行う方法が有効な債権管理・回収策と考えられます。

仮差押えの利用

仮差押えは、どのような場面で利用するのでしょうか。

　経営破綻した債務者が、不動産や売掛金債権等の債権を有している場合に、これらの財産が他に譲渡され、あるいは隠匿されることを防止するために利用します。

◉ **解説** EXPLANATION

1 仮差押えの目的と効果

　たとえば、経営破綻した融資先に対する融資債権を回収するため、融資先の販売先に対する売掛金債権を強制執行するには、融資債権について債務名義（確定判決等。民事執行法 22 条）が必要です。しかし、せっかく債務名義を得たとしても、その間に当該売掛金債権が他に譲渡され、または差押転付されると回収できなくなります。

　そこで、あらかじめこの売掛金債権を仮差押えしておけば、その後の債権譲渡や転付命令の効力は認められません。そして、金融機関が債務名義を取得して仮差押済みの売掛金債権を差し押えて取立権が付与されれば、他の差押債権者がいたとしても、債権額による按分額での回収が見込めます。

2 仮差押えの申立に係る疎明等

　仮差押えの申立に際しては、被保全権利（融資債権等）の存在と仮差押えの必要性の疎明が必要です（民事保全法13条）。疎明とは、裁判官が仮差押えの必要性等について一応確からしいという推測を得た状態をいいます。

　仮差押えの被保全債権は金銭債権に限られますが、条件付きまたは期限付きの場合も認められます（同法20条1項・2項）。

　仮差押えの必要性とは、たとえば、債務者が財産を隠匿し他に譲渡するおそれがあるなど、仮差押えをしなければ強制執行ができなくなるおそれがあること、または強制執行をするのに著しい困難を生ずるおそれがあることです（同条1項）。

　仮差押えができる財産は、金銭に換価できるものであれば種類は問われませんが、一身専属権や法律上譲渡が禁止されている権利のほか、差押えが禁止されている権利を仮差押えすることはできません。

3 仮差押手続の概要

　仮差押えの管轄裁判所は、本案（被保全債権の訴訟）の管轄裁判所または仮差押えをすべき財産の所在地を管轄する地方裁判所です（民事保全法12条1項）。

　仮差押申立書には、申立の趣旨および被保全債権および仮差押えの必要性を記載します（同法13条）。

　裁判所は、被保全債権と仮差押えの必要性について申立書や債権者の審尋（債務者の審尋は財産の隠蔽等を招くおそれがあるため行わない）を踏まえて審理し、原則として、債権者に担保を立てさせて仮差押命令を発します（同法14条1項）。担保の相場は、仮差押えの請求債権の2割前後となっていますが、債権者による供託または支払保証委託契約の方法により行います。これは、もしも債権者の言い分に誤りがあり、債務者が損害を被った場合に備えるためのものです。

相続預金に対する仮差押え

　甲金融機関の延滞融資先Ｃ（融資債権 5,000 万円）の実父Ａが死亡して相続が開始しました。Ａの相続人は子Ｂ・Ｃの２人（法定相続分は各２分の１）です。Ａの相続財産には乙金融機関の定期預金 1,000 万円があることが判明しています。

　そこで、甲は、Ｃに対する融資債権を保全するため、Ａ名義の当該預金についてＣの法定相続分２分の１相当の共有持分に対して仮差押えを行いました。

　ところがその後、Ａは、当該Ａ名義預金をＢに相続させる旨の遺言（特定財産承継遺言）をし、Ｄを遺言執行者に指定していたことが判明しました。甲の仮差押えは、遺言執行者Ｄおよび受益相続人Ｂに対してその効力を対抗できるでしょうか。

　相続人の債権者は、遺言執行者の有無にかかわらず、相続財産に対する権利行使が認められており（民法 1013 条３項）、また、甲の仮差押命令は、特定財産承継遺言によりＢが預金を取得した旨を乙に通知する前になされていますので、その効力を遺言執行者Ｄおよび受益相続人Ｂに対抗することができます。

◉ **解説** EXPLANATION

1 相続人の債権者による権利行使と遺言を妨げる行為

　この点については、Q 156 を参照してください。質問の場合、甲による

預金に対する仮差押えは有効なものと認められます。

2 共同相続における権利承継の対抗要件

　民法は、相続による権利の承継は、遺産の分割によるものかどうかにかかわらず、法定相続分を超える部分については、登記、登録その他の対抗要件を備えなければ、第三者に対抗することはできないとしています（民法899条の2第1項）。

　預金債権の場合、当該預金債権を承継した受益相続人が、当該預金債権に係る遺言または遺産分割の内容を明らかにして、債務者にその承継の通知をしたときは、共同相続人全員が債務者に通知したものとみなして、対抗要件が具備されるものとしています（同条2項）。

　なお、遺言の内容を明らかにしたといえるためには、公正証書遺言の場合は同遺言書の正本または謄本、自筆証書遺言の場合は、その原本のほか、検認調書謄本に添付された遺言書の写しや、遺言書保管官が発行する遺言書情報証明書等の提示が必要となります。また、遺産分割の場合は、遺産分割協議書の原本等の提示が必要となります。

3 遺言執行者による対抗要件の具備

　特定の財産を相続させる旨の遺言（特定財産承継遺言）があったときは、遺言執行者は、対抗要件を備えるために必要な行為（登記、登録、債権等の承継通知等）をすることができます（民法1014条2項・899条の2第1項）。

　質問の場合は、遺言執行者Dによる第三者対抗要件の具備がされる前に、A名義預金に対する仮差押命令が第三債務者乙に送達されたため、特定財産承継遺言によりBが当該預金債権を取得した旨を差押債権者甲に主張することはできません。

相続放棄前の仮差押えとその後の相続放棄の効力

無担保・無保証の融資債権を保全するため、債務者が相続した不動産について、その法定相続分を仮差押えしたが、後日債務者が相続放棄をした場合、仮差押え登記の効力はどうなりますか。

差押登記は無効であるとして、その抹消登記手続を命じられることになります。相続人の取得すべき相続財産に対して強制執行等を行う場合は、この点を念頭に置いて対応すべきでしょう。

◉ 解説 EXPLANATION

相続放棄の効力について、最高裁は「民法が承認、放棄をなすべき期間（同法915条）を定めたのは、相続人に権利・義務を無条件に承継することを強制しないこととして、相続人の利益を保護しようとしたものであり、同条所定期間内に家庭裁判所に放棄の申述をすると（同法938条）、相続人は相続開始時に遡って相続開始がなかったと同じ地位に置かれることとなり、この効力は絶対的で、何人に対しても、登記等なくしてその効力を生ずると解すべきである」としています（最判昭和42・1・20金融・商事判例50号4頁）。

したがって、債務者が相続した不動産を仮差押えしても、その後、当該債務者が相続放棄をした場合、他の共同相続人は、これにより増加した法定相続分について登記なくして第三者に対抗できるので、当該仮差押登記の効力は認められず、抹消せざるを得なくなります。

相続人の取得すべき相続財産に対して強制執行等を行う場合は、この点を念頭に置いて対応すべきでしょう。

相続財産に対する相続登記前の仮差押え

Q 155

甲金融機関は、延滞融資先Bの実父Aについて相続が開始したため、A名義の不動産に対してBの法定相続分2分の1（相続人は子BとC）について債権者代位権による相続登記を経由して仮差押えをしました。後日、同不動産をCに相続させる旨のAの遺言があることが判明しました。相続登記はされていませんが、仮差押えの効力は認められるのでしょうか。

A NSWER

甲（相続人の債権者）の債権者代位権による相続登記および仮差押え登記は有効であり、相続させる旨の受益相続人Cに対抗できるものと考えられます。

◉解説 EXPLANATION

　民法は、遺言の存否およびその内容を知り得ない第三者の取引の安全を図る観点から、たとえば相続による権利の承継は、遺産の分割によるものかどうかにかかわらず、法定相続分を超える部分については、登記、登録その他の対抗要件を備えなければ、第三者に対抗できないとしています（同法899条の2第1項）。

　質問の場合、Cは、「相続させる旨」の遺言によりAの死亡と同時にAの当該不動産の所有権を取得しますが（同法985条）、それを甲に対抗するためには、甲の債権者代位権に基づくBの法定相続分相当の持分登記およびこの持分に対する仮差押登記がされる前に、相続を原因とするAからCへの所有権移転登記をする必要があります。

遺言執行者がいる場合の相続登記前の仮差押え

甲金融機関は、延滞融資先Bの実父Aについて相続が開始し、A名義の不動産が法定相続登記（相続人は子BとC）されていたため、Bの法定相続分2分の1について仮差押えをしました。後日、Aの同不動産をCに相続させる旨の遺言が発見され、さらに家庭裁判所がDを遺言執行者として指定したことが判明しました。この場合、仮差押登記の効力は認められるのでしょうか。

遺言や遺言執行者Dの存在を知らなかった甲（相続人の債権者）の仮差押えは有効であり、甲は「相続させる旨」の遺言の受益相続人Cに対抗できるものと考えられます。

◉ **解説** EXPLANATION

1 遺言執行者がいる場合の第三者保護

　民法は、遺言の存否およびその内容（遺言執行者の有無等）を知り得ない第三者の取引の安全を図る観点から、相続人が自らした行為の効果と第三者（取引の相手方、相続債権者または相続人の債権者等）がした行為の効果とを区別し、それぞれ異なる規律を設けています。

　すなわち、遺言執行者がいる場合には、相続人は、相続財産の処分その他遺言の執行を妨げる行為をすることはできないと定め（民法 1013 条 1 項）、これに違反する行為は無効としています（同条 2 項本文）。ただし、善意の第三者に対しては、その行為の無効を対抗できないとして取引の安全を図っています（同項ただし書）。この場合の「善意」は無過失でなく

てもよく、第三者は遺言内容を調査する義務はありません。

　質問の場合、被相続人Ａの「相続させる旨」の遺言があるにもかかわらず、相続人によって法定相続登記がされていますが、遺言執行者Ｄが選任される前の行為であり遺言の執行を妨げる行為とはなりません。また、相続人Ｃに相続させる旨の遺言はありますが、この遺言に基づくＣへの相続登記がされる前に甲による仮差押登記がされているため、甲は仮差押登記をＣに対抗することができます（Ｑ155参照）。

　なお、遺言執行者Ｄが選任され就職を承諾した後に、相続人による法定相続登記がされた場合は、当該行為は無効となりますが、仮差押債権者である甲が善意であった場合、つまり、「相続人に処分権限がなかった」（遺言執行者が存在し、その財産の管理処分権限が遺言執行者にある）ことを知らなかった場合は、遺言執行者Ｄは、当該法定相続登記の無効を甲に対抗することはできません。

② 遺言執行者がいる場合の相続債権者等による権利行使の可否

　遺言執行者がいる場合には、遺言の執行を妨げる行為はできなくなるので、相続債権者や相続人の債権者の権利行使も認められなくなるのかが問題となります。

　この点について、民法は、相続債権者または相続人の債権者が相続財産に対して差押え等の権利行使をした場合に、遺言執行者の有無という相続債権者等が知り得ない事情により権利行使の有効性が左右されることのないようにしています（民法1013条3項）。

　また、この場合の相続債権者または相続人の債権者がした相続財産についての権利行使としては、相続人の行為が含まれていないものが想定されており、相続債権者等による差押え等の強制執行や相殺の意思表示等がこれに該当します。

債務者の相続放棄と詐害行為取消権

Q 157

　破綻した債務者が相続を放棄しましたが、相続財産に対する強制執行等を免脱する行為と考えられるので、詐害行為として取消請求できるでしょうか。

相続の放棄のような身分行為については、詐害行為取消権行使の対象とはならず、債権者は、これを詐害行為として取消請求することはできません。ただし、遺産分割協議による相続放棄の場合は、財産権を目的とする法律行為であり、詐害行為として取消請求することができます。

◉ **解説** EXPLANATION

1 相続放棄と詐害行為取消権

　債務者が相続放棄をした場合、債権者は、これを詐害行為として取消請求できるかにつき、相続放棄のような身分行為については、詐害行為取消権行使の対象とはならないとされています（民法 424 条 2 項、最判昭和 49・9・20 金融・商事判例 429 号 9 頁）。

　その理由について、前掲最判昭和 49・9・20 は、①詐害行為取消権行使の対象となる行為は、積極的に債務者の財産を減少させる行為であることを要し、相続放棄は、相続人の意思、法律上の効果からいっても、これを既得財産を積極的に減少させる行為というよりはむしろ消極的にその増加を妨げる行為にすぎない、②相続放棄を詐害行為として取り消しうるものとすれば、相続人に対し相続の承認を強制することとなり、不当であるとしています。

　したがって、債務者が、相続開始後 3 か月以内に家庭裁判所に相続放棄

の旨を申述し受理された場合、債権者は、もはや相続放棄を詐害行為として取り消すことはできません。

2 遺産分割協議と詐害行為取消権

遺産分割協議において、債務者の相続分をゼロとすることによって事実上相続放棄をしたのと同様の効果を生じさせるような遺産分割協議については、詐害行為として取消請求ができるかどうかが問題となります。

この点につき、最高裁は、共同相続人の間で成立した遺産分割協議は、詐害行為取消権の対象となりうると判示しています（最判平成11・6・11金融・商事判例1074号10頁）。

その理由について、「遺産分割協議は、相続の開始によって共同相続人の共有となった相続財産について、その全部又は一部を、各相続人の単独所有とし、又は新たな共有関係に移行させることによって、相続財産の帰属を確定させるものであり、その性質上、財産権を目的とする法律行為であるということができるからである」としています。民法も、詐害行為取消請求の対象となる詐害行為は、財産権を目的とする行為について認めるものとしています（同法424条2項）。

したがって、債権者を害するような遺産分割協議を成立させた場合、金融機関は、詐害行為取消権の行使によって当該遺産分割協議を取り消すことができます。

第7章

債権管理回収

317

Q 158

実質債務超過の債務者に対する保全強化と詐害行為・偏頗行為

実質債務超過の状況にある債務者に対する保全強化が、後日、詐害行為として取り消され、あるいは破産法等の偏頗行為として否認されるおそれはありますか。

A
NSWER

既存融資のための追加担保等の保全強化部分は詐害行為として取り消され、あるいは破産法等の偏頗行為として否認されるおそれがあります。

◉ **解説** EXPLANATION

1 詐害行為取消権の成立要件

詐害行為取消権を行使するための要件は、以下のとおりです。

① 債権者を害する行為がなされ、債務者および受益者が行為の詐害性について知っていたこと（民法424条1項）

「債権者を害する」とは、債務者の法律行為や弁済等によって債務者の責任財産が減少し、債務超過の状態に陥るとか弁済金額が減少することをいいます。したがって、積極財産の減少行為だけでなく、消極財産（借入債務、保証債務等）を増加させる行為も含まれます。なお、債務者および受益者に詐害行為の当時に詐害の認識があることが必要です。

・債務者の悪意……一般に詐害の意思と呼ばれますが、積極的な意欲ではなく、詐害の認識があることで足りるとされています（通説）。この立証責任は債権者側にありますが、債務者の資産状態、処分行為の種類や対価、処分の相手方などの客観的事態から立証します。

・受益者の悪意……詐害の認識があればよく、過失の有無は問いません。この立証責任は受益者側にあり、受益者が自ら善意（詐害の認識がなかったこと）であったことを立証する責任があります（最判昭和37・3・6民集16巻3号436頁）。

② 財産権を目的とする行為であること（同条2項）

③ 被保全債権の発生原因が詐害行為前に成立したこと（同条3項、最判平成8・2・8金融・商事判例994号3頁）

④ 詐害性について被保全債権（金銭債権）が強制執行可能な債権であること（同条4項）

また、転得者に対する詐害行為取消請求は、受益者に対する詐害行為取消請求ができる場合（受益者が悪意の場合）に限られ、受益者が善意の場合は、転得者が悪意であっても詐害行為取消請求をすることはできません（同法424条の5）。

2 詐害行為取消権の効果に伴う実務上の留意点

詐害行為取消請求を認容する確定判決は、債務者およびそのすべての債権者に対してその効力を有しますが（民法425条）、取消債権者がその上に優先弁済権を有するものではありません。

詐害行為取消判決の効力が債務者に及ぶ結果、債務者も、受益者に対する金銭等の返還請求権や受益者に移転した不動産の移転登記抹消請求権等を有するものと考えられます。したがって、他の債権者も債務者の受益者に対して有する前記各請求権の差押えや登記請求権の債権者代位権に基づく代位行使などが可能となるものと考えられます。

また、債務者の受益者等に対する金銭等返還請求に対し、受益者等がこれに応じて弁済すると、取消債権者の受益者等に対する直接引渡請求権（同法424条の9）も消滅すると解されるため、このような事態を阻止するためには、債務者の受益者等に対する金銭等の返還請求権を、あらかじめ仮差押えや差押え等の手当が必要となります。

各種倒産手続の概要

倒産手続にはどのようなものがありますか。

159

倒産手続とは、債務者（個人または企業）が経済的に破綻
しあるいはそのおそれがある場合に、その債権・債務を
清算し、あるいは再建のために処理する手続であり、私的整理
と法的整理があります。

◉ **解説** EXPLANATION

1 倒産手続の種類と類型

　私的整理とは、債権者と債務者の集団的和解契約であり、清算型と再建
型があります。法的整理とは、裁判所の関与のもとに行う倒産手続であり、
「清算型」（破産と特別清算）と「再建型」（民事再生と会社更生）があります。

2 各種倒産手続の概要

(1)　私的整理

　法的整理に比べて倒産のイメージが少ないため、取引関係や事業価値が
毀損されにくく、法的整理に比べて配当が多くなる傾向があります。ただ
し、再建計画に同意しない債権者を法的に拘束できないし、裏取引とか公
平な扱いに欠けることもあります。

(2)　破　産

破産とは、支払不能または債務超過にある債務者について、財産等の清算および破産者の経済生活再生の機会の確保を図る清算型の法的整理です（破産法1条）。預金相殺や担保権実行は、破産手続によらずにできますが（同法65条・67条）、危機時期以降の預金については、原則として相殺が禁止されます（同法71条）。また、破産者が免責決定を受けても、保証債権や担保権に何ら影響はありません（同法253条2項）。

(3)　民事再生

民事再生とは、経済的に窮境にある債務者について、事業または経済生活の再生を図る再建型の法的整理です（民事再生法1条）。預金相殺や担保権実行は再生手続によらずにできますが（民事再生法53条・92条）、危機時期以降の預金については、原則として相殺が禁止されます（同法93条）。再生計画が認可され再生債務者が再生債務の一部を免除されても、保証債権や担保権に何ら影響はありません（同法177条2項）。

(4)　会社更生

会社更生とは、窮境にある株式会社について、事業の維持更生を図ることを目的とする再建型の法的整理です（会社更生法1条）。

更生計画が認可され更生債務者が更生債務の一部を免除されても、保証債権や担保権に何ら影響はありません（同法203条2項）。預金相殺は更生手続によらずにできますが（同法48条）、危機時期以降の預金については、原則として相殺が禁止されます（同法49条）。また、更生担保権は更生手続に従うことになります。

(5)　特別清算

特別清算とは、清算の遂行に著しい支障を来す事情があり、債務超過の疑いがある株式会社について、裁判所が特別清算の開始を命じる清算型の法的整理です（会社法510条・511条）。特別清算協定が認可され清算株式会社が清算債務の一部を免除されても、保証債権や担保権に何ら影響はありません（同法571条2項）。ただし、危機時期以降の預金については、原則として相殺が禁止されます（同法517条）。

民事再生手続における再生債権等の取扱い

Q 160

民事再生手続における再生債権等の取扱いはどのようになっていますか。

ANSWER

　民事再生手続における再生債権等の取扱いは、解説に記載のとおりです。

　民事再生における債権者の再生債務者に対する債権については、「再生債権」「別除権付債権」「共益債権」「一般優先債権」「開始後債権」に区別されます。

◉ **解説** EXPLANATION

1 再生債権

　再生債権は、再生手続開始前の原因に基づいて生じた財産上の請求権であり共益債権または一般優先債権を除いた債権です（民事再生法84条1項）。再生債権は、原則として再生計画の定めにより弁済を受けることになりますが（同法85条1項）、所定の手続により届出期間内に債権届出を行わなければ弁済を受けられません。

2 別除権付債権

　別除権付債権は、再生債権であっても、再生債務者の財産に存する特別の先取特権、質権、抵当権、商事留置権によって担保された債権であり、再生手続によらないで別除権を行使できます（民事再生法53条）。

3 共益債権

(1) 再生手続開始前の共益債権

　再生手続開始前に、資金の借入れ、原材料の購入その他再生債務者の事業の継続に欠かせない行為によって生じた債権で、共益債権とする旨の裁判所の許可または承認権限を付与された監督委員の承認によって共益債権とされる場合です（民事再生法 120 条）。

(2) 再生手続開始後の共益債権

　再生手続開始後に生じた債権で、再生手続の遂行費用の請求権等、再生債務者の共同の利益のために生じた債権や、再生債務者の業務、生活等に必要な費用の請求権、再生債務者財産に関して再生債務者等が手続開始後にした資金の借入れその他の行為によって生じた請求権等、再生債務者の事業遂行上必要な債権です（民事再生法 119 条）。

(3) 共益債権の効力

　共益債権は、再生債権と異なり、再生計画によらずに随時弁済を受けることができ、再生計画によってカットされたり弁済が猶予されたりすることはありません。

4 一般優先債権

　一般優先債権は、先取特権などの共益債権以外の優先権のある債権であり、再生手続開始後のものであっても、租税債権や労働債権などがこれに当たります（民事再生法 122 条）。

5 開始後債権

　開始後債権は、再生手続開始後の原因に基づいて生じた財産上の請求権のうち、共益債権、一般優先債権または再生債権を除いた債権をいいます（民事再生法 123 条）。開始後債権については、再生計画で定められた再生債権に対する弁済期間が満了するまでは弁済を受けられません。

第7章

債権管理回収

Q
 161

民事再生手続と別除権協定等

　民事再生手続において、抵当権等の担保権はどのように取り扱われますか。

抵当権は別除権として扱われ、再生手続によらずに抵当物件を処分できますが、別除権協定を締結して再生債務者が継続利用する場合もあります。

◉ **解説** EXPLANATION

1 担保権の取扱い

　再生手続開始の時において、再生債務者の財産に、特別の先取特権、質権、抵当権、商事留置権等の担保権を有する者は、その目的財産について、別除権を有します（民事再生法53条1項）。

　再生手続開始の申立がなされた場合、抵当権等の担保権者は、競売等の手段で担保権を実行することにより債権の回収を図ることができます。担保権の実行によっても弁済を受けられない不足額については、あらかじめ弁済不足見込額の届出をしておくことにより、再生手続の中で、再生計画に基づく弁済を受けることができます。

2 担保権者の債権届出

　担保物件の値下がり等により、別除権の行使によっても弁済を受けることができない債権の部分については、再生債権者として、再生手続におい

て権利を行うことができます（民事再生法88条）。

　再生手続に参加しようとする再生債権者は、再生手続開始決定と同時に裁判所が定めた債権届出期間内に裁判所に対して再生債権の届出をする必要があり（同法94条1項）、その際、別除権の目的および別除権の行使によって弁済を受けることができないと見込まれる債権の額（弁済不足見込額）を届け出る必要があります（同条2項）。

　ただし、別除権の行使による不足額が確定していない間は、再生計画に基づく弁済を受けることができず（同法182条）、再生計画において、不足額が確定した場合における再生債権者としての権利の行使に関する適確な措置を定めなければならないものとされています（同法160条1項）。

3 担保権消滅制度と別除権協定

　別除権の目的財産が、工場などの再生債務者の事業の継続に欠かせないものの場合、再生債務者が当該財産の価額に相当する金銭を裁判所に納付し、裁判所の許可を得て担保権を消滅させる制度が設けられています（民事再生法148条以下）。しかし、再生債務者に納付すべき余裕資金がなければ、この制度の利用が困難です。

　そこで、再生債務者と担保権者との間で協定を締結し、別除権の目的となっている担保物件の評価額や被担保債権の弁済方法について合意を取り交わしたうえで、当該担保物件の担保処分を留保して再生債務者が継続利用できるようにする場合があり、この合意を「別除権協定」といいます。

　なお、別除権協定は、その締結が再生計画を立案する前であった場合は、再生計画案に盛り込まれます。

破産手続と相殺禁止

Q 162

債務者について破産手続が開始された場合、預金相殺が禁止されるのはどのような場合ですか。

ANSWER

破産法71条1項は、破産手続開始後に負担した預金債務等との相殺を禁止（同項1号）するほか、債務者の支払停止後や破産手続開始申立後に債権者がそのことを知って負担した預金債務等（同項2号～4号）との相殺を原則禁止しています。

◉ **解説** EXPLANATION

1 破産法67条の相殺権

破産債権者は、破産手続開始の時において破産者に対して債務を負担するときは、破産手続によらないで、相殺をすることができます（破産法67条1項）。相殺時期についての制限規定はありませんが、破産管財人により相殺の催告がなされた場合は、1か月以内に相殺しなければ、その後は相殺できなくなるので注意すべきです（同法73条2項）。

なお、破産手続開始決定の時において負担する債務が期限付もしくは条件付、または将来の請求権に関するものであっても相殺することができます（同法67条2項、最判平成17・1・17金融・商事判例1220号46頁参照）。

2 破産法71条1項（1～4号）による相殺禁止

破産法71条1項は、以下の1～4号の事由により負担した預金債務等との相殺を禁止しています。

　1号禁止：破産手続開始後に破産財団に対して負担した債務……たとえば、破産手続開始後に、第三者から債務者の預金口座へ振込があり、これにより金融機関が債務者に対して負担した預金債務。

　2号禁止：債務者が支払不能（支払能力を欠くために、その債務のうち弁済期にあるものについて、一般的かつ継続的に弁済できない状態）になった後に、金融機関がそのことを知って、以下のような契約を締結し、または債務を負担したとき。

①　債務者との間で、契約によって負担する債務をもっぱら破産債権との相殺に供する目的で、債務者の財産の処分を内容とする契約を締結した場合（たとえば預金口座の開設）により負担した債務（預金債務）……たとえば、民事再生事件に関して、普通預金口座への預入れが「専ら再生債権をもって相殺に供する目的でされた財産処分契約」に該当するとして、前記預金債務を受働債権とする相殺が民事再生法93条1項2号（破産法71条1項2号と同趣旨）により認められなかった事例（大阪地判平成22・3・15金融・商事判例1355号48頁）

②　債務者に対して債務を負担する者の債務を引き受けたこと（免責的債務引受や併存的債務引受）により負担した債務（当該引受債務）

　3号禁止：債務者につき支払の停止（資力欠乏のため債務の支払をすることができない旨を外部に表示する行為をいう）があった後に、金融機関がそのことを知って負担した債務……たとえば、債務者が支払を停止し、金融機関がそのことを知った後に、第三者から債務者の預金口座へ振込があり、金融機関が負担した預金債務。

　4号禁止：債務者につき破産手続開始の申立があった後に、金融機関がそのことを知って負担した債務……たとえば、債務者Aが破産手続開始の申立を行い、金融機関がそのことを知った後に、第三者から債務者の預金口座へ振込があり、金融機関が負担した預金債務。

Q 163 破産法71条1項の場合でも例外的に相殺が容認される場合

破産法71条2項により例外的に相殺が容認されるのはどのような場合ですか。

産法71条1項の場合でも、預金債務等の負担が、①法定の原因に基づくとき、②支払不能または支払停止もしくは破産手続開始の申立があったことを、金融機関が知った時より前に生じた原因に基づくとき、③破産手続開始の申立があった時より1年以上前に生じた原因に基づくとき、には相殺が許されます。

◉ **解説** EXPLANATION

破産法71条1項2号～4号により負担した債務については、原則として相殺が禁止されていますが（Q162参照）、その債務の負担が次のいずれかの原因（同条2項1号～3号）に基づく場合は、当事者や第三者による作為が働く余地がないとか相殺の担保的機能等の観点から例外的に相殺が許されています。

1 破産法71条2項1号

債務の負担が法定の原因に基づく場合（1号）は、例外的に相殺が許されます。

たとえば、破産者Aの破産手続開始申立後、破産手続開始決定前に、Aの父Bが死亡したため、破産債権者甲金融機関に預入されていたBの預金について、相続人Aが他の共同相続人の相続放棄により全部相続し、甲がAに対し預金債務を負担した場合、甲は融資債権と相続預金を相殺するこ

とは、何ら相殺権の濫用に当たるものではなく、当該預金債務の負担は、破産法71条2項1号に定める「法定の原因」に基づくものということができ、有効に相殺することができます（大阪高判平成15・3・28金融・商事判例1173号35頁）。

2 破産法71条2項2号

債務の負担が、支払不能または支払停止もしくは破産手続開始の申立があったことを、金融機関が知った時より前に生じた原因に基づく場合（2号）は、例外的に相殺が許されます。

たとえば、金融機関が、銀行取引約定を締結したうえで、（Aにつき）支払の停止または破産の申立のあったことを知る前にAから手形の取立を委任されて裏書交付を受け、支払の停止等の事実を知った後破産手続開始決定前に当該手形を取り立てたことにより負担した取立金引渡債務は、「前に生じたる原因に基づき負担したもの」に当たり、例外的に相殺が許されます（最判昭和63・10・18金融・商事判例810号3頁）。

また、振込指定に基づいて破産手続開始決定前に指定口座に振り込まれることによって、金融機関が負担した預金債務は、「前に生じたる原因に基づき負担したもの」に当たり、例外的に相殺が許されます（名古屋高判昭和58・3・31金融・商事判例675号43頁）。同様に、代理受領契約によって負担した工事代金引渡債務は、「前に生じたる原因に基づき負担したもの」に当たり、例外的に相殺が許されると考えられます。

3 破産法71条2項3号

債務の負担が、破産手続開始の申立があった時より1年以上前に生じた原因に基づく場合（3号）は、例外的に相殺が許されます。

たとえば、債務者につき支払の停止があった後に、そのことを知って預金債務を負担し、融資債権等と相殺したものの、当該預金債務の負担から1年以上経過した後に破産手続開始の申立がなされた場合は、相殺は例外的に許されます。

Q 164 破産法以外の倒産手続と相殺の留意点

破産法以外の倒産手続における相殺禁止規定はどのようになっていますか。また、相殺通知の相手方や相殺時期等の留意点はどうでしょうか。

A NSWER 民事再生法等の倒産手続における相殺禁止規定は、破産法と同様の内容となっています。また、相殺通知の相手方や相殺時期と留意点は解説に記載のとおりです。

◉ **解説** EXPLANATION

1 破産法以外の倒産手続上の相殺禁止規定

破産法以外の倒産手続においても、同様の相殺禁止規定（民事再生法 93 条や会社更生法 49 条、会社法 517 条（会社の特別清算手続））が定められており、その内容は破産法とほぼ同様のものとなっています。

2 破産法等の倒産手続における相殺の留意点

（1） 相殺通知の相手方

破産手続の場合は、その開始決定前は債務者であり、開始決定後は破産管財人となります。

民事再生手続の場合は、その開始決定前は債務者であり、開始決定後も原則として債務者ですが、管財人が選任された場合は管財人に相殺の意思表示をしなければなりません。

会社更生手続の場合は、その開始決定前は原則として債務者であり、開

始決定後は更生管財人となります。

特別清算手続の場合は、その開始決定前は債務者の清算人であり、開始決定後も清算人ですが、開始決定後に開始決定前の清算人が解任されて新たな清算人が選任される場合があるので注意すべきです。

(2) 相殺の時期

破産手続の場合、相殺時期についての制限規定はありませんが、破産管財人により相殺の催告がなされた場合は、1か月以内に相殺しなければ、その後は相殺できなくなるので注意すべきです（破産法73条2項）。

民事再生手続の場合は、再生手続開始決定がなされると、再生債権の届出期間満了前に債権・債務が相殺適状になれば、再生計画の定めるところによらないで相殺することができ、債務が期限付の場合であっても同様です（民事再生法92条）。ただし、再生債権の届出期間満了後は相殺できなくなるので注意が必要です。

会社更生手続の場合は、更生手続開始決定がなされると、更生債権の届出期間満了前に債権・債務が相殺適状になれば、更生計画の定めるところによらないで相殺することができ、債務が期限付である場合であっても同様です（会社更生法48条）。ただし、更生債権の届出期間満了後は相殺できなくなるので注意すべきです。

特別清算手続の場合は、相殺すべき時期について別に制限はありませんが、協定（債権者との間で取り決めた清算のための基本事項）が成立すると、その効力は協定の対象となるすべての債権に及ぶので、相殺権の行使は協定成立前にしておくのが無難と思われます。

第7章

債権管理回収

Q 165

民事再生手続の開始と投資信託受益権の解約金支払債務との相殺の可否

　法人融資先（主債務者）の代表者Aに対する保証債権と、Aが支払停止した後にAに対して負担した投資信託受益権の解約金支払債務との相殺は、Aの民事再生手続開始後でも可能でしょうか。

　Aについて民事再生手続が開始された場合、当該相殺は民事再生法上の相殺禁止規定に抵触し、相殺は許されません。

◉ **解説** EXPLANATION

1 民事再生法における相殺禁止と相殺禁止除外規定

　再生債務者が支払停止した後に、金融機関がそれを知って負担した債務（投資信託受益権の解約金支払債務）との相殺は禁止されていますが（民事再生法93条1項3号）、金融機関の当該解約金支払債務の負担が、Aの支払停止を金融機関が知った時より「前に生じた原因」に基づくときは、例外的に相殺が許されます（同条2項2号）。

2 最高裁平成26年6月5日判決の事案における相殺の可否

　最高裁平成26年6月5日判決の事案では、甲金融機関は、B社に対する融資の連帯保証人A（B社の代表取締役）の支払停止前にAに販売した投資信託受益権について、Aが支払停止した後に債権者代位権を行使して

解約し、委託会社から交付を受けて負担したＡに対する同受益権の解約金支払債務と保証債権とを相殺し、その後、Ａにつき民事再生手続が開始され、当該相殺は民事再生法の相殺禁止規定に抵触するかが問題となりました。

　この事案において最高裁は、以下の事由（①～④）から、甲は、相殺の合理的な期待を有していたとはいえず、本件債務の負担は、民事再生法93条2項2号にいう「支払停止の前に生じた原因」に基づき負担したものとはいえないとし、甲の相殺を認めませんでした（金融・商事判例1444号16頁）。

①　Ａが有していた本件投資信託受益権は、少なくとも解約実行請求がされるまでは、すべての再生債権者が等しくＡの責任財産として期待を有していたといえること。

②　前記解約実行請求は甲がＡの支払停止を知った後にされたものであり、甲において同請求権との相殺期待があったとしても、合理的なものとはいい難いこと。

③　Ａは、本件管理委託契約に基づき甲が本件受益権を管理している間も、本件受益権につき、原則として自由に他の振替先口座へ振替することができることから、甲がＡに対して本件債務を負担することが確実であったとはいえないこと。

④　甲は、本件解約金支払債務を受働債権とする相殺をするためには、他の債権者と同様に、債権者代位権に基づき、Ａに代位して本件受益権につき解約実行請求を行うほかなかったことがうかがえること。

会社への融資と担保・保証の無償否認

　会社への新規融資を担保するため、経営者が担保提供者・兼連帯保証人となると、同族会社であっても破産法や民事再生法等による無償否認のおそれはありますか。

　担保・保証提供時から6か月経過前に自己破産や民事再生の申立を行い、経営者（担保提供者兼連帯保証人）が破産手続や民事再生手続の開始決定を受けて破綻すると、破産管財人や民事再生監督委員によって、当該担保提供および保証行為は無償行為であるとして否認権を行使されるおそれがあります。

◉ **解説** EXPLANATION

1 破産法における否認権の体系（詐害行為の否認と偏頗行為の否認）

　破産法は、①詐害行為の否認（破産法 160 条）と②偏頗行為の否認（同法 162 条）という体系で規定し、それぞれ行使の要件を明確にしています。

　まず、①詐害行為の否認については、(ⅰ)破産者が破産債権者を害することを知ってした行為、(ⅱ)破産者が支払の停止または破産手続開始の申立があった後にした破産債権者を害する行為、(ⅲ)破産者が支払の停止等があった後またはその前 6 か月以内にした無償行為およびこれと同視すべき有償行為、については否認することができるとしています。

　また、②偏頗行為の否認については、(ⅰ)破産者が支払不能になった後または破産手続開始の申立があった後にした行為、(ⅱ)破産者の義務に属せず、またはその時期が破産者の義務に属しない行為であって、支払不能になる

前30日以内になされたものについて、否認ができるとしています。

　つまり、繰上償還等の偏頗行為については、原則として「支払不能」をメルクマールとしてそれ以降のものが否認されることになっています。

2 無償否認（破産法160条3項）と判例の考え方

　破産法160条3項は、破産者が支払の停止等があった後またはその前6か月以内にした無償行為およびこれと同視すべき有償行為は、破産手続開始後、破産財団のために否認することができるとしています。

　この無償否認に関し、最高裁は、破産者（同族会社の経営者）が義務なくして他人（同族会社・主債務者）のためにした保証もしくは抵当権設定等は、それが債権者（金融機関）の主たる債務者（同族会社）に対する融資の直接的な原因であっても、破産者がその対価として経済的利益を受けない限り、無償行為に当たるとしています（最判昭和62・7・3金融・商事判例780号3頁）。

　なお、金融機関の与信（主債務者に対する融資）が破産者（主債務者の経営者）による保証ないし物上保証と同時交換的になされた場合に無償否認を認めた事例として、大阪高裁平成22年2月18日判決があります（金融法務事情1895号99頁）。民事再生の場合も、同様に無償否認となるおそれがあります（民事再生法127条3項）。

Q 167 破産手続開始後の物上保証人による一部弁済と破産配当

　融資先Ａの破産手続開始に伴う破産債権（融資債権元本 2,000 万円）届出後、担保不動産売却により物上保証人Ｂから 1,500 万円を回収しました。その後、Ｂは、求償債権 1,500 万円を破産債権として届出していますが、届け出た破産債権 2,000 万円に対して 600 万円が配当されることになりました。100 万円について、劣後債権（破産手続開始後の利息・損害金等）に充当することはできるでしょうか。

A NSWER

　配当として受領した 600 万円のうち 500 万円は破産債権に充当できますが、残る 100 万円を劣後債権に充当することは認められません。Ｂから不当利得として返還請求されることになります。

◎ **解説** EXPLANATION

1 保証人・物上保証人による破産債権の一部弁済と破産配当

　金融機関の貸付債権について保証や物上保証が付いている場合、主債務者が破産手続開始決定を受けても、金融機関は、破産手続によらずに、保証人や物上保証人から弁済を受けることができます。

　そして、保証・物上保証人の弁済が「破産債権の全部」を消滅させるものであれば、弁済した保証人・物上保証人が金融機関に代わって破産債権を行使することになります。

しかし、その弁済が「破産債権の全部」を消滅させるものでない場合は、金融機関は、元の破産債権額を基準として計算した額の破産配当を受けることができるかどうかが問題となります。

この点について破産法は、他の全部の履行をする義務を負う者が破産手続開始後に債権者に対して弁済その他の債務を消滅させる行為（弁済等）をしたときであっても、その債権の全額が消滅した場合を除き、その債権者は、破産手続開始の時において有する債権の全額についてその権利を行使することができるとしています（破産法104条2項、物上保証人兼連帯保証人による一部弁済の場合につき最決平成13・6・8金融法務事情1621号29頁、物上保証人から一部弁済を受けた場合につき最判平成14・9・24民集56巻7号1524頁、金融・商事判例1161号3頁）。

2 物上保証人による弁済後の残債権額を超過する額の配当

質問の場合、金融機関は、破産配当600万円のうち500万円は破産法により充当できますが、残る100万円を金融機関の劣後債権に充当できるかが問題となります。

この点について判例は、「破産法104条1項及び2項は、全部義務者の破産手続開始後に他の全部義務者が弁済等をしたときであっても、破産手続上は、その弁済等により債権の全額が消滅しない限り、当該債権が破産手続開始の時における額で現存しているものとみて、債権者がその権利を行使することができる旨を定め、この債権額を基準に債権者に対する配当額を算定することとしたものである。すなわち、破産法104条1項及び2項は、複数の全部義務者を設けることが責任財産を集積して当該債権の目的である給付の実現をより確実にするという機能を有することに鑑みて、配当額の計算の基礎となる債権額と実体法上の債権額とのかい離を認めるものであり、その結果として、債権者が実体法上の債権額を超過する額の配当を受けるという事態が生じ得ることを許容しているものと解される（なお、そのような配当を受けた債権者が、債権の一部を弁済した求償権

者に対し、不当利得として超過部分相当額を返還すべき義務を負うことは別論である。）。……したがって、破産債権者が破産手続開始後に物上保証人から債権の一部の弁済を受けた場合において、破産手続開始の時における債権の額として確定したものを基礎として計算された配当額が実体法上の残債権額を超過するときは、その超過する部分は当該債権について配当すべきである」と判示しています（最決平成29・9・12金融・商事判例1531号24頁）。

　したがって、金融機関は、実体法上の残債権額（500万円）を超過する部分も配当として受領できますが、超過する部分は劣後債権であり、債権の一部を弁済した求償権者Bに対して不当利得として返還すべき義務を負うことになります。

　なお、Bが連帯保証人の場合は、金融機関のBに対する保証債権100万円を自働債権とし、受領した破産配当のBに対する不当利得返還債務100万円を受働債権として相殺することにより、金融機関の劣後債権を回収することができます。

受任通知後の任意弁済と偏頗行為の否認

カードローン債務者A（給与所得者）の代理人弁護士から、債務整理開始通知（受任通知）の送付を受けました。その後、約定返済日に自動振替により一部返済されましたが、問題はないでしょうか。

受任通知の債務者が給与所得者であり広く事業を営む者ではない場合は、受任通知に債務者が自己破産を予定している旨が明示されていなくても、その通知は破産法162条1項1号イおよび3項にいう「支払の停止」に当たります。したがって、その後の任意弁済（約定返済）は破産管財人によって偏頗行為として否認されるおそれがあります。

◉ **解説** EXPLANATION

1 受任通知と支払停止

質問と同様の事案において、最高裁は、債務者の代理人である弁護士が債権者一般に対して債務整理開始通知を送付した行為は、①当該通知に、債務者が自らの債務整理を弁護士に委任した旨ならびに弁護士が債権者一般に宛てて債務者、その家族および保証人への連絡および取立行為の中止を求める旨の各記載がされていたこと、②債務者が単なる給与所得者であり広く事業を営む者ではないことなどの事情の下においては、当該通知に債務者が自己破産を予定している旨が明示されていなくても、破産法162条1項1号イおよび3項にいう「支払の停止」に当たるとしています（最判平成24・10・19金融・商事判例1406号26頁）。

2 支払停止後の偏頗行為の否認

　破産法162条は、弁済等の偏頗行為の否認を規定し、その要件として、支払不能後の行為であることを必要とし、支払停止を支払不能を推定するための前提事実としています（同条3項）。また、債権者が悪意であることを必要とし、支払停止を悪意の対象の1つとしています（同条1項1号イ）。

　たとえば、カードローン債務者（給与所得者）の代理人弁護士から、債務整理開始通知（受任通知）の送付を受け、当該通知には、債務者が自らの債務整理を弁護士に委任した旨ならびに弁護士が債権者一般に宛てて債務者、その家族および保証人への連絡および取立行為の中止を求める旨が記載されていた場合、当該受任通知は支払停止に当たります（前掲最判平成24・10・19）。

　その後Aのローン返済口座に給与が振り込まれ、自動振替によりローンの約定返済分が引き落とされた場合、同弁済行為は支払停止後の任意弁済となるため、破産法162条1項1号イによる否認権行使の対象となると考えられます（前掲最判平成24・10・19）。

〈著者紹介〉

髙橋 恒夫（たかはし　つねお）
1948年生まれ。1972年大阪銀行（現関西みらい銀行）入行。審査部
（融資部）管理課長、審査課長、東京支店次長、東京支店副支店長を
歴任。1997年より経済法令研究会顧問・専任講師。
主な著書
『新訂　営業店の融資管理の実務』、『改訂　トラブル防止のための融
資法務Ｑ＆Ａ』、『店頭ミス防止のためのＪＡ貯金法務Ｑ＆Ａ』、『金融
取引別高齢者トラブル対策Ｑ＆Ａ』、『新版　トラブル防止のための預
金法務Ｑ＆Ａ』、雑誌（『銀行法務21』『ＪＡ金融法務』）の連載、『特
殊担保』（共著）、『企業倒産時の実務対策』（共著）、『銀行実務判例総
覧』（共著）（以上、経済法令研究会）ほか論文多数。

Q＆Aでよくわかる 融資法務の実務ポイント168

2022年3月8日　　初版第1刷発行	著　者　髙　橋　恒　夫
	発行者　志　茂　満　仁
	発行所　㈱経済法令研究会

〒162-8421　東京都新宿区市谷本村町3-21
電話　代表 03(3267)4811　制作 03(3267)4823
https://www.khk.co.jp/

営業所／東京 03(3267)4812　大阪 06(6261)2911　名古屋 052(332)3511　福岡 092(411)0805

カバーデザイン・本文レイアウト／アンシークデザイン　制作協力／地切 修
制作／栗林貴子　印刷・製本／富士リプロ㈱

©Tsuneo Takahashi 2022　Printed in Japan　　　　　ISBN 978-4-7668-2477-3

2022年版

〜判例・約款付〜

金融取引小六法

編集代表 **神田秀樹**

- ●A5判・1,304頁
- ●定価：3,300円（税込）

ISBN 978-4-7668-2478-0　C2532

＜銀行業務検定試験法務2級、金融コンプライアンス・オフィサー1級 試験持込可＞

【主な法改正の内容】

●金融商品の販売等に関する法律

「金融サービスの利用者の利便向上及び保護を図るための金融商品の販売等に関する法律等の一部を改正する法律」による金融サービス仲介業の創設（法律名が「金融サービスの提供に関する法律」に変更）。

●銀行法、信用金庫法、協同組合による金融事業に関する法律

上記法改正により、銀行・信用金庫連合会・信用協同組合連合会の子会社の業務範囲として金融サービス仲介業が追加。

●個人情報の保護に関する法律

個人情報の活用を柔軟にするための「仮名加工情報」の創設、情報漏洩等の場合の個人情報保護委員会への報告・本人への通知の義務化等の改正（以上、令和2年改正）、デジタル社会の形成を図るための関係法律の整備に関する法律による改正（官民を通じた個人情報保護制度の見直し）（令和3年改正）。

法改正 27
- ●銀行法、信用金庫法、中小企業等協同組合法、協同組合による金融事業に関する法律、金融商品の販売等に関する法律、個人情報の保護に関する法律等

新規収録判例 21
- ●数個の貸金の一部弁済と消滅時効更新の範囲（最判令和2・12・15金融・商事判例1615号30頁）
- ●手形貸付・手形割引における回収不能と信用金庫理事の責任（福岡高宮崎支判令和元・6・19金融法務事情2154号46頁）
- ●犯罪利用の疑いがある預金口座についての取引停止措置の要件（東京地判令和元・12・17金融・商事判例1588号26頁、東京地判令和2・8・6金融法務事情2156号81頁）

重要法令79収録　　重要判例1233収録　　巻末に各種約款・事項索引・判例索引付

 経済法令研究会 https://www.khk.co.jp/　●経済法令メディアプラス
http://khk-blog.jp/

〒162-8421　東京都新宿区市谷本村町3-21　TEL.03(3267)4810　FAX.03(3267)4998